古典文獻研究輯刊

六 編

潘美月 · 杜潔祥 主編

第 15 冊

裴松之《三國志注》研究

余 志 挺 著

國家圖書館出版品預行編目資料

裴松之《三國志注》研究／余志挺著 — 初版 — 台北縣永和市：
花木蘭文化出版社，2008〔民 97〕

目 2+210 面；19×26 公分（古典文獻研究輯刊 六編；第 15 冊）

ISBN：978-986-6657-13-9（精裝）

1. 三國志　2. 研究考訂

622.301　　　　　　　　　　　　　　　　　　97000920

ISBN - 978-986-6657-13-9

9 789866 657139

古典文獻研究輯刊

六 編　第十五冊　　　　　　ISBN：978-986-6657-13-9

裴松之《三國志注》研究

作　　者　余志挺
主　　編　潘美月　杜潔祥
企劃出版　北京大學文化資源研究中心
出　　版　花木蘭文化出版社
發 行 所　花木蘭文化出版社
發 行 人　高小娟
聯絡地址　台北縣永和市中正路五九五號七樓之三
　　　　　電話：02-2923-1455／傳眞：02-2923-1452
電子信箱　sut81518@ms59.hinet.net
初　　版　2008 年 3 月
定　　價　六編 30 冊（精裝）新台幣 46,500 元

裴松之《三國志注》研究

余志挺　著

作者簡介

余志挺，民國六十三年三月十九日生，肖虎。

國立臺灣師範大學國文學系碩士。

儒家思想、道家氣度、墨家生活。

學術研究深受尤雅姿老師、林安梧老師、林礽乾老師影響；家庭氛圍則因有愛妻張齡文與愛女余芝晴的支持而倍感幸福。

曾發表〈阮籍文學中「象徵」修辭格的運用與意涵〉（《東方人文學誌》第一卷第一期）、〈從死亡體會阮籍的儒道衝突〉（國立臺灣大學中國文學研究第九屆學術研討會）、〈王陽明的生死念頭與相關議題〉（國立臺灣大學中國文學研究第九屆學術研討會）、〈未盡的名媛～從魏晉賢媛到現代名媛〉（翰林《文苑天地》第三十五期）、〈盡道而死的孟子命觀〉（龍騰《國文新天地》第十五期）、〈臺灣文學的遞變〉（翰林《文苑天地》第四十一期）等單篇論文。

提　　要

　　世之談「三國」者，莫不以其戰局詭譎、英雄輩出而津津樂道，關雲長「忠義」形象、諸葛孔明「智謀」風範、曹孟德「奸巧」樣貌，一皆歷歷如繪、千古傳誦，成為根深柢固的題材象徵，然此實多受羅貫中《三國演義》影響，《三國演義》者，「小說」之類也，班固《漢書‧藝文志》嘗言「小說家者流，蓋出於稗官。街談巷語、道聽塗說者之所造也」，可知小說產生，必有不少虛妄不實、加油添醋的成分，且《三國演義》原名《三國志通俗演義》，意指本在陳壽《三國志》的基礎下為通俗大眾做延伸演繹，故為創造精采情節以期能受閱者、聽者青睞，而平添許多聳動、誇張、刻意、矯飾等內容，距離史實，似又遠矣。

　　是以，欲全盤準確掌握動人卻混亂的三國史實，必回歸陳壽《三國志》，明其內容，方能知當時之發展。《三國志》在陳壽撰寫之前，已有草稿，王沈《魏書》、魚豢《魏略》、韋昭《吳書》說明魏、吳當時已有「史」，蜀仍無史，故陳壽自行採輯，僅得十五卷，《三國志》乃私修斷化分國史，原是《魏國志》、《蜀國志》、《吳國志》三書單獨流傳，至北宋咸平六年已合為一書，陳壽因「年號接續」和「擔任西晉著作郎」考量，而以魏為正統，體裁雖猶屬「正史體」，然寫作方式又異於司馬遷《史記》的「通史」，以及班固《漢書》的「斷代」，緊扣著三國時代可分可合的特性，開創出「紀傳體」的新面貌。

　　然《三國志》「失在於略，時有所脫漏」，故南朝宋文帝「命裴松之補注，博采群說，分入書中」，裴松之奉詔後，廣徵書目達二百餘部，以對《三國志》進行「補闕」與「備異」，又仿《史記》「太史公曰」形式，或裴氏自注，或引用孫盛、何休等十四名家評論，以「懲妄」、「論辯」《三國志》謬誤處，體例可謂精矣！注成之後，其篇幅甚至直逼陳壽《三國志》，遂有晁公武《郡齋讀書志》認定裴松之《三國志注》「多過本書數倍」的說法，故此重以鼎文書局所出版之新校標點本《三國志》，分別針對陳壽原書與裴松之注文逐字計數，統計得出每卷與全書總計字數，從而求得兩者間互輔互助之正確關聯。並逐卷分點出裴氏注文之參考書目，藉以呈現當時卷籍繁類之盛，和裴氏研究心力之廣，期許在此腳踏實地之研究下，還原三國時代真實樣貌，並破除羅貫中《三國演義》迷思，給予陳壽《三國志》與裴松之《三國志注》應有的史學高度。

目次

第一章 緒論 …………………………………………………… 1
　第一節 研究動機與目的 …………………………………… 1
　第二節 研究步驟與範疇 …………………………………… 4
第二章 《三國志注》的作者 ………………………………… 11
　第一節 裴松之的生平 ……………………………………… 11
　第二節 裴松之的著作 ……………………………………… 15
第三章 《三國志注》的成書 ………………………………… 21
　第一節 《三國志注》的撰作始末 ………………………… 21
　第二節 《三國志注》的編寫篇幅 ………………………… 24
第四章 《三國志注》體例研究 ……………………………… 33
　第一節 補陳壽原書的缺佚 ………………………………… 33
　第二節 辨陳壽原書的訛疑 ………………………………… 45
第五章 《三國志注》引書研究 ……………………………… 53
　第一節 《三國志注》引書考述 …………………………… 53
　第二節 《三國志注》引書索引 …………………………… 93
第六章 《三國志注》史評研究 ……………………………… 121
　第一節 自注呈現的面向 …………………………………… 121
　第二節 議論諸家的型態 …………………………………… 142
第七章 《三國志注》的價值與影響 ………………………… 177
　第一節 《三國志注》的價值 ……………………………… 177
　第二節 《三國志注》的影響 ……………………………… 187
第八章 結論 …………………………………………………… 197

主要參考及引用文獻 …………………………………………… 203

第一章 緒 論

第一節 研究動機與目的

　　《三國志》，陳壽撰，最初成書為《魏國志》三十卷、《蜀國志》十五卷，及《吳國志》二十一卷三部，雖言「三國」，實非僅為一書，這與當時的歷史狀況十分切合，因為東漢王朝由統一走向分裂，而後形成魏、蜀、吳三個國家，成為中國境內同時出現的鼎立政權，雖然分裂為三，合起來稱「三國」亦足以代表當時歷史的政治局面，故化為文獻，《三國志》一書也具有可分、可合的特點，《隋書》雖著錄「《三國志》六十五卷」〔註1〕，其下亦載有「《魏志音義》一卷」〔註2〕，可見魏、蜀、吳三書可以單獨分行，《舊唐書》與《新唐書》則把《魏國志》、《蜀國志》、《吳國志》分開著錄〔註3〕，到了北宋，魏、蜀、吳三書才真正合併起來，刻印成一書，統稱為《三國志》。

　　《三國志》作者陳壽，字承祚，巴西郡安漢縣（今四川省南充市）人，生於三國蜀漢後主建興十一年（233），卒於西晉惠帝元康七年（297），歲六十五，晉武帝

〔註1〕見《隋書・卷三十三・經籍二》魏徵等撰：《隋書》（臺北：鼎文書局，民國64年3月初版），頁955。

〔註2〕同前註。

〔註3〕《舊唐書・卷四十六・經籍上》：「《魏國志》三十卷，陳壽撰，裴松之注。」劉昫等撰：《舊唐書》（臺北：鼎文書局，民國65年10月初版），頁1989；又有「《蜀國志》十五卷，陳壽撰。」及「《吳國志》二十一卷，陳壽撰，裴松之注。」的記載，註同前，頁1992；另外，《新唐書・卷五十八・藝文二》：「陳壽《魏國志》三十卷、《蜀國志》十五卷、《吳國志》二十一卷，並裴松之注。」歐陽詢、宋祁撰：《新唐書》（臺北：鼎文書局，民國65年10月初版），頁1455；由此可知《舊唐書》與《新唐書》都是把魏、蜀、吳三書分開著錄的。

太康元年（280），司馬炎命王濬攻吳，下建業、孫皓降，晉策封其爲「歸命侯」，三國鼎立的局面至此終告結束，中國復歸統一，陳壽於時開始撰寫魏、蜀、吳三國志，書成，「時人稱其善敘事，有良史之才。夏侯湛時著《魏書》，見壽所作，便壞己書而罷。張華深善之，謂壽曰：『當以《晉書》相付耳。』其爲時所重如此」〔註4〕。

不過，陳壽撰寫《三國志》因當時所見材料有限，導致內容過於簡略，故裴松之奉宋文帝劉義隆詔命，在陳壽死後一百三十二年爲《三國志》作注，並於宋文帝元嘉六年（429）七月二十四日注成。

裴松之《三國志注》出，不僅彌補了陳壽《三國志》簡略之弊，其徵引材料的豐富程度、史學評論的精闢見解、對史書人物的辨析品議，在保存魏晉史料、總結魏晉史學、開創新的史論方式，以及對後世三國歷史延伸的文學、史學、兵學、戲劇等領域，均有莫大貢獻，不過，元、明之際，太原羅貫中始撰《三國志演義》，大致因襲元代至治間，新安虞氏所刊的全相《三國志平話》關目，從原本短短的三卷，擴充到二十四卷，又參考陳壽《三國志》和裴松之《三國志注》的正史內容，加以刪補，將平話本中的簡陋處增飾、渲染，並利用文人之筆描繪詳盡，製造引人入勝的氣氛，因此書成以後，不僅與平話本的內容差異頗大，且迅即風靡，甚至連陳壽《三國志》亦漸受冷落。

以淺近文言文寫成的《三國志演義》，儘管撰作不免受到史實的束縛，可是演義小說畢竟仍屬小說範疇，只是依據陳壽《三國志》爲底本的小說演述而已，故於演義之餘，爲求情節高潮迭起，或有失眞、失實，且壽書、裴注，在羅貫中《三國志演義》通行於世之際，不但沒有大行其道，還被《三國志演義》取代一般人對三國歷史的理解，甚至猶有以爲《三國志演義》中的記載，才是眞正的三國史實，其深植人心如此，反倒模糊了陳壽《三國志》、裴松之《三國志注》的功能，同時也錯誤認識了三國紛亂的史實。

因此，研究三國史必先歸返陳壽《三國志》，而爲克服陳壽《三國志》的簡略，又須聚焦於裴松之《三國志注》，此即以裴松之《三國志注》爲主要的研究對象，企圖追尋裴松之於增補陳壽《三國志》的同時，延伸出來的作注方法、撰作目的，並藉由其與陳壽《三國志》及徵引材料間的比較、辨異，深究裴松之在處理材料和相關記載時，所致力開創的史學識見。

裴松之注陳壽《三國志》，增添其不足、考訂其爭議、更正其謬誤，對《三國志》原書與三國歷史的重新建構，具有更趨完整的決定性影響，重要的程度不只欲研究

〔註4〕見《晉書・卷八十二・陳壽傳》房玄齡等撰：《晉書》（臺北：鼎文書局，民國69年8月三版），頁2137。

《三國志》勢將同時參照裴松之注，甚至要探討三國史實、史料等學術領域，也必然無法忽略《三國志注》較陳壽原書更爲詳盡、豐富的資料。

以目前研究裴松之《三國志注》的方向而言，大致可區分爲「裴松之本人」、「《三國志注》本書」，以及「裴松之《三國志注》整體研究」三個部分。

單就「裴松之本人」爲研究對象者，前僅有蔡瑄瑾發表於民國 84 年臺灣大學歷史研究所碩士論文〈裴松之家學傳承及六朝史學的演變〉，餘則散見史學家評傳之類的著作。

而以「《三國志注》本書」爲研究對象者，多是切割《三國志注》其中一部份的內容進行探討，例如「字數統計」、「引用書目」等。

關於《三國志》本文、注文的字數統計，最早有王庭洽在《上海師範學院學報》1983 年第四期上發表〈應正確認識三國志裴注的價值〉，和刊載於《古籍整理研究學刊》1985 年第三期的〈略談三國志與裴注的數量問題〉兩篇論文進行研究，接著又有崔曙庭〈三國志本文確實多於裴注〉發表於《華中師範大學學報》1990 年第二期，以及黃大受〈三國志及裴注之研究〉一文，分別逐字算數，得出詳實的統計結果。

至於《三國志注》的引用書目，清代時即有錢大昕《廿二史攷異》、錢大昭《三國志辨疑》、趙翼《廿二史箚記》、趙紹祖《讀書偶記》，以及沈家本古書目四種之一《三國志裴注所引書目》對此進行整理，民國以後則有王祖彝《三國志裴注引用書目》、王念祖《三國志裴注引書目》二部著作，與王鍾翰發表於《中國文化研究彙刊》第五卷的〈三國志裴注考證〉，接續編輯的工作，不過，因爲依據方法和分類角度的不同，所以也產生程度不一的謬誤與遺漏，故仍須回歸裴松之《三國志注》，重新安排所引書目，以求完備。

在整體的研究，即「裴松之及其《三國志注》」方面，歷來有楊翼驤〈裴松之與三國志注〉、黃大受〈三國志及裴注之研究〉與〈三國志注與裴松之〉、逯耀東〈裴松之與三國志注研究〉和〈裴松之三國志注引雜傳集釋〉及〈司馬光通鑑考異與裴松之三國志注〉等單篇論文，著作方面則多見於「中國史學史」、「史書評介」、「史學論集」等類的書籍，其中以逯耀東《魏晉史學的思想與社會基礎》所述最爲完備，而其他眾家記載的優劣，亦散及各章節以茲參照。

除針對裴松之《三國志注》本身的探討外，亦同時兼及有關三國史，或《三國志》的研究論文與著作，可參考者列舉以爲備異，有謬誤處則嘗試釐清，以便在繁多、龐大、複雜的資料中，重新審定正確、仔細的論點，如此方能使裴松之的《三國志注》得以完整、眞實地展現全貌，而不淪於因襲眾說、一知半解的困境，陷入閱讀《三國志》所產生既清楚又模糊的尷尬印象裡。

第二節 研究步驟與範疇

此既以裴松之《三國志注》為主要研究對象，故必以裴松之本人，及其《三國志注》為主，先以介紹，再漸次詳論其中蘊含的史學思想、方法，從而獲得裴松之《三國志注》的真實面貌，於後分別章節漸次探討，略論如下：

一、《三國志注》的作者

裴松之受詔為《三國志》作注，注成，此後研究陳壽《三國志》者，必以裴松之注相輔，壽書、裴注，可謂並行於世，然而不論《宋書》或《南史》，其本傳內容皆過於簡略，因此，在介紹裴松之生平事蹟時，先以《宋書·卷六十四·裴松之傳》與《南史·卷三十三·裴松之傳》的記載為主，並參之《晉書》、《梁書》、《隋書》等相關資料，分別詳述裴松之的生平與著作。

在裴松之生平部分，可分成「氏族」、「事蹟」二方面敘述，先依相關史書記載，排出其「氏族」表，再以《宋書·卷六十四·裴松之傳》為本，敘述其生平經歷，輔以《宋書·卷二·武帝本紀中》、《二十史朔閏表》與《歷代紀事年表》增補介紹裴松之的「事蹟」，以方便能有更詳盡的了解。

至於裴松之的著作部分，亦可根據《宋書》本傳、《梁書》、《史記》、《後漢書》、《隋書·經籍志》、《舊唐書·經籍志》、《新唐書·藝文志》等史書記載，以及其他書籍的引用、補充，加以重新整理，得知現存能考的裴松之著作約有十數種之多，除聞名的《三國志注》外，尚有範圍涵蓋經、史、子的作品，按此順序一一列舉，並連帶查考其作品於各朝史書中的收錄記載，以確定其存佚情形，從而知悉裴松之所有著作於今之保存狀況。

二、《三國志注》的成書

宋文帝嫌陳壽《三國志》過於簡略，故下詔命裴松之補注，然今僅知《三國志注》完成於元嘉六年七月二十四日〔註5〕，松之時年五十八歲，卻未知裴氏作注的真正時間，若依〈上三國志注表〉中所稱「自就撰集，已垂期月，寫校始訖，謹封上呈」〔註6〕，可知《三國志注》應是在一年或將近一年的時間內完成的，在這麼

〔註5〕裴松之〈上三國志注表〉：「元嘉六年七月二十四日，中書侍郎西鄉侯臣裴松之上。」嚴可均校輯：《全上古三代秦漢三國六朝文》（北京：中華書局，民國74年11月三刷），頁2525。

〔註6〕見《全上古三代秦漢三國六朝文·全宋文·卷十七》裴松之〈上三國志注表〉，同前註。

短的時間裡要完成繁重的作注工程，必有待助手共同編修〔註7〕。

　　因此，欲透徹《三國志注》的成書經過，就必須先確立「撰作動機」與「編寫過程」兩大主題的探究，裴松之作注的動機，原本是建立在因陳壽《三國志》「失在於略，時有所脫漏」〔註8〕的基礎上，故針對《三國志》的簡略、闕漏處，裴松之特別進行補強動作，而在編寫的過程間，裴松之主持總成，發凡起例，亦即先訂出體例，分別派使助手編寫、纂輯，最終再由裴松之作全書的考訂，終於在宋文帝元嘉六年七月二十四日時完成注《三國志》的工程。

　　裴松之作注，本是起因於陳壽《三國志》「失在於略」且「時有所脫漏」而發為增補，故兩者無論在形式、內容上，都有著極為緊密的聯繫，所以歷來學者亦多把兩者並列以為比較，於此將先從「與陳壽原書的比較」著手，進行字數統計，得出《三國志注》對陳壽《三國志》的增補作用，再緊扣住「補陳壽原書的缺佚」、「辨陳壽原書的訛疑」二方面，來探討陳壽本文與裴松之注文之間，存在的互補與對等關係。

　　有關陳壽《三國志》本文與裴注之間字數的多寡，前多承襲晁公武《郡齋讀書志》的說法，以為裴松之作注，「博采群說，分入書中，其多過本書數倍」〔註9〕，而後雖有王庭冶、崔曙庭、黃大受三家逐字計數以為求證，然為求更詳盡的資料以供仔細比對，故仍將根據鼎文書局出版的新校標點本《三國志》，分別對陳壽《三國志》本文，以及裴松之《三國志注》的注文逐字計數，進行統計後得出每卷字數與全書總計字數，再以字數、段數的統計分類並舉，按魏、蜀、吳三志依序編排，羅列出各卷次、篇目的字數、段落數，以求得本文與注文之間相互比對的結果。

三、《三國志注》體例研究

　　在確定《三國志》本文與注文的實際字數，且經過對比之後，必須更進一步了解在歷史事件記載上的詳略程度，意即從「形式」的參照，再深入到「內容」的探討，憑藉著《三國志注》「增補簡略」的作用，同時擴及「增補脫漏」的研究，並從中得知陳壽《三國志》原書病在簡略的原因，以及後代史學家批駁裴松之注「煩蕪」

〔註7〕逯耀東〈裴松之《三國志注》的自注〉亦以為「《三國志注》可能是由裴松之主持，在一批助手協助下進行的」逯耀東：《魏晉史學的思想與社會基礎》（臺北：東大圖書公司，民國89年2月初版），頁369。

〔註8〕見《全上古三代秦漢三國六朝文‧全宋文‧卷十七》裴松之〈上三國志注表〉，同註5，頁2525。

〔註9〕見《郡齋讀書志‧卷二上》晁公武：《郡齋讀書志》（臺北：臺灣商務印書館，民國67年1月臺一版），頁101。

〔註10〕的理由。

　　據此展開裴松之《三國志注》的「體例」研究，主要內容即裴松之於〈上三國志注表〉中所言「其壽所不載，事宜存錄者，則罔不畢取，以補其闕；或同說一事，而辭有乖雜，或出事本異，疑不能判，並皆鈔內，以備異聞；若乃紕繆顯然，言不附理，則隨違矯正，以懲其妄；其時事當否，及壽之小失，頗以愚意，有所論辯」〔註11〕，故可歸納訂出「補闕」、「備異」、「懲妄」、「論辯」四種體例，其中「補闕」、「備異」屬於材料的補述，此類注釋形式在裴松之《三國志注》中佔大多數，而「懲妄」、「論辯」則是對材料的考證與批評，即裴松之透過校勘、核驗材料後，提出個人對史事的議論，以及對歷史人物的評價，這一部份比重雖不多，卻是整部《三國志注》的精旨深義所在，因為透過其自注方式，不僅可以體現裴氏對魏晉史學所延展出的批評性觀點，亦同時能夠發現松之史評在中國史學研究上，扮演著開關史學批評先驅的重要角色。

四、《三國志注》引書研究

　　關於裴松之注《三國志》所引用的書目，清代錢大昕《廿二史攷異》、錢大昭《三國志辨疑》、趙翼《廿二史箚記》、趙紹祖《讀書偶記》、沈家本古書目四種之一《三國志裴注所引書目》，與民國王祖彝《三國志裴注引用書目》、王念祖《三國志裴注引書目》，以及王鍾翰發表於《中國文化研究彙刊》第五卷的〈三國志裴注考證〉等，都曾對此做過整理、編輯的工作，但因依據的方法，以及分類的角度並不相同，所以也各有程度不一的謬誤與遺漏，且各家分類皆僅列魏晉時代的史學著作，而未含群經諸子、前文方言等援用材料，故猶有不全之憾，若不只限定於魏晉時代的史料，意即包含魏晉以前的經傳、文章，則裴松之《三國志注》的引書更有兩百五十部以上〔註12〕，因此首以裴松之《三國志注》的引用先後為順序，大致分成四類，即「作者、書名皆具」、「作者雖不書，猶知其著」、「作者未明，僅具書名」，以及「單篇詩文」，最後補以「評論者之言」的諸家史評，合為五類，藉以探討裴松之注《三國志》在材料的援引運用，和史籍的保存處理上，具有的非凡貢獻與永恆價值。

〔註10〕　《史通·卷五·補注第十七》：「榷其得失，求其利害，少期集注《國志》，以廣承祚所遺，而喜聚異同，不加刊定，恣其擊難，坐長煩蕪。觀其書成表獻，自比蜜蜂兼採，但甘苦不分，難以味同萍實者矣。」劉知幾撰，浦起龍釋：《史通通釋》（臺北：九思出版有限公司，民國67年10月臺一版），頁132。

〔註11〕　見《全上古三代秦漢三國六朝文·全宋文·卷十七》裴松之〈上三國志注表〉，同註5，頁2525。

〔註12〕　此實包含二百三十二部引用著作以及單篇詩文二十一篇的總和。

　　裴松之作注引書頗豐，然今多散佚不存，若以唐代魏徵所撰之《隋書·經籍志》為主，輔以後晉劉昫的《舊唐書·經籍志》和宋朝歐陽修、宋祁共編的《新唐書·藝文志》，與裴松之《三國志注》所引史料、著作共計二百三十二部互相核驗、彼此參照，依此即可推知裴注引書在隋、唐、宋時的存佚情況，最後，再參照《四庫全書總目提要》的記載，一併考察各類材料的作者、卷數、著錄與存佚狀況，藉以窺其現今藏書面貌的完整程度。

　　釐清裴松之《三國志注》所引史料、著作計二百三十二部的作者、卷數、著錄與存佚狀況後，於第五章第二節作「引用書目索引」，此部份先前已有民國王祖彝所撰的《三國志裴注引用書目》一卷本，然其中多有錯置、不足，故以此為底本，重新編排「裴注引用書目」，並對王祖彝《三國志裴注引用書目》的闕漏與謬誤處加以補充、考訂，冀全「引用書目索引」之內容，以備後人閱讀《三國志》及其注時，可依「索引」迅速查考到所要找的資料。

五、《三國志注》史評研究

　　裴松之注《三國志》體例有四，即「補闕」、「備異」、「懲妄」、「論辯」，其中「補闕」、「備異」是裴松之及其助手共同纂輯完成，「懲妄」、「論辯」則是裴松之經過彙整引用材料的核驗與分析後，針對史事的議論、歷史人物的臧否，揭出個人的見解，此即裴松之的「自注」。

　　其「自注」方式，大致而言，可分為「臣松之以為」、「臣松之案」、「臣松之按」，以及「臣松之」〔註13〕四種類型表示，不同展現方式代表撰作體例、思考意義的不同，藉此對陳壽《三國志》與所引相關材料進行各種驗證和批判，並對歷史人物、歷史事件提出個人觀點，因此，《三國志注》的史評研究，首先必須就針對裴松之自注部分解釋，探討其於評論中展現的史觀與史識。

　　不過，《三國志注》並非只有裴松之的自注，裴松之於評論之際，尚須與陳壽史評相對照，以及羅列包括孫盛、何休、鄭玄、服虔、應劭、習鑿齒、華嶠、魚豢、袁宏、徐眾、高堂隆、張璠、干寶、孫綽等十四家史評，因此，探討《三國志注》的史評也不能忽略陳壽史評與此十四家之言，且裴松之於徵引此十四家史論時，亦多有所評述，故釐清裴氏援引其他史家的用意，以及比較各家與松之史觀的異同，當是《三國志注》史評研究的重要課題。

〔註13〕　「臣松之以為」、「臣松之案」、「臣松之按」是裴松之最常使用的三類自注方式，餘則均歸在「臣松之」一類，後多接「檢」、「訊」、「從」、「曰」、「云」等動作描述。

六、《三國志注》的價值與影響

　　《三國志》與《史記》、《漢書》、《後漢書》並稱為「四史」，被譽為是中國古代紀傳體史書的代表作，其質量、成就遠遠超過同時代三國史的其他撰作，陳壽《三國志》真切因應三國鼎立的歷史特點，開創出新的史書體例，而裴松之站在陳壽的基礎上，增補其內容、修正其缺失，重要性絕不下於《三國志》本文，故於此探討裴松之《三國志注》的成就，除開與陳壽《三國志》之間相互依附的關係外，還可從其本身的「價值」、「影響」兩方面著手。

　　為史書作注，始於東漢服虔、應劭注《漢書》，到了魏晉南北朝，史注有了重大發展，裴松之當時注《三國志》，竟不依循注家正體，即重點不放在解釋疑難原文的文字訓詁上，而採取增補史實的變體方式，針對《三國志》的不足處努力克服，添加內容、考證紕繆，因此，裴松之在豐富原書記載的同時，往往援引大量原文，這使得《三國志》的注文，直接保存著古代完整的史料，尤其是三國時期的歷史素材。

　　不過，裴松之注的真正價值非僅止於此，在「補闕」、「備異」、「懲妄」、「論辯」四種體例下，「懲妄」、「論辯」的自注形式，才是裴松之心中理想的作注方法，因此，裴松之注不只是增補陳壽《三國志》的闕佚而已，對於魏晉史學更作了批判性的總結，為中國史學評論開創新途徑，雖然在裴注之前，漢代班彪等人也有所謂史學批評〔註14〕，但仍不夠具體，而裴松之不僅運用史注變體的新體例，也成為魏晉史學脫離經學獨立過程中的重要關鍵，及至後世史學家，包括劉勰《文心雕龍‧史傳》，和劉知幾《史通》的史學批評，都受到裴松之《三國志注》的先驅作用影響，這一部份才是裴松之《三國志注》的真正價值所在。

　　三國、魏、晉當朝的史書、史料今多有散軼，陳壽《三國志》與裴松之注同列正史存於後世，足見其價值與影響層面的廣大，《三國志》雖然行文雅潔、意旨淡遠，惜內容過於簡略，必待裴松之注方能彌補其缺失，儘管在注釋、補充之後，二書的闕漏仍然不少，但陳書、裴注在中國史學史上代表的意義非凡，陳壽將《三國志》分成〈魏書〉三十卷、〈蜀書〉十五卷、〈吳書〉二十卷，承襲司馬遷《史記》的通史體，以及班固《漢書》的斷代史體，在斷代史中另創一格，而裴松之替《三國志》作注，旨在增補陳壽原書記載的不足，裴松之重視歷史真實面的書

〔註14〕《春秋左氏傳》早有假稱「君子」的發論，《春秋公羊傳》和《春秋穀梁傳》則分謂「公羊子」與「穀梁子」，不過，春秋三傳均非每篇都有論的抒發，每篇必有論者，應始於司馬遷《史記》，《史記》明云「太史公」，「太史公」即司馬遷本人，到了班固《漢書》時，又改曰「贊」，其後又有「序」、「詮」、「議」、「述」等的不同，然史書紀傳跋尾應當正名為「史論」，不當云「贊」，而「史論」的名稱，到陳壽時改稱為「史評」。

寫，因此徵引許多不同來源的材料作爲參考，隋唐以後，史籍散軼程度嚴重，幸賴裴注徵引的內容得以保存。

　　不過，《三國志注》的眞正價值非僅於保存魏晉史料，而是議論材料、考證本文、臧否人物、評斷史事的裴松之自注，裴松之的自注不但總結了魏晉史學的發展，同時也爲中國史學批評開創新路，成爲劉知幾等後世史評家的先行者，因此，欲研究裴松之《三國志注》在中國史學上的貢獻與地位，絕不能只著眼在裴注與陳壽原書之間的補充、考辨作用，必須全面性地歸納裴松之《三國志注》和陳壽本文之間，以及與所徵引的魏晉材料之間的縱向、橫向連結點，並獨立思考裴注本身展現的態度、書寫的脈絡、代表的意義、敘述的方式等不同切入角度，如此方能眞正深入裴松之其人，以及《三國志注》其書的本質，並依循裴注撰作的動機，進一步探討所衍生的任何問題，找出可以依據的軌跡，爲裴松之《三國志注》在中國史學史上的價值確實定位。

第二章　《三國志注》的作者

第一節　裴松之的生平

裴松之，字世期，河東聞喜（今山西省曲沃縣）人，《宋書・裴松之傳》僅言其太祖元嘉「二十八年，卒，時年八十」〔註1〕，未載生年，清代王鳴盛《十七史商榷》依此上推，以爲「松之當生于晉簡文帝咸安二年」〔註2〕，可知裴松之係東晉簡文帝咸安二年（372）生，而於南朝劉宋文帝元嘉二十八年（451）卒，享壽八十，其生平事蹟見於《宋書・卷六十四・裴松之傳》與《南史・卷三十三・裴松之傳》〔註3〕，依記載可劃分成三方面來作介紹：

一、氏　族

祖　裴昧　光祿大夫

父　裴珪　正員外郎

舅　庾楷

子　裴駰　南中郎參軍

《宋書・卷六十四・裴松之傳》並未對裴氏家族有太多著墨，僅知裴松之屬河東聞喜裴氏，其祖裴昧、父裴珪名皆不顯，未見《晉書》、《宋書》立傳，上代世系亦無

〔註1〕見《宋書・卷六十四・裴松之傳》沈約撰：《宋書》（臺北：鼎文書局，民國64年6月臺一版），頁1701。

〔註2〕見王鳴盛《十七史商榷》（臺北：廣文書局，民國60年5月再版），頁246。

〔註3〕見李延壽《南史》（臺北：鼎文書局，民國74年3月四版），記載多與《宋書》本傳相同。

法考，而對於庾楷的記載亦只能得知裴妻爲庾氏〔註4〕，不過，《梁書·卷三十·裴子野傳》載「裴子野字幾原，河東聞喜人，晉太子左率康八世孫。兄黎，弟楷、綽，並有盛名，所謂『四裴』也。曾祖松之，宋太中大夫。祖駰，南中郎外兵參軍。父昭明，通直散騎常侍」〔註5〕且「子謇，官至通直郎」〔註6〕，以及王伊同《五朝門第》的補充，明白擴大了裴氏家族的範圍，依氏族傳承，可重新整理如下：

```
                                              →裴顥（昭明從祖弟）
  裴康→裴盾→裴邵→裴昧→裴珪→裴松之            裴黎
              ↓（婿）→裴駰→裴昭明→裴子野→裴謇
          庾楷→庾氏                           裴楷
                                              裴綽
```

二、事　蹟

　　東晉簡文帝咸安二年（372），裴松之生，因出身於世代官僚的家庭，自幼讀書，八歲時，已學通《論語》、《毛詩》，此後更博覽墳籍，並求立身簡素，二十歲初仕即拜殿中將軍〔註7〕，直衛皇帝左右，晉孝武帝太元中，朝廷革選名家以參顧問，始用琅邪王茂之、會稽謝輶，皆南北之望，裴松之舅庾楷時在江陵，欲得松之西上，除新野太守，以事難不行，後拜爲員外散騎侍郎。

　　至安帝義熙初，裴松之擔任吳興故鄣令〔註8〕，在縣有績，入爲尚書祠部郎，

〔註 4〕逯耀東《魏晉史學的思想與社會基礎》：「傳又稱：『舅庾楷在江陵，欲得松之西上。』可知松之妻爲庾氏，是庾楷之女。」（臺北：東大圖書公司，民國89年2月初版），頁332。

〔註 5〕見《梁書·卷三十·裴子野傳》姚思廉撰：《梁書》（臺北：鼎文書局，民國64年1月臺一版），頁441。

〔註 6〕同前註，頁444；《梁書·卷三十》校勘記註1：「『謇』《南史》作『騫』。」註同前，頁450。

〔註 7〕《晉書·卷二十四·職官》：「更制殿中將軍，中郎、校尉、司馬比驍騎。持椎斧武賁，分屬二衛。」房玄齡等撰：《晉書》（臺北：鼎文書局，民國69年8月三版），頁741；且《宋書·卷四十·百官下》：「殿中將軍。殿中司馬督。晉武帝時，殿內宿衛，號曰三部司馬，置此二官，分隸左右二衛。江右初，員十人。朝會宴饗，則將軍戎服，直侍左右，夜開城諸門，則執白虎幡監之。晉孝武太元中，改選，以門閥居之。宋高祖永初初，增爲二十人。其後過員者，謂之殿中員外將軍、員外司馬督。其後並無復員。」同註1，頁1249～1250。

〔註 8〕《晉書·卷二十四·職官》：「縣大者置令，小者置長。」同註7，頁746；而《宋書·卷三十五·州郡一》：「吳興太守，孫皓寶鼎元年，分吳、丹陽立。領縣十。戶四萬九千六百九，口三十一萬六千一百七十三。去京都水九百五十，陸五百七十。」同註1，頁1032；又：「故鄣令，漢舊縣，先屬丹陽。」註同前，頁1033；再：「丹陽尹，秦鄣郡，治今吳興之故鄣縣。」註同前，頁1029。

期間因鑒於官僚地主以世立私碑，有乖事實，遂上表建議嚴加限制：

　　碑銘之作，以明示後昆，自非殊功異德，無以允應茲典。大者道勳光遠，世所宗推，其次節行高妙，遺烈可紀。若乃亮采登庸，績用顯著，敷化所莅，惠訓融遠，述詠所寄，有賴鐫勒，非斯族也，則幾乎僭黷矣。俗敝僞興，華煩已久，是以孔悝之銘，行是人非；蔡邕制文，每有愧色。而自時厥後，其流彌多，預有臣吏，必爲建立，勒銘寡取信之實，刊石成虛僞之常，眞假相蒙，殆使合美者不貴，但論其功費，又不可稱。不加禁裁，其敝無已。以爲諸欲立碑者，宜悉令言上，爲朝議所許，然後聽之。庶可以防遏無徵，顯彰茂實，使百世之下，知其不虛，則義信於仰止，道孚於來葉。〔註9〕

　　雖然本身亦出於官僚之家，但裴松之能揭露自東漢以來，官僚地主虛自標榜的惡習，並上書請求禁裁，可知其深具卓見。

　　晉安帝義熙十二年（416），太尉劉裕（即宋武帝）北伐，兼領司州刺史，並以裴松之爲州主簿，轉治中從事史〔註10〕；隔年三月，劉裕平定洛陽，裴松之即居州任職行事，然劉裕以松之廊廟之才，不宜久尸邊務，召爲世子洗馬，洗馬「職如謁者祕書，掌圖籍。釋奠講綷則掌其事，出則直者前驅，導威儀」〔註11〕，于時議立五廟樂，裴松之主張妃子臧氏的廟樂亦宜與四廟同，俊除零陵內史一職，而徵爲國子博士；東晉恭帝元熙二年（420）間，劉裕代晉稱帝，建立劉宋一朝，是爲宋武帝（即高祖），裴松之時年四十九歲。

　　宋文帝元嘉三年（426），裴松之五十五歲，文帝（即宋太祖劉義隆）誅司徒徐羨之等，夏五月乙巳，文帝班宣詔書，分遣大使十六人分赴各州巡行天下，裴松之被派使湘州，考察後將結果反使書奏文帝，並附二十四條書奏隨事爲牒，所言甚得

〔註9〕　見《宋書‧卷六十四‧裴松之傳》，同註1，頁1699。

〔註10〕　《晉書‧卷二十四‧職官》：「州置刺史，別駕、治中從事、諸曹從事等員。所領中郡以上及江陽、朱提郡，郡各置部從事一人，小郡亦置一人。又有主簿，門亭長、錄事、記室書佐、諸曹佐、守從事、武猛從事等。凡吏四十一人，辛二十人。」同註7，頁745；又《宋書‧卷三十六‧州郡二》：「司州刺史，漢之司隸校尉也。」同註1，頁1103；且《宋書‧卷四十‧百官下》云：「刺史，每州各一人。黃帝立四監以治萬國，唐、虞世十二牧，是其職也。周改曰典，秦曰監御史，而更遣丞相史分刺諸州，謂之刺史。」下載其所領官屬有「主簿一人，錄閤下衆事，省署文書。」及「治中從事史一人，主財穀簿書。」註同前，頁1256。

〔註11〕　見《晉書‧卷二十四‧職官》，同註7，頁743；《宋書‧卷四十‧百官下》：「洗馬，八人。職如謁者、祕書郎也。二漢員十六人。太子出，則當直者前驅導威儀。秩比六百石。」同註1，頁1254。

奉使之義，故論者皆有所稱美，後轉中書侍郎、司冀二州大中正，中書侍郎主要的工作是「爲帝省讀書」〔註12〕，至於司冀二州大中正，呂思勉《讀史札記》以爲「品令不載，又無祿恤，則中正非官也。劉毅云：『置州都者，取州里清議，咸所歸服，將以鎮異同，一言議。』晉書劉毅傳。蓋於清議之中，擇一人爲之平隲，乃士大夫之魁首，而非設官分職之一也」〔註13〕，查《魏書·卷一百一十一·刑罰志》中載有「尙書令、任城王澄奏：『案諸州中正，亦非品令所載，又無祿恤，先朝以來，皆得當刑。直閣等禁直上下，有宿衛之勤，理不應異。』靈太后令準中正」〔註14〕，可知司冀二州大中正並非正式官職，僅爲眾清議士大夫的魁首。

後，宋文帝病陳壽《三國志》簡略，於是下詔使注《三國志》，裴松之鳩集傳記，增廣異聞，終於在元嘉六年（429）七月二十四日注成奏上，而文帝深善之，又出爲永嘉太守〔註15〕，勤恤百姓，吏民便之，且入補通直散騎常侍〔註16〕，復領二州大中正，尋出爲南琅邪太守。

宋文帝元嘉十四年（437），裴松之官拜中散大夫，尋領國子博士，後進太中大夫，而博士如故，元嘉二十八年（451），奉詔續何承天修《宋史》，然未及撰述，即卒，年八十歲。

裴松之歷任東晉、南朝劉宋二朝官職，自二十歲拜殿中將軍始，歷仕十六官職，

〔註12〕見《宋書·卷四十·百官下》：「中書侍郎，四人。」又云：「魏武帝爲王，置祕書令，典尚書奏事，又其任也。文帝黃初初，改爲中書令，又置監，及通事郎，次黃門郎。黃門郎已署事過，通事乃奉以入，爲帝省讀書可。晉改曰中書侍郎，員四人。晉江左初，改中書侍郎曰通事郎，尋復爲中書侍郎。」同註1，頁1245；《晉書·卷二十四·職官》：「中書侍郎，魏黃初初，中書既置監、令，又置通事郎，次黃門郎。黃門郎已署事過，通事乃署名。已署，奏以入，爲帝省讀，書可。及晉，改曰中書侍郎，員四人。中書侍郎蓋此始也。」同註7，頁734。

〔註13〕見呂思勉《讀史札記》（臺北：木鐸出版社，民國72年9月初版），頁853；又王鳴盛《十七史商榷·卷四十七·九品中正》云：「魏陳群始立九品官人之法，晉武帝紀則云：咸熙二年十一月令諸郡中正以六條舉淹滯，一曰忠恪匪躬，二曰孝敬盡禮，三曰友于兄弟，四曰絜身勞謙，五曰信義可復，六曰學以爲已，故三國志、晉書及南史諸列傳中，多有爲州郡大中正者，蓋以他官或老于鄉者充之，掌鄉黨評論、人才臧否、清議係焉，說見前魏夏侯元傳中，乃晉職官志中絕不一見，何也？」同註2，頁294；其有關州郡中正的記載亦詳見《十七史商榷·卷四十·州郡中正》，頁251。

〔註14〕見《魏書·卷一百一十一·刑罰志》魏收撰：《魏書》（臺北：鼎文書局，民國76年5月五版），頁2885～2886。

〔註15〕《晉書·卷二十四·職官》：「郡皆置太守，河南郡京師所在，則曰尹。」同註7，頁746。

〔註16〕《宋書·卷六十四·裴松之傳》校勘記註19引張森楷《校勘記》云：「爲字爲散騎二字之譌。」同註1，頁1714。

《晉書》僅列「職官」而無九品排名，因此，若使裴松之所任依宋代九品官制來看，殿中將軍、尚書祠部郎、國子博士屬於第六品，員外散騎侍郎、通直散騎常侍、中書侍郎、零陵內史、永嘉太守、南琅邪太守屬第五品，世子洗馬則是第七品，而吳興故鄣令、司州主簿、治中從事史、司冀二州大中正、中散大夫、太中大夫雖無著錄，然裴松之任司州主簿、治中從事史係劉裕北伐領司州刺史之際，而「刺史領兵者」〔註17〕時位列第四品，隸屬司州刺史的主簿、治中從事史當在五品以下，《宋書・百官志》又分「諸縣署令千石者」列第六品〔註18〕，「諸縣令六百石者」為第七品〔註19〕，未知裴松之任吳興故鄣令領千石或六百石，然置於六、七品當能確定；綜合以上觀之，可知裴松之任官最高的位階已達第五品。

第二節　裴松之的著作

　　裴松之初仕即為殿中將軍，後又為世子洗馬，所任皆是有門閥限制的官職，必須是清官、甲族方可勝任，且其妻庾氏為庾楷之女，庾楷乃庾亮之孫，而庾氏家族自東晉以來一直是第一流的世族大家，裴松之能與庾氏家族聯姻，必然也應該是當時的一流世族，不過，儘管裴氏為當時大家，且松之於時官職最高已名列第五品，但實際表現在政治上卻沒有特別突出的成就，裴松之真正投注的生命價值，一皆展現在其學術研究上。

　　八歲時，裴松之接受儒學教育，「學通《論語》、《毛詩》。博覽墳籍，立身簡素」〔註20〕，先接受儒家洗禮，爾後因職務、興趣的關係開始從事史書撰作，自此裴氏家族世傳經、史之業，而松之除著名的《三國志注》外，其他方面亦留下不少作品，依《宋書》本傳、《梁書》、《史記正義》、《史記索隱》、《後漢書注》、《隋書・經籍志》、《舊唐書・經籍志》、《新唐書・藝文志》等記載，以及其他書籍的引用、補充，加以重新整理，可知現存能考的裴松之著作約有以下數書：

1. 《集注喪服經傳》一卷

　　《隋書・卷三十二・經籍一》：「宋太中大夫裴松之撰。」〔註21〕

　　《梁書・卷三十・裴子野傳》：「子野少時，《集注喪服》、《續裴氏家傳》各二

〔註17〕見《宋書・卷四十・百官下》，同註1，頁1262。
〔註18〕見《宋書・卷四十・百官下》，同前註，頁1263。
〔註19〕同前註，頁1264。
〔註20〕見《宋書・卷六十四・裴松之傳》，同前註，頁1698。
〔註21〕見《隋書・卷三十二・經籍一》魏徵等撰：《隋書》（臺北：鼎文書局，民國64年3月初版），頁920。

卷。」〔註22〕

2. 《三國志注》六十五卷

《宋書・卷六十四・裴松之傳》:「上使注陳壽《三國志》,松之鳩集傳記,增廣異聞,既成奏上。上善之,曰:『此為不朽矣。』」〔註23〕

案:裴松之〈上三國志注表〉:「臣前被詔,使采三國異同,以注陳壽國志。壽書銓敘可觀,事多審正。誠游覽之苑囿,近世之嘉史。然失在於略,時有所脫漏。臣奉詔尋詳,務在周悉,上搜舊聞,傍摭遺逸。……元嘉六年七月二十四日,中書侍郎西鄉侯臣裴松之上。」〔註24〕

《隋書・卷三十三・經籍二》:「《三國志》六十五卷,敘錄一卷,晉太子中庶子陳壽撰,宋太中大夫裴松之注。」〔註25〕

《舊唐書・卷四十六・經籍上》則將《三國志》分為「《魏國志》三十卷,陳壽撰,裴松之注」〔註26〕、「《蜀國志》十五卷,陳壽撰」〔註27〕、「《吳國志》二十一卷,陳壽撰,裴松之注」〔註28〕三書。

《新唐書・卷五十八・藝文二》:「陳壽《魏國志》三十卷、《蜀國志》十五卷、《吳國志》二十一卷,並裴松之注。」〔註29〕

案:《舊唐書》、《新唐書》有《吳國志》二十一卷,此應是二十卷本加敘錄一卷所致。

3. 《宋史》

《宋書・卷十一・志序》:「元嘉中,東海何承天受詔纂《宋書》,其志十五篇,以續馬彪《漢志》。」〔註30〕

《宋書・卷六十四・裴松之傳》:「續何承天國史,未及撰述,二十八年,卒,

〔註22〕 見《梁書・卷三十・裴子野傳》,同註5,頁444。

〔註23〕 見《宋書・卷六十四・裴松之傳》,同註1,頁1701。

〔註24〕 見裴松之〈上三國志注表〉,此文收錄於《全上古三代秦漢三國六朝文・全宋文・卷十七》嚴可均校輯:《全上古三代秦漢三國六朝文》(北京:中華書局,民國74年11月三刷),頁2525。

〔註25〕 見《隋書・卷三十三・經籍二》,同註21,頁955。

〔註26〕 見《舊唐書・卷四十六・經籍上》劉昫等撰:《舊唐書》(臺北:鼎文書局,民國65年10月初版),頁1989。

〔註27〕 見《舊唐書・卷四十六・經籍上》,同前註,頁1992。

〔註28〕 同前註。

〔註29〕 見《新唐書・卷五十八・藝文二》歐陽詢、宋祁撰:《新唐書》(臺北:鼎文書局,民國65年10月初版),頁1455。

〔註30〕 見《宋書・卷十一・志序》,同註1,頁205。

時年八十。」〔註31〕

《梁書・卷三十・裴子野傳》：「初，子野曾祖松之，宋元嘉中受詔續修何承天《宋史》，未及成而卒，子野常欲繼成先業。」〔註32〕

4. 《晉紀》

《宋書・卷六十四・裴松之傳》：「松之所著文論及《晉紀》，駁注司馬遷《史記》，並行於世。」〔註33〕

《晉紀輯本》收有裴松之《晉紀》「穆帝（永和元年）」、「安帝（隆安元年）」二條。〔註34〕

5. 《宋元嘉起居注》五十卷

《文苑英華・卷第七百五十四・史論 ・》載裴子野《宋略・摠論》：「子野曾祖宋中大夫西鄉侯，以文帝之十二年，受詔撰《元嘉起居注》，二十六年重被紹（疑作詔），續成何承天《宋書》，其年終于位，書則未遑述作。」〔註35〕

《隋書・卷三十三・經籍二》著錄「五十五卷」而無作者名。〔註36〕

《舊唐書・卷四十六・經籍上》著錄「六十卷」而無作者名。〔註37〕

《新唐書・卷五十八・藝文二》著錄「七十一卷」而無作者名。〔註38〕

案：《宋書・卷六十四・裴松之傳》並未記載宋文帝十二年，裴松之受詔撰《元嘉起居注》事，雖可據此增補裴松之的生平事蹟，然逯耀東於〈裴松之與《三國志注》〉一文中有所考證，「案《初學記》、《藝文類聚》、《北堂書鈔》、《太平御覽》，並引《元嘉起居注》，或稱《文帝元嘉起居注》，或題為《元嘉十年起居注》、《二十九年起居注》。又案：宋文帝於少帝景平二年八月丁酉即位，改景平二年為元嘉元年。三十年二月甲子為元凶劭所弒。而松之卒於元嘉二十八年，所以《元嘉起居注》非盡是松之所撰，或元嘉十二年前之記注為其所撰」〔註39〕，且《隋書》、《舊唐書》、《新唐書》均未著錄作者名氏，故此

〔註31〕 見《宋書・卷六十四・裴松之傳》，同註1，頁1701。

〔註32〕 見《梁書・卷三十・裴子野傳》，同註5，頁442。

〔註33〕 見《宋書・卷六十四・裴松之傳》，同註1，頁1701。

〔註34〕 見湯球《晉紀輯本》（上海：上海商務印書館，民國26年6月初版），頁57。

〔註35〕 見《文苑英華・卷第七百五十四・史論一》載裴子野《宋略・卷一・摠論》彭叔夏撰：《文苑英華》（臺北：華文出版社，民國54年5月出版），頁4730。

〔註36〕 《隋書・卷三十三・經籍二》：「《宋元嘉起居注》五十五卷，梁六十卷。」同註21，頁965。

〔註37〕 見《舊唐書・卷四十六・經籍上》，同註26，頁1997。

〔註38〕 見《新唐書・卷五十八・藝文二》，同註29，頁1470。

〔註39〕 見逯耀東《魏晉史學的思想與社會基礎》，同註4，頁337。

書尚有許多疑點猶待釐清，不得貿然列入生平事蹟，至於有關續何承天《宋書》的撰作，儘管亦可彌補《宋史》記載的不足，但言二十六年被詔續《宋書》，其年終于位，則又與史實記載不相符合。

6. 《北征記》

《後漢書・卷九・孝獻帝紀第九》李賢等注引裴松之《北征記》：「中牟臺下臨汴水，是為官度，袁紹、曹操壘尚存焉。」〔註40〕

《史記・卷八・高祖本紀第八》司馬貞索隱引：「《北征記》云中牟臺下臨汴水，是為官渡水也。」〔註41〕

案：司馬貞索隱雖未著錄作者姓氏，然因所引內容與《後漢書》記載相同，可知應為一書。

7. 《西征記》

裴松之注《三國志・卷四・三少帝紀第四》：「臣松之昔從征西至洛陽，歷觀舊物，見《典論》石在太學者尚存，而廟門外無之，問諸長老，云晉初受禪，即用魏廟，移此石于太學，非兩處立也。竊謂此言為不然。」〔註42〕

逯耀東：「裴氏從征西至洛陽，或即為其《西征記》之所本。」〔註43〕

8. 《述征記》

《太平寰宇記・卷十二・河南道・亳州》：「裴松之述征記云：『老子宮前有雙松，左階之松久枯。』」〔註44〕

9. 《裴氏家傳》四卷

《隋書・卷三十三・經籍二》：「《裴氏家傳》四卷，裴松之撰。」〔註45〕

《梁書・卷三十・裴子野傳》：「子野少時，《集注喪服》、《續裴氏家傳》各二

〔註40〕見《後漢書・卷九・孝獻帝紀第九》范曄撰，李賢等注：《後漢書》（臺北：鼎文書局，民國63年10月初版），頁382。

〔註41〕見《史記・卷八・高祖本紀第八》司馬貞索隱，司馬遷：《史記》（臺北：鼎文書局，民國86年10月十版），頁378；而逯耀東《魏晉史學的思想與社會基礎》言「《史記・高帝紀》索隱應劭注文」，誤，應正，同註4，頁333。

〔註42〕見《三國志・卷四・三少帝紀第四》陳壽撰，裴松之注：《三國志》（臺北：鼎文書局，民國86年5月九版），頁118。

〔註43〕見逯耀東《魏晉史學的思想與社會基礎》，同註4，頁334；又：「古地理書中以方位記從征之作者甚夥，裴松之亦曾從征至洛陽，……則裴氏有《西征記》，並非不可能。」註同前，頁335。

〔註44〕見《太平寰宇記・卷十二・河南道・亳州》樂史撰：《太平寰宇記》（臺北：文海出版社，民國52年出版），頁113。

〔註45〕見《隋書・卷三十三・經籍二》，同註21，頁977。

卷。」〔註46〕

《舊唐書・卷四十六・經籍上》：「《裴氏家記》三卷，裴松之撰。」〔註47〕

《新唐書・卷五十八・藝文二》：「《裴氏家記》三卷，裴松之。」〔註48〕

《世說新語・文學第四》條90：「裴郎作《語林》，始出，大爲遠近所傳。時流年少，無不傳寫，各有一通。載王東亭作《經王公酒壚下賦》，甚有才情。」劉孝標注引《裴氏家傳》曰：「裴榮字榮期，河東人。父稺，豐城令。榮期少有風姿才氣，好論古今人物。撰《語林》數卷，號曰《裴子》。」劉孝標又注曰：「檀道鸞謂裴松之，以爲啓作《語林》，榮儻別名啓乎？」〔註49〕

《世說新語・任誕第二十三》條十四：「裴成公婦，王戎女。」劉孝標注引《裴氏家傳》曰：「頠取戎長女。」〔註50〕

10. 《史目》

《史記・卷一・五帝本紀第一》張守節正義：「裴松之《史目》云『天子稱本紀，諸侯曰世家』。」〔註51〕

11. 《裴松之集》十三卷

《隋書・卷三十五・經籍四》：「宋太中大夫《裴松之集》十三卷，梁二十一卷。」〔註52〕

《舊唐書・卷四十七・經籍下》：「《裴松之集》三十卷。」〔註53〕

《新唐書・卷六十・藝文四》：「《裴松之集》三十卷。」〔註54〕

裴松之的作品遍及經、史、集，而以經、史爲主，透露出魏晉時期經、史並修的學術轉變，自此以後，裴氏家族世傳經、史學術，子裴駰注司馬遷《史記》，有《史

〔註46〕見《梁書・卷三十・裴子野傳》，同註5，頁444。
〔註47〕見《舊唐書・卷四十六・經籍上》，同註26，頁2013。
〔註48〕見《新唐書・卷五十八・藝文二》，同註29，頁1483。
〔註49〕見《世說新語・文學第四》條90，劉義慶撰，劉孝標注，余嘉錫箋疏：《世說新語箋疏》（臺北：華正書局，民國82年10月版），頁269。
〔註50〕見《世說新語・任誕第二十三》條14，同前註，頁735。
〔註51〕見《史記・卷一・五帝本紀第一》張守節正義，同註41，頁1。
〔註52〕見《隋書・卷三十五・經籍四》，同註21，頁1072；逯耀東《魏晉史學的思想與社會基礎》引《梁書・卷三十・裴子野傳》認爲「《宋太中大夫裴松之集》（十三卷）：《梁書》作二十卷」，同註4，頁337；是誤把《梁書・卷三十・裴子野傳》裴子野「文集二十卷」當成《宋太中大夫裴松之集》二十卷，應正，同註5，頁444。
〔註53〕見《舊唐書・卷四十七・經籍下》，同註26，頁2068。
〔註54〕見《新唐書・卷六十・藝文四》，同註29，頁1592。

記集解》八十卷，孫裴昭明亦「少傳儒史之業」〔註 55〕，而曾孫裴子野更有《宋略》二十卷〔註 56〕、《集注喪服》二卷、《續裴氏家傳》二卷、《眾僧傳》二十卷、《百官九品》二卷、《附益諡法》一卷、《方國使圖》一卷，以及文集二十卷、抄合後漢事四十餘卷，甚至還有始草創卻未就而卒的《齊梁春秋》〔註 57〕，其中的《集注喪服》、《續裴氏家傳》、抄合後漢事，和繼承裴松之未完成《宋史》志業而撰寫的《宋略》，正是范縝所稱其「且家傳素業，世習儒史，苑囿經籍，遊息文藝」〔註 58〕的最好證明。

〔註55〕見《南齊書・卷五十三・裴昭明傳》蕭子顯撰：《南齊書》（臺北：鼎文書局，民國64 年 3 月初版），頁 918。

〔註56〕《梁書・卷三十・裴子野傳》：「初，子野曾祖松之，宋元嘉中受詔續修何承天《宋史》，未及成而卒，子野常欲繼成先業。及齊永明末，沈約所撰《宋書》既行，子野更刪撰爲《宋略》二十卷。」同註 5，頁 442。

〔註57〕《梁書・卷三十・裴子野傳》：「子野少時，《集注喪服》、《續裴氏家傳》各二卷，抄合後漢事四十餘卷，又敕撰《眾僧傳》二十卷，《百官九品》二卷，《附益諡法》一卷，《方國使圖》一卷，文集二十卷，並行於世。又欲撰《齊梁春秋》，始草創，未就而卒。」同前註，頁 444。

〔註58〕見《梁書・卷三十・裴子野傳》，載：「時中書范縝與子野未遇，聞其行業而善焉。會遷國子博士，乃上表讓之曰：……。」同前註，頁 442。

第三章　《三國志注》的成書

第一節　《三國志注》的撰作始末

　　《宋書・卷六十四・裴松之傳》云「上使注陳壽《三國志》，松之鳩集傳記，增廣異聞，既成奏上」〔註1〕，晁公武《郡齋讀書志》亦稱陳壽《三國志》因「宋文帝嫌其略，命裴松之補注，博采群說，分入書中」〔註2〕，由此可知裴松之受詔注陳壽《三國志》，並增補其記載。

　　陳壽撰《三國志》，因當時所見材料有限，所以導致全書內容過於簡略，裴松之〈上三國志注表〉言「壽書銓敘可觀，事多審正。誠游覽之苑囿，近世之嘉史。然失在於略，時有所脫漏」〔註3〕，故裴松之於陳壽死後一百三十二年爲《三國志》作注，特別重視材料的豐富多樣與匯集剪裁。

　　裴松之本身歷任晉、宋二朝釋奠講經、履行清淳、通明典義、爲帝省讀的內史、洗馬、國子博士、中書侍郎等職，個人作品亦遍及經、史、集等範圍，而以經、史爲主，所展現的史學才華深受宋文帝劉義隆的重視，因此受詔「使采三國異同，以注陳壽國志」〔註4〕。

〔註1〕見《宋書・卷六十四・裴松之傳》沈約撰：《宋書》（臺北：鼎文書局，民國64年6月臺一版），頁1701。

〔註2〕見《郡齋讀書志・卷二上》晁公武：《郡齋讀書志》（臺北：臺灣商務印書館，民國67年1月臺一版），頁101。

〔註3〕見《全上古三代秦漢三國六朝文・全宋文・卷十七》嚴可均校輯：《全上古三代秦漢三國六朝文》（北京：中華書局，民國74年11月三刷），頁2525。

〔註4〕見《全上古三代秦漢三國六朝文・全宋文・卷十七》裴松之〈上三國志注表〉，同前註。

然今僅知《三國志注》完成於宋文帝元嘉六年（429）七月二十四日，時裴松之任官中書侍郎西鄉侯〔註5〕，起注的正確時間則未知，但觀〈上三國志注表〉中裴松之云「自就撰集，已垂期月，寫校始訖，謹封上呈」〔註6〕，《論語・子路篇》載「苟有用我者，期月而已可也」〔註7〕，其疏進一步解釋稱「期月，周月也，謂周一年之十二月也」〔註8〕，又《尚書・堯典》亦有「期，三百有六旬有六日」〔註9〕之說，可知裴松之所指「期月」乃是周一年十二個月，依此推斷裴氏注《三國志》應是在一年或將近一年的時間內完成的。

據《宋書・卷六十四・裴松之傳》可知，裴松之轉任中書侍郎是在元嘉三年（426）以後，而元嘉三年，正值宋文帝劉義隆「誅司徒徐羨之等，分遣大使，巡行天下」〔註10〕之際，《宋書・卷五・文帝紀》對此亦有詳細記載，謂「三年春正月丙寅，司徒、錄尚書事、揚州刺史徐羨之，尚書令、護軍將軍、左光祿大夫傅亮，有罪伏誅」〔註11〕，同年夏五月乙巳，文帝班宣詔書，認爲「今氛祲祛蕩，宇內寧晏，旌賢弘化，於是乎始。可遣大使巡行四方」〔註12〕，因此令袁渝、孔邈等十六人分赴各州，而松之被派使湘州。

文帝遣使巡行天下各州，最主要的目的與工作在於「其宰守稱職之良，閭閻一介之善，詳悉列奏，勿或有遺。若刑獄不卹，政治乖謬，傷民害教者，具以事聞。其高年、鰥寡、幼孤、六疾不能自存者，可與郡縣優量賑給。博採輿誦，廣納嘉謀」〔註13〕，由此可知元嘉三年五月以後，到元嘉六年七月以前，裴松之的主要工作即是「出使湘州」、「考察報告」、「注《三國志》」三件事，而松之前往湘州考察後，將結果反使書奏文帝，並附二十四條書奏隨事爲牒，因所言甚得奉使之義，故論者皆美之，是以此二十四條事今雖不見，仍猶可推知松之確實完成文帝交代的「親見刺史二千石官長，申述至誠，廣詢治要，觀察吏政，訪求民隱，

〔註5〕〈上三國志注表〉：「元嘉六年七月二十四日，中書侍郎西鄉侯臣裴松之上。」同註3，頁2525。
〔註6〕同前註。
〔註7〕見《論語・卷十三・子路第十三》何晏集解，邢昺疏：《論語注疏》（臺北：藝文印書館，民國86年8月初版十三刷），頁117。
〔註8〕同前註。
〔註9〕《尚書・卷第二・堯典第一》：「帝曰：咨汝羲暨和期，三百有六旬有六日，以閏月定四時，成歲。」孔安國傳，孔穎達正義：《尚書正義》（臺北：藝文印書館，民國86年8月初版十三刷），頁21。
〔註10〕見《宋書・卷六十四・裴松之傳》，同註1，頁1699。
〔註11〕見《宋書・卷五・文帝紀》，同前註，頁74。
〔註12〕同前註，頁75。
〔註13〕同前註。

旌舉操行，存問所疾」〔註14〕等任務，並把「大夫君子，其各悉心敬事，無惰乃力。其有咨謀遠圖，謹言中誠，陳之使者，無或隱遺。方將敬納良規，以補其闕」〔註15〕等所有的「禮俗得失，一依周典，每各爲書，還具條奏」〔註16〕。

因此，在裴松之巡視湘州，乃至驛車往返、條陳表奏等，皆需要時間完成工作的情況下，其後轉任中書侍郎，進而奉詔注陳壽《三國志》，確實可能僅有一年或將近一年的時間。

宋文帝元嘉六年七月二十四日，時松之年五十八歲，《三國志注》成，裴松之奏〈上三國志注表〉，表中自述注《三國志》的動機與目的，可謂詳實，故依此二方面著手，應可探求《三國志注》成書的意義。

正因陳壽《三國志》失在於「簡略」，且時有所「脫漏」，所以裴松之爲其作注，最主要的目的就在於增補《三國志》內容的「簡略」與「脫漏」，以達「奉詔尋詳，務在周悉」〔註17〕的成果，而其進行的方式，裴松之於〈上三國志注表〉自述有「其壽所不載，事宜存錄者，則罔不畢取，以補其闕」、「或同說一事，而辭有乖雜，或出事本異，疑不能判，並皆鈔內，以備異聞」、「若乃紕繆顯然，言不附理，則隨違矯正，以懲其妄」、「其時事當否，及壽之小失，頗以愚意，有所論辯」〔註18〕四種體例，歸納而言，即「補闕」、「備異」、「懲妄」、「論辯」，然此僅是就作注要旨來說，其注書的編寫體例於後將有更全面的討論。

不過，裴松之《三國志注》成僅有一年或將近一年的時間，要獨力完成「補闕」、「備異」、「懲妄」、「論辯」等四部分工作，以進行注《三國志》的浩蕩工程似仍有待商榷。

松之自言注《三國志》首要「上搜舊聞，傍摭遺逸」〔註19〕，然而，「三國雖歷年不遠，而事關漢晉，首尾所涉，出入百載，注記分錯，每多舛互」〔註20〕，因此搜羅相關資料是必要且複雜的工作，松之在一年之間似不可能單獨完成，應是裴松之主持其事，發起凡例，分別編派助手共同集纂，最後再由松之總其成。

逯耀東〈裴松之《三國志注》的自注〉便以沈約《宋書》、荀悅《漢紀》，以及

〔註14〕見《宋書・卷六十四・裴松之傳》，同註1，頁1700。

〔註15〕同前註。

〔註16〕同前註。

〔註17〕見裴松之〈上三國志注表〉，同註3，頁2525。

〔註18〕此四點同見於《全上古三代秦漢三國六朝文・全宋文・卷十七》裴松之〈上三國志注表〉，同前註。

〔註19〕同前註。

〔註20〕同前註。

司馬光《資治通鑑》爲例〔註21〕，對照出裴松之注《三國志》的工作分派，以《資治通鑑》來說，司馬光於〈進書表〉中自述「欲刪削冗長，舉撮機要，專取關國家盛衰，繫生民休戚，善可爲法，惡可爲戒者，爲編年一書，使先後有倫，精粗不雜，私家力薄，無由可成」〔註22〕，待宋英宗爰詔司馬光編集《資治通鑑》，且又「命自選辟官屬，於崇文院置局，許借龍圖、天章閣、三館、祕閣書籍，賜以御府筆墨繪帛及御前錢以供果餌，以內臣爲承受」〔註23〕，始有成書之條件，即使後來司馬光貶居洛陽，「仍聽以書局自隨，給之祿秩，不責職業」〔註24〕，物質環境的提供仍可說十分充足，「而脩書分屬，漢則劉攽，三國汔于南北朝則劉恕，唐則范祖禹，各因其所長屬之，皆天下選也」〔註25〕，在此優渥情況下，前後共花十九年的時間，終於完成上起戰國、下至五代，凡一千三百六十二年的《資治通鑑》二百九十四卷，以及《目錄》三十卷、《考異》三十卷，合三百五十四卷。

因此，裴松之極可能如司馬光一般主持總成，分派各部工作，並在助手的協助下共同纂集，且得到王室的幫助，提供一切所需資源，與祕閣圖籍作爲參考，裴松之才能在短短一年的時間裡，完成繁重的注《三國志》工作。

第二節　《三國志注》的編寫篇幅

《三國志注》本爲增補陳壽《三國志》所作，於宋文帝元嘉六年（429）七月二十四日完成後，奏上而獲得宋文帝發出「不朽」〔註26〕之讚，可知其注確實達到改善陳壽《三國志》「簡略」、「脫漏」的目的，並與《三國志》同樣成爲研究三國史學的重要參考材料，因此，裴松之《三國志注》絕不能僅視爲是陳壽《三國志》的附庸，在中國史學史上，應有其獨立的史學價值。

《三國志注》歷時一年而成，觀其內容，卻自形成一套龐大的史學體系，首先便是有關篇幅的增加，裴松之注既是建立在補《三國志》簡略、脫漏的基礎，則內容勢必更形完備，若單純以字數方面來看，晁公武《郡齋讀書志》認爲裴松之補注

〔註21〕見逯耀東《魏晉史學的思想與社會基礎》（臺北：東大圖書公司，民國89年2月初版），頁367～372。
〔註22〕見司馬光〈進書表〉司馬光撰，胡三省注：《資治通鑑》（北京：中華書局，民國45年6月第一版），頁9607。
〔註23〕見司馬光〈進書表〉，同前註，頁9607。
〔註24〕同前註。
〔註25〕見胡三省〈新註資治通鑑序〉，同前註，頁29。
〔註26〕《宋書·卷六十四·裴松之傳》：「上使注陳壽《三國志》，松之鳩集傳記，增廣異聞，既成奏上。上善之，曰：『此爲不朽矣。』」同註1，頁1701。

「博采群說，分入書中，其多過本書數倍」〔註27〕，元朝馬端臨《文獻通考》亦沿其說〔註28〕，至清李龍官校刊《三國志》主張裴松之注更三倍於正文〔註29〕，楊翼驤甚至直接提出「陳壽本文約二十萬字左右，而裴氏注文約五十四萬字左右」〔註30〕的說法，不過，皆是晁公武論點的延伸，對於《三國志》的實際篇幅與字數，諸家並未有確切的證據。

而有關壽書與裴注確切字數的多寡，前雖已有數家逐字計數以爲求證，然爲求詳盡、仔細，因此根據鼎文書局出版的新校標點本《三國志》，分別針對陳壽《三國志》原書，以及裴松之《三國志注》的注文逐字計數，進行統計後得出每卷字數與全書總計字數，又以段落爲單位，比較本文與注文多寡的段落數，分爲「本文字數多於注文的段落數」及「注文字數多於本文的段落數」相互對照，最後將字數、段落數兩方面的統計數字分類列舉，按魏、蜀、吳三志依序求得結果編排如下：

一、《三國志・魏書》部分

卷　次・篇　目	字　數		段　落　數	
	陳壽原書	裴注字數	本文多者	注文多者
卷一・武帝紀	10,989	14,838	30	29
卷二・文帝紀	3,538	15,761	11	20
卷三・明帝紀	4,572	8,143	8	15

〔註27〕 見《郡齋讀書志・卷二上》，同註2，頁101。

〔註28〕 《文獻通考・卷一百九十一・經籍十八》：「《三國志》六十五卷，晁氏曰：『晉陳壽撰，魏四紀二十六列傳，蜀十五列傳，吳二十列傳，宋文帝嫌其略，命裴松之補注，博採群說，分入書中，其多過本書數倍。』」馬端臨撰：《文獻通考》（臺北：新興書局，民國52年10月新一版），頁1623；「晁氏」即「晁公武」，所引與《郡齋讀書志》記載相同。

〔註29〕 曹文柱《治亂爐替・魏晉卷》：「到清代乾隆初年，李龍官校刊《三國志》時又提出『裴松之注更三倍於正文』的論斷。直到今天，不少工具書及介紹《三國志》的著作，皆承襲注文多於本文數倍說。」（臺北：書泉出版社，民國81年10月初版），頁85～86。

〔註30〕 楊翼驤〈裴松之〉評傳：「我們現在統計，陳壽本文約二十萬字左右，而裴氏注文約五十四萬字左右。以將及三倍的篇幅，爲《三國志》作《注》，可以說基本上彌補了陳壽記載簡略的缺陷了。」陳清泉等主編：《中國史學家評傳》上冊（河南：中州古籍出版社，民國74年3月第一版），頁171；杜維運《中國史學史》第二冊：「徐復於三國志校詁〈前言〉云：『陳壽三國志……是一部將近三十七萬字的史學名著，……擁有三十二萬餘字的裴注，實在不愧爲全面整理陳志的第一部佳著。』（文成於1987年9月）徐復之說，顯然錯誤。」（臺北：三民書局，民國87年1月初版），頁155。

卷　次・篇　目	字　　數		段　落　數	
	陳壽原書	裴注字數	本文多者	注文多者
卷四・三少帝紀	10,744	7,900	15	9
卷五・后妃傳	3,454	3,270	8	4
卷六・董二袁劉傳	7,035	17,861	8	23
卷七・呂布臧洪傳	4,668	4,724	7	9
卷八・二公孫陶四張傳	4,495	10,910	7	9
卷九・諸夏侯曹傳	9,455	10,281	16	9
卷十・荀彧荀攸賈詡傳	5,876	7,405	8	10
卷十一・袁張涼國田王邴管傳	7,982	9,612	15	10
卷十二・崔毛徐何邢鮑司馬傳	6,545	4,619	13	3
卷十三・鍾繇華歆王朗傳	7,741	9,026	9	12
卷十四・程郭董劉蔣劉傳	11,422	7,251	12	10
卷十五・劉司馬梁張溫賈傳	5,806	6,610	10	8
卷十六・任蘇杜鄭倉傳	7,092	5,843	10	10
卷十七・張樂于張徐傳	5,598	886	10	0
卷十八・二李臧文呂許典二龐閻傳	6,073	4,462	7	5
卷十九・任城陳蕭王傳	5,850	5,676	5	4
卷二十・武文世王公傳	4,314	3,779	5	3
卷二十一・王衛二劉傅傳	5,687	11,715	9	17
卷二十二・桓二陳徐衛盧傳	7,751	2,734	15	2
卷二十三・和常楊杜趙裴傳	5,398	5,730	10	4
卷二十四・韓崔高孫王傳	5,808	2,612	5	5
卷二十五・辛毗楊阜高堂隆傳	9,136	2,303	7	2
卷二十六・滿田牽郭傳	6,192	1,202	8	1
卷二十七・徐胡二王傳	6,007	2,259	6	2
卷二十八・王毌丘諸葛鄧鍾傳	10,549	10,232	13	15
卷二十九・方技傳	5,922	10,922	6	17
卷三十・烏丸鮮卑東夷傳	9,519	7,102	8	5
合　　　計	205,218	215,668	301	272

《三國志·魏書》共三十卷，由上可知，《三國志·魏書》本文總字數爲二十萬五千二百一十八字，注文總字數則爲二十一萬五千六百六十八字，注文尚比本文多一萬零四百五十字；至於段落數，《三國志·魏書》共計有五百七十三段，其中本文字數較注文字數多的段落數有三百零一段，而注文字數較本文多的段落數則有二百七十二段。

二、《三國志·蜀書》部分

卷 次·篇 目	字 數		段 落 數	
	陳壽原書	裴注字數	本文多者	注文多者
卷三十一·劉二牧傳	1,487	1,370	3	3
卷三十二·先主傳	6,150	4,122	12	9
卷三十三·後主傳	2,504	2,039	6	4
卷三十四·二主妃子傳	1,226	272	4	0
卷三十五·諸葛亮傳	5,037	8,848	4	12
卷三十六·關張馬黃趙傳	3,033	3,049	5	6
卷三十七·龐統法正傳	2,749	1,839	6	3
卷三十八·許麋孫簡伊秦傳	4,230	2,274	10	2
卷三十九·董劉馬陳董呂傳	2,707	1,964	5	4
卷四十·劉彭廖李劉魏楊傳	5,079	2,031	8	2
卷四十一·霍王向張楊費傳	3,155	1,824	5	2
卷四十二·杜周杜許孟來尹李譙郤傳	7,204	3,884	8	3
卷四十三·黃李呂馬王張傳	4,383	982	12	0
卷四十四·蔣琬費禕姜維傳	3,896	2,120	5	4
卷四十五·鄧張宗楊傳	5,511	3,704	9	4
合 計	58,351	40,322	102	58

《三國志·蜀書》共十五卷，由上可知，《三國志·蜀書》本文總字數爲五萬八千三百五十一字，注文總字數則爲四萬零三百二十二字，本文還比注文多一萬八千零二十九字；至於段落數，《三國志·蜀書》共計有一百六十段，其中本文字數較注文字數多的段落數有一百零二段，而注文字數較本文多的段落數則有五十八段。

三、《三國志・吳書》部分

卷 次・篇 目	字　數		段 落 數	
	陳壽原書	裴注字數	本文多者	注文多者
卷四十六・孫破虜討逆傳	2,588	8,628	2	9
卷四十七・吳主傳	8,393	9,040	16	15
卷四十八・三嗣主傳	6,757	9,757	9	18
卷四十九・劉繇太史慈士燮傳	3,474	1,689	7	1
卷五十・妃嬪傳	2,370	1,001	11	1
卷五十一・宗室傳	3,130	2,877	5	7
卷五十二・張顧諸葛步傳	7,124	4,112	14	7
卷五十三・張嚴程闞薛傳	4,395	2,178	8	4
卷五十四・周瑜魯肅呂蒙傳	7,116	3,764	11	8
卷五十五・程黃韓蔣周陳董甘淩徐潘丁傳	6,664	1,476	14	3
卷五十六・朱治朱然呂範朱桓傳	4,500	1,534	8	2
卷五十七・虞陸張駱陸吾朱傳	6,243	5,905	9	8
卷五十八・陸遜傳	6,712	1,919	11	0
卷五十九・吳主五子傳	4,142	1,772	7	4
卷六十・賀全呂周鍾離傳	6,220	2,158	11	5
卷六十一・潘濬陸凱傳	4,083	2,088	4	2
卷六十二・是儀胡綜傳	3,064	365	3	1
卷六十三・吳範劉惇趙達傳	1,358	1,500	3	3
卷六十四・諸葛滕二孫濮陽傳	8,053	2,858	12	4
卷六十五・王樓賀韋華傳	6,802	750	4	1
合　　　計	103,188	65,371	169	103

　　《三國志・吳書》共二十卷，由上可知，《三國志・吳書》本文總字數爲十萬三千一百八十八字，注文總字數則爲六萬五千三百七十一字，本文猶比注文多三萬七千八百一十七字；至於段落數，《三國志・吳書》共計有二百七十二段，其中本文字數較注文字數多的段落數有一百六十九段，而注文字數較本文多的段落數則有一百零三段。

統合魏、蜀、吳三書，從字數與段落數的比較中可知，陳壽原書計有三十六萬六千七百五十七字，而裴氏注文竟達三十二萬一千三百六十一字，幾近一部書的份量，可見其所增內容頗為豐富。

關於《三國志》本文、注文的字數統計，最早有王庭洽在《上海師範學院學報》1983 年第四期上發表〈應正確認識三國志裴注的價值〉，及刊載於《古籍整理研究學刊》1985 年第三期的〈略談三國志與裴注的數量問題〉兩篇論文進行研究。

王庭洽根據中華書局出版的標點本《三國志》，亦即鼎文書局出版的新校本來進行逐字計數，並分別得出本文與注文的字數，本文方面有三十六萬六千六百五十七字，注文則為三十二萬七百九十九字。

而後崔曙庭亦進行《三國志》的統計工作，其依據金陵書局出版的清同治年聚珍版大字本《三國志》，得出本文三十六萬七千三百二十七字，注文三十二萬八百零五字，寫成〈三國志本文確實多於裴注〉發表於《華中師範大學學報》1990 年第二期上。

黃大受則根據臺北藝文印書館影印武英殿本《三國志》全書白文及裴注，就紀傳分別計算數字，得出紀傳字數計為三十五萬零八百三十三，注釋字數為三十二萬二千八百四十八，撰寫〈三國志及裴注之研究〉一文，收於其著《三國志選注》以為概說，不過由於黃大受所據的影印武英殿本並無標點，因此在統計上不免會增加無法精確的困難度。

故若以王庭洽、崔曙庭、黃大受三家統計版本作對照、比較，可分別得出陳壽本文與裴松之注文的字數如下：

		王　庭　洽	崔　曙　庭	黃　大　受
魏　書	陳壽原書	205,529	205,259	204,901
	裴注字數	215,214	214,978	215,995
蜀　書	陳壽原書	58,164	58,452	56,765
	裴注字數	40,502	40,473	41,844
吳　書	陳壽原書	102,964	103,616	89,167
	裴注字數	65,083	65,354	64,809
全　書	陳壽原書	366,657	367,327	350,833
	裴注字數	320,799	320,805	322,648

由上比較得知，王庭洽、崔曙庭、黃大受三家所據《三國志》版本雖有異，所統計的字數也不盡相同，但誤差出入並不大，陳壽《三國志》全書約有三十五、六

萬字之多，而裴松之注亦達三十二萬字，因此晁公武、馬端臨、李龍官、楊翼驤等人以為「裴注多於本書數倍」，實為訛誤。

陳壽《三國志》共計三十六萬六千七百五十七字，而裴松之注文則有三十二萬一千三百六十一字，此與王庭洽、崔曙庭、黃大受三家統計的結果十分接近，是以陳壽《三國志》與裴松之《三國志注》的字數統計，已有確定的數據證明而絕無疑義。

若再以細部的段落比較，《三國志・魏書》計五百七十三段，本文字數較多者有三百零一段，注文字數較多者有二百七十二段，《三國志・蜀書》計一百六十段，本文字數較多者有一百零二段，注文字數較多者有五十八段，《三國志・吳書》計二百七十二段，本文字數較多者有一百六十九段，注文字數較多者有一百零三段，總計《三國志》全書共有一千零五段，而本文字數多於注文字數者有五百七十二段，注文字數多於本文字數的則有四百三十三段。

無論從字數或段落數的比較，都可得知裴松之注的份量，確實十分接近陳壽原書，然自晁公武以來的錯誤觀點，除受到裴松之〈上三國志注表〉稱陳壽《三國志》「失之在略」的引導外，此一統計數字下尚可呈現出歷來對本文、注文的多寡、詳略不同解讀，因而產生誤差的真正原因所在。

首先，以字數來判讀，《三國志・蜀書》本文總字數為五萬八千三百五十一字，注文總字數為四萬零三百二十二字，本文猶比注文多一萬八千零二十九字，而《三國志・吳書》本文總字數為十萬三千一百八十八字，注文總字數為六萬五千三百七十一字，本文也比注文多三萬七千八百一十七字，《三國志・蜀書》與《三國志・吳書》的陳壽本文部分都略多於裴松之注，只有《三國志・魏書》是裴注多於陳壽《三國志》本文的，其本文總字數為二十萬五千二百一十八字，注文總字數為二十一萬五千六百六十八字，注文尚比本文多一萬零四百五十字，顯見《三國志・魏書》在注文對本文的內容補充方面，相較於《三國志・蜀書》與《三國志・吳書》，確實特別廣泛、豐富。

再來以段落數作比較，《三國志》的魏、蜀、吳三書，其「本文字數多於注文的段落」，亦多於「注文字數多於本文的段落」，然《三國志・魏書》僅有二十九段的差距，而《三國志・蜀書》則有四十四段的差距，《三國志・吳書》甚至差距高達六十六段，以字數、段落數綜合可知，裴松之於《三國志・魏書》的許多篇章中，其對內容的補充確實多於陳壽原書數倍，然自《三國志・魏書》末幾卷，乃至於《三國志・吳書》結束，裴注的補充功用有漸減趨勢，故《三國志注》會造成晁公武等人有多於壽書數倍的錯覺，原因就在於裴松之作注的豐富性，常集中在某些段落，尤其是《三國志・魏書》的前半部分，從而影響後人的判讀，由這些注文較集中的

地方，判斷裴注的篇幅多於陳壽原書。

　　不過，裴松之《三國志注》內容多達三十二萬一千三百六十一字，十分逼近陳壽《三國志》三十六萬六千七百五十七字的份量，可見裴松之針對陳壽《三國志》的「簡略」、「脫漏」處，進行「補闕」、「備異」、「懲妄」、「論辯」等工作而增加的材料，必然是十分豐富，而極具探討的價值。

第四章 《三國志注》體例研究

第一節 補陳壽原書的缺佚

　　從字數與段落數的統計可知，陳壽《三國志》計有三十六萬六千七百五十七字，而裴注竟達三十二萬一千三百六十一字，幾乎已是一部書的份量，可見其所增的內容確實非常豐富。

　　《三國志注》的工作由裴松之主持總成，故其所負責的的部分，應是發凡起例，最後總成，亦即先訂出體例，分別派使助手編寫、纂輯，最終再由裴松之作全書的考訂，而所謂的「發凡起例」，正是裴松之於〈上三國志注表〉中敘述的「補闕」、「備異」、「懲妄」、「論辯」四種體例，其中「補闕」、「備異」屬於材料的補述，「懲妄」、「論辯」則是對材料的考證與批評，此四種體例不僅標示著裴松之《三國志注》的四類主要內容，同時也說明裴松之為陳壽《三國志》作注的四種方法。

　　清《四庫全書總目提要・卷四十五・史部一・正史類一》於《三國志》六十五卷條下云「宋元嘉中，裴松之受詔為注，所注雜引諸書，亦時下己意。綜其大致，約有六端，一曰引諸家之論以辨是非；一曰參諸書之說以核譌異；一曰傳所有之事詳其委曲；一曰傳所無之事補其闕佚；一曰傳所有之人詳其生平；一曰傳所無之人附以同類」〔註1〕，所稱六點，雖為「補闕」、「備異」、「懲妄」、「論辯」四種體例的延伸，不過，也同時詳細說明了「補闕」、「備異」、「懲妄」、「論辯」的主要工作及內容。

　　裴松之既稱「壽書銓敘可觀，事多審正。誠游覽之苑囿，近世之嘉史。然失在

〔註1〕見《四庫全書總目提要・卷四十五・史部一・正史類一》永瑢等編撰：《四庫全書總目提要》（臺北：臺灣商務印書館，民國22年7月初版），頁987。

於略，時有所脫漏」〔註2〕，故「使采三國異同，以注陳壽國志」〔註3〕，則《三國志注》首要任務即在增補《三國志》的「簡略」與「脫漏」，而「補闕」、「備異」正是屬於這方面的工作。

　　事實上，「補闕」、「備異」不僅是裴松之《三國志注》中最初步的材料歸納和分類，也是《三國志注》裡所佔份量最重的一部份，因此，依循著裴松之作注的程序而下，必先清楚「補闕」、「備異」的性質，然後方能進一步研究其「懲妄」、「論辯」的功能，故此先就「補闕」、「備異」二種體例進行探討如下：

一、補　闕

　　裴松之〈上三國志注表〉明白點出陳壽《三國志》雖爲「近世之嘉史。然失在於略，時有所脫漏」〔註4〕，晁公武《郡齋讀書志》亦稱陳壽《三國志》，「宋文帝嫌其略，命裴松之補注，博采群說，分入書中」〔註5〕，因此，「補闕」正是要補《三國志》過於簡略及時有脫漏之病。

　　「補闕」，其方法參之《四庫全書總目提要》所載有四，即「一曰傳所有之事詳其委曲；一曰傳所無之事補其闕佚；一曰傳所有之人詳其生平；一曰傳所無之人附以同類」〔註6〕，此言「補闕」有「事」與「人」兩個基本方向，於下又各分「有」、「無」兩類型態加以補充，意即針對《三國志》原來已有的內容，裴松之作注欲使其更爲詳盡，而《三國志》原先沒有記載收錄的，則裴松之作注加以補充以爲完備。

　　若以「補闕」的作用細分，則尚可再別爲「解釋文字的意義」、「增強敘述的簡略」、「彌補記載的闕漏」等三類，以下便就此三方面進行深入探討：

（一）解釋文字的意義

　　「解釋文字的意義」實又包含「校勘文字」、「標明字音」、「解釋字義」、「箋注名物」、「訓解典故」、「闡釋地理」等六種注解方式。

〔註2〕見《全上古三代秦漢三國六朝文・全宋文・卷十七》嚴可均校輯：《全上古三代秦漢三國六朝文》（北京：中華書局，民國74年11月三刷），頁2525。

〔註3〕見《全上古三代秦漢三國六朝文・全宋文・卷十七》裴松之〈上三國志注表〉，同前註。

〔註4〕見裴松之〈上三國志注表〉，同註2，頁2525。

〔註5〕見晁公武《郡齋讀書志・卷二上》晁公武：《郡齋讀書志》（臺北：臺灣商務印書館，民國67年1月臺一版），頁101。

〔註6〕見《四庫全書總目提要・卷四十五・史部一・正史類一》【三國志六十五卷】，同註1，頁987。

　　陳壽是三國、西晉時代的史家，而裴松之則已是東晉、南朝劉宋交替之際的注者，兩人出生年份相去達一百三十九年之遙，《三國志》與《三國志注》二部著作成書距離亦有百年之久〔註7〕，因此，陳壽《三國志》的內容記載，乃至於用辭遣句皆根據當時的實際狀況所書寫，舉凡人名、地名中的稀見字，或時人文者的習慣用語等，陳壽均未特別注音釋義，然到了百年後裴松之注《三國志》之際，其書中字辭已不易理解，故裴松之必須有所注釋，於下便針對「校勘文字」、「標明字音」、「解釋字義」、「箋注名物」、「訓解典故」、「闡釋地理」六種注解方式分別舉例說明：

　　「校勘文字」者，《三國志・卷五十三・張嚴程闞薛傳第八》載薛綜云「蜀者何也？有犬爲獨，無犬爲蜀，橫目苟身，虫入其腹」〔註8〕，裴松之於後針對「橫目苟身」提出解釋：

　　　臣松之見諸書本「苟身」或作「句身」，以爲既云「橫目」，則宜曰「句身」。〔註9〕

以諸書記載校定《三國志・卷五十三・張嚴程闞薛傳第八》言「橫目苟身」應爲「橫目句身」之誤，此即裴注「校勘文字」的功能。

　　「標明字音」及「解釋字義」者，如魏文帝黃初三年二月，鄯善、龜茲、于闐等國分別派遣使者進貢奉獻，文帝下詔，稱「西戎即敘，氐、羌來王，《詩》、《書》美之。頃者西域外夷並款塞內附，其遣使者撫勞之」〔註10〕，裴松之之注引應劭《漢書注》云：

　　　應劭《漢書注》曰：款，叩也；皆叩塞門來服從。〔註11〕

裴松之援引應劭《漢書注》中的解釋，詳盡說明「款塞內附」乃是「皆叩塞門來服從」之意，對於閱讀《三國志》的內容而言，裴松之作注促使理解書中有關名物、地名、典故等的記載，無疑具備著更加周延的功能，不僅廣徵博引對字義輔以注釋，甚至對於習慣用語或艱澀困辭等陳壽未加標明的字音部份，裴松之也⸺

〔註7〕陳壽生於三國蜀漢後主建興十一年，卒於西晉惠帝元康七年，即西元233年至西元297年，歲六十五，而裴松之生於東晉簡文帝咸安二年，卒於南朝劉宋文帝元嘉二十八年，即西元372年至西元451年，享壽八十，故知陳、裴二人年代相距達一百三十九年；陳壽《三國志》書成確切年代未有定論，僅知完成於晉武帝太康元年，即西元280年，晉平吳，三國鼎立局面終告結束，中國復歸統一之後，至於裴松之《三國志注》，據〈上三國志注表〉：「元嘉六年七月二十四日，中書侍郎西鄉侯臣裴松之上。」同註2，頁2525；可知完成於宋文帝元嘉六年七月二十四日，距陳壽過世已歷一百三十二年。

〔註8〕見《三國志・卷五十三・張嚴程闞薛傳第八》陳壽撰，裴松之注：《三國志》（臺北：鼎文書局，民國86年5月九版），頁1250。

〔註9〕同前註，頁1251。

〔註10〕見裴松之注《三國志・卷二・文帝紀第二》引應劭《漢書注》，同前註，頁79。

〔註11〕同前註。

併有所釐清。

　　《三國志・卷二・文帝紀第二》述黃初三年冬十月甲子，魏文帝曹丕表首陽山東爲壽陵，且所作終制中有「禮，國君即位爲椑」〔註12〕之言，裴松之不僅於句下立注「椑音扶歷反」〔註13〕，以示「椑」字讀音，甚至還作更進一步的解釋。

　　　　臣松之按：禮，天子諸侯之棺，各有重數；棺之親身者曰椑。〔註14〕

反切者，即合二字之音以爲一音謂也，也就是上取聲、下取韻的拼音方法，「反切立法之初，蓋謂之反，不謂之切。其後或言反，或言切，或言翻，或言紐，或言體語，或言反語，或言反音，或言切語，或言切音，或併言反切」〔註15〕，諸如此類先以聲韻訓字讀音，再針對注釋提出解釋者，於《三國志注》中刊補甚多，有「肄，以四反」〔註16〕、「惔音夷念反，或作燄」〔註17〕、「令音郎定反。支音其兒反」〔註18〕之類，清楚標明切語讀音者，亦有「沮音菹」〔註19〕、「朴音浮。濩音戶」〔註20〕、「柤音如租稅之租」〔註21〕等不以切語，直接運用相同讀音字代替者。

〔註12〕見《三國志・卷二・文帝紀第二》，同註8，頁81。
〔註13〕同前註。
〔註14〕見裴松之注《三國志・卷二・文帝紀第二》，同前註，頁82。
〔註15〕見林尹《中國聲韻學通論》林尹著，林炯陽注釋：《中國聲韻學通論》（臺北：黎明文化事業，民國86年9月再版），頁216；又：「反切之名稱，自南北朝以上，多謂之反，雖有言切者，亦不常見。（如《顏氏家訓》云：『徐仙民《毛詩音》，反驟爲在遘，《左傳音》，切椽爲徒緣。』）唐季韻書，改而言切，蓋以當時諱反，故避而不用也。」註同前，頁215。
〔註16〕《三國志・卷一・武帝紀第一》：「十三年春正月，公還鄴，作玄武池以肄舟師。」裴松之注：「肄，以四反。《三蒼》曰：『肄，習也。』」同註8，頁30。
〔註17〕《三國志・卷四十五・鄧張宗楊傳第十五》載孫權與諸葛亮書曰：「丁厷惔張，陰化不盡；和合二國，唯有鄧芝。」裴松之注：「惔音夷念反，或作燄。臣松之案《漢書禮樂志》曰『長離前惔光耀明』。左思《蜀都賦》『摛藻惔天庭』。孫權蓋謂丁厷之言多浮燄也。」同前註，頁1072。
〔註18〕《三國志・卷八・二公孫陶四張傳第八》：「公孫瓚字伯珪，遼西令支人也。」裴松之注：「令音郎定反。支音其兒反。」同前註，頁239。
〔註19〕《三國志・卷一・武帝紀第一》：「尚將沮鵠守邯鄲，又擊拔之。」裴松之注：「沮音菹，河朔間今猶有此姓。鵠，沮授子也。」同前註，頁25；《三國志・卷六・董二袁劉傳第六》：「從事沮授說紹曰：……。」裴松之於句下注：「沮音葅。」註同前，頁192；「葅」同「菹」，二字讀音亦相同，讀如「居」。
〔註20〕《三國志・卷一・武帝紀第一》：「九月，巴七姓夷王朴胡、賨邑侯杜濩舉巴夷、賨民來附。」裴松之注：「孫盛曰：朴音浮。濩音户。」同前註，頁46。
〔註21〕《三國志・卷五十六・朱治朱然呂範朱桓傳第十一》：「赤烏五年，征柤中。」裴松之注引《襄陽記》：「柤音如租稅之租。柤中在上黃界，去襄陽一百五十里。魏時夷王梅敷兄弟三人，部曲萬餘家屯此，分布在中廬宜城西山鄢、沔二谷中，土地平敞，宜桑麻，有水陸良田，沔南之膏腴沃壤，謂之柤中。」同前註，頁1307。

　　至於「箋注名物」、「闡釋地理」方面，非唯字音、字義，裴松之於陳壽記載地名簡易不詳者，亦多有解釋，《三國志・卷十二・崔毛徐何邢鮑司馬傳》刊魏明帝賜爵司馬芝爲關內侯，「頃之，特進曹洪乳母當，與臨汾公主侍者共事無澗神繫獄」〔註22〕一事，裴松之即針對文中所言的「無澗」，特別提出說明。

　　　　臣松之案：無澗，山名，在洛陽東北。〔註23〕

對於陳壽所記地域、山水、名物，裴松之時有注釋，而洛陽附近的風土事物，裴松之更常有自注說解〔註24〕，由此可知，裴松之《三國志注》雖以「達事」爲主，但仍運用不少「訓解式」的注釋體例。

　　錢大昭曾於《三國志辨疑・自序》中清楚指出，「注經以明理爲宗，理寓于訓詁，訓詁明而理自見。注史以達事爲主，事不明，訓詁雖精，無益也」〔註25〕，故裴松之儘管有「訓解式」的注釋，不過實多運用在對陳壽《三國志》收錄的詔令表奏，或古籍典故、字句音義等方面的解釋，其於《三國志》載建安十八年五月丙申，漢獻帝遣御史大夫郗慮持節策命曹操爲魏公，所冊封的詔文，裴松之引用許多材料作爲注解，即是「訓解典故」的典型。

　　　　《公羊傳》曰：「君若贅旒然。」何休云：「贅猶綴也。旒，旌旒也。以旒譬者，言爲下所執持東西也。」

　　　　〈文侯之命〉曰：「亦惟先正。」鄭玄云：「先正，先臣，謂公卿大夫也。」

　　　　《左氏傳》曰：「諸侯釋位以閒王政。」服虔曰：「言諸侯釋其私政而佐王室。」

　　　　《詩》曰：「致天之屆，于牧之野。」鄭玄云：「屆，極也。」〈鴻範〉曰：「鯀則殛死。」

　　　　〈盤庚〉曰：「綏爰有眾。」鄭玄曰：「爰，於也，安隱於其眾也。」

　　　　〈君奭〉曰：「海隅出日，罔不率俾。」率，循也。俾，使也。四海之隅，日出所照，無不循度而可使也。

────────────

〔註22〕見《三國志・卷十二・崔毛徐何邢鮑司馬傳第十二》，同註8，頁388。

〔註23〕見裴松之注《三國志・卷十二・崔毛徐何邢鮑司馬傳第十二》，同前註。

〔註24〕逯耀東《魏晉史學的思想與社會基礎》：「案《宋書》裴松之本傳：『高祖北伐，領司州刺史，以松之爲州主簿，轉治中從事史。既克洛陽，高祖敕之曰：裴松之廊廟之才，不宜久尸邊務，今召爲世子洗馬。』裴松之從征洛陽『歷觀舊物』，而有《北征記》、《述征記》之作。有關洛陽附近事物的自注，或即出於此。」（臺北：東大圖書公司，民國89年2月初版），頁389。

〔註25〕見錢大昭《三國志辨疑・自序》（臺北：弘道文化事業有限公司，民國62年元月初版），頁5。

〈盤庚〉曰：「墮農自安，不昏作勞。」鄭玄云：「昏，勉也。」

「糾虔天刑」語出《國語》，韋昭注曰：「糾，察也。虔，敬也。刑，法也。」裴松之引用《春秋公羊傳》、《尚書》、《春秋左氏傳》、《詩經》、《國語》等替此篇策封文作注〔註26〕，先解釋詔中「若綴旒然」、「股肱先正」、「群后釋位以謀王室」、「致屆官渡，大殲醜類」、「綏爰九域，莫不率俾」、「稼人昏作」、「君糾虔天刑，章厥有罪」等字句〔註27〕，再以各經書注家的經注內容分別作進一步的說明，雖具「訓解式」的形貌，但猶符合裴松之注《三國志》時「考究訓詁，引證故實」〔註28〕和「掇眾史之異辭，補前史之所闕」〔註29〕的初衷與原則。

因此，裴松之這部份「訓解式」的注釋體例，不僅不同於漢、魏以前流行的經注，亦相異於魏、晉間出現類似經注訓解式的史注，其作用多是針對陳壽《三國志》裡的詔令表奏、個人論著來訓解，且擴及音義標註、補人敘事與釋地校勘等範圍，目的均在於補充陳壽《三國志》記載的簡略，以及說明內容用辭遣字的相關限制和變動。

（二）增強敘述的簡略

裴松之〈上三國志注表〉自述「臣前被詔，使采三國異同，以注陳壽國志。壽書銓敘可觀，事多審正。誠游覽之苑囿，近世之嘉史。然失在於略，時有所脫漏。臣奉詔尋詳，務在周悉，上搜舊聞，傍摭遺逸」〔註30〕，因此裴松之奉宋文帝劉義隆詔注《三國志》，最大目的即在彌補陳壽《三國志》內容不夠充實、材料不夠詳盡的缺陷。

在史實增補方面，裴松之《三國志注》最常見的形式，便是針對陳壽《三國志》記載的簡略，於後加註，並引相關史書材料的內容排列說明，以補全歷史事件的完整，《三國志・卷二十一・王衛二劉傳第二十一》除本傳王粲、衛覬、劉廙、劉劭、傅嘏五人外，又從王粲遍及徐幹、陳琳、阮瑀、應瑒、劉楨，再衍生出邯鄲淳、繁

〔註26〕以上引文均見於裴松之注《三國志・卷一・武帝紀第一》，同註8，頁40；不另分別加註。

〔註27〕見《三國志・卷一・武帝紀第一》載「五月丙申，天子使御史大夫郗慮持節策命公為魏公」詔文內容，同前註，頁37～39；不另分別加註。

〔註28〕見《四庫全書總目提要・卷四十五・史部一・正史類一》【三國志六十五卷】，同註1，頁987。

〔註29〕劉知幾《史通・卷五・補注第十七》：「次有好事之子，思廣異聞，而才短力微，不能自達，庶憑驥尾，千里絕群，遂乃掇眾史之異辭，補前書之所闕。若裴松之《三國志》，陸澄、劉昭《兩漢書》，劉彤《晉紀》，劉孝標《世說》之類是也。」劉知幾撰，浦起龍釋：《史通通釋》（臺北：九思出版有限公司，民國67年10月臺一版），頁132。

〔註30〕見裴松之〈上三國志注表〉，同註2，頁2525。

欽、路粹、丁儀、丁廙、楊脩、荀緯、應瑒、應貞、阮籍、嵇康與吳質等人，而劉劭傳下，亦有繆襲、仲長統、蘇林、韋誕、夏侯惠、孫該、杜摯等傳，牽涉頗廣，但記載實過於簡略，有的內容僅有一行，有的甚至連一行都不到，而以合載方式交代過去。〔註31〕

　　自潁川邯鄲淳、繁欽、陳留路粹、沛國丁儀、丁廙、弘農楊脩、河內荀緯等，亦有文采，而不在此七人之例。

　　瑒弟璩，璩子貞，咸以文章顯。璩官至侍中。貞咸熙中參相國軍事。

　　瑀子籍，才藻豔逸，而倜儻放蕩，行己寡欲，以莊周爲模則。官至步兵校尉。

　　時又有譙郡嵇康，文辭壯麗，好言老、莊，而尚奇任俠。至景元中，坐事誅。

阮籍、嵇康尚有一行簡短摘要予以紀錄，邯鄲淳、繁欽、路粹、丁儀、丁廙、楊脩、荀緯、應瑒、應貞則看不出任何生平事蹟，記載過於陋略，因此，裴松之替陳壽《三國志》此段內容作注時，引用了《魏略》、《典略》、《陳思王傳》、荀勖《文章敍錄》、《魏氏春秋》、《世語》、《嵇氏譜》、虞預《晉書》、《康別傳》、《晉陽秋》、《康集目錄》、《濤行狀》、《鍾會傳》、《晉諸公贊》等材料，增補歷史人物的相關介紹，以期能夠更完整理解邯鄲淳、繁欽、路粹、丁儀、丁廙、楊脩、荀緯、應瑒、應貞、阮籍、嵇康等人的生平事蹟。

　　不只是史學方面的貢獻，裴松之《三國志注》在增補陳壽本文的簡略、不足之際，尚擴及文學作品、子學思想等各領域，如同《三國志·卷三十五·諸葛亮傳第五》中有「木牛流馬」〔註32〕一詞，可是陳壽卻沒有詳細的解釋，裴松之於注文裡，便發揮了補充、說明本文的功能。

　　《亮集》載作木牛流馬法曰：「木牛者，方腹曲頭，一腳四足，頭入領中，舌著於腹。載多而行少，宜可大用，不可小使；特行者數十里，群行者二十里也。曲者爲牛頭，雙者爲牛腳，橫者爲牛領，轉者爲牛足，覆者爲牛背，方者爲牛腹，垂者爲牛舌，曲者爲牛肋，刻者爲牛齒，立者爲牛角，細者爲牛鞅，攝者爲牛鞦軸。牛仰雙轅，人行六尺，牛行四步。載一歲糧，日行二十里，而人不大勞。流馬尺寸之數，肋長三尺五寸，廣三寸，厚二

〔註31〕以下引文均見於《三國志·卷二十一·王衛二劉傳傳第二十一》，同註8，頁602～605；不另分別加註。

〔註32〕《三國志·卷三十五·諸葛亮傳第五》：「亮性長於巧思，損益連弩，木牛流馬，皆出其意；推演兵法，作八陳圖，咸得其要云。」同前註，頁927。

寸二分，左右同。前軸孔分墨去頭四寸，徑中二寸。前腳孔分墨二寸，去前軸孔四寸五分，廣一寸。前杠孔去前腳孔分墨二寸七分，孔長二寸，廣一寸。後軸孔去前杠分墨一尺五分，大小與前同。後腳孔分墨去後軸孔三寸五分，大小與前同。後杠孔去後腳孔分墨二寸七分，後載剋去後杠孔分墨四寸五分。前杠長一尺八寸，廣二寸，厚一寸五分。後杠與等版方囊二枚，厚八分，長二尺七寸，高一尺六寸五分，廣一尺六寸，每枚受米二斛三斗。從上杠孔去肋下七寸，前後同。上杠孔去下杠孔分墨一尺三寸，孔長一寸五分，廣七分，八孔同。前後四腳，廣二寸，厚一寸五分。形制如象，靬長四寸，徑面四寸三分。孔徑中三腳杠，長二尺一寸，廣一寸五分，厚一寸四分，同杠耳。」〔註33〕

陳壽側重史事記載，傳中僅以幾句交代，而裴松之作注，必須針對本文相關的資料加以說明，勢將擴及史學以外的其他領域，「木牛流馬」是諸葛亮個人巧思的呈現，列傳著重個人史蹟的敘述，因此陳壽《三國志》並不需要詳細解釋「木牛流馬」的構造與功用，然裴松之作注，則必須提供有關材料以供參考，故其於注釋中引《諸葛亮集》詳盡介紹「木牛流馬」，此已延伸到文學、兵學、工學等方面，而不只侷限在史學的增補作用上。

值得注意的是，儘管裴松之作注擴及文學、子學等史學以外的其他領域，但其增補陳壽《三國志》內容，以及再構三國史實完整的目的卻是始終如一的，延伸至其他學術領域，只是為了讓《三國志》與三國史更加周全，其意義，在於注釋的材料不僅補充說明了陳壽《三國志》闕漏、不足的地方，藉由注文和本文相互之間的參照，更能建構起整部三國史的完整面貌。

（三）彌補記載的闕漏

非唯增補原有內容，裴松之於陳壽《三國志》中沒有書寫的史事，亦多有加強、擴充，此雖涉及陳壽與裴松之二人對歷史事件的輕重看法有異，但裴松之注《三國志》，原就是要彌補記載簡略、材料不足的缺憾，故於所知事實、相關描述必一皆收錄，以使三國史實完整呈現，如裴松之注《三國志·卷二·文帝紀第二》引《魏書》：

> 《魏書》曰：「十二月丙寅，賜山陽公夫人湯沐邑，公女曼為長樂郡公主，食邑各五百戶。是冬，甘露降芳林園。」〔註34〕

觀陳壽《三國志·卷二·文帝紀第二》載魏文帝黃初四年事，「九月甲辰，行幸許昌

〔註33〕見裴松之注《三國志·卷三十五·諸葛亮傳第五》，同註8，頁928。
〔註34〕見裴松之注《三國志·卷二·文帝紀第二》，同前註，頁84。

宮」〔註35〕，接下來即續稱五年春正月事，而裴松之於注中引《魏書》，補黃初四年十二月發生事，此陳壽《三國志》內容之所無，一方面補陳壽《三國志》的不足，另一方面則重構三國史實，裴松之甚至在徵引《魏書》記載之後，進一步提出考訂：

> 臣松之按：芳林園即今華林園，齊王芳即位，改爲華林。〔註36〕

魏文帝黃初四年冬，甘霖降芳林園，陳壽《三國志》未加記載，裴松之作注時予以增補，並考「芳林園」即齊王曹芳登位後，因諱所改的「華林園」，又魏明帝青龍三年三月，裴松之引《魏略》稱「是年起太極諸殿，築總章觀，高十餘丈，建翔鳳於其上；又於芳林園中起陂池，楫櫂越歌」〔註37〕，不僅補齊《三國志》與史實的不足，同時對於「芳林園」的歷史、環境、建築等，都有比陳壽更爲詳盡的記載和介紹，至於《魏略》所提「太極諸殿」，裴松之亦在《三國志·卷二·文帝紀第二》注中有所說明：

> 臣松之案：諸書記是時帝居北宮，以建始殿朝群臣，門曰承明，陳思王植
> 詩曰「謁帝承明廬」是也。至明帝時，始於漢南宮崇德殿處起太極、昭陽
> 諸殿。〔註38〕

然陳壽《三國志》，僅言魏文帝曹丕於黃初元年「十二月，初營洛陽宮，戊午幸洛陽」〔註39〕，以及魏明帝曹叡於青龍三年三月「大治洛陽宮，起昭陽、太極殿，築總章觀」〔註40〕，文字極爲簡短，故自需裴松之《三國志注》爲其輔助，方得以一窺三國歷史事實的全貌。

又如三國歷史上著名的「赤壁之戰」，於《三國志·卷五十四·周瑜魯肅呂蒙傳第九》中有所記載，其稱周瑜、程普、劉備與曹操遇於赤壁，且分據長江南北，時周瑜部將黃蓋獻計「火燒連環船」，主張「今寇眾我寡，難與持久。然觀操軍船艦首尾相連，可燒而走也」〔註41〕，獲得周瑜支持，因此黃蓋先書報曹操，利用假意準

〔註35〕見《三國志·卷二·文帝紀第二》，同註8，頁83。
〔註36〕見裴松之注《三國志·卷二·文帝紀第二》，同前註，頁84。
〔註37〕見裴松之注《三國志·卷三·明帝紀第三》引《魏略》，同前註，頁104。
〔註38〕見裴松之注《三國志·卷二·文帝紀第二》，同前註，頁76。
〔註39〕見《三國志·卷二·文帝紀第二》，同前註，頁76。
〔註40〕見《三國志·卷三·明帝紀第三》，同前註，頁104。
〔註41〕《三國志·卷五十四·周瑜魯肅呂蒙傳第九》：「時劉備爲曹公所破，欲引南渡江，與魯肅遇於當陽，遂共圖計，因進住夏口，遣諸葛亮詣權。權遂遣瑜及程普等與備并力逆曹公，遇於赤壁。時曹公軍眾已有疾病，初一交戰，公軍敗退，引次江北。瑜等在南岸。瑜部將黃蓋曰：『今寇眾我寡，難與持久。然觀操軍船艦首尾相連，可燒而走也。』乃取蒙衝鬭艦數十艘，實以薪草，膏油灌其中，裹以帷幕，上建牙旗，先書報曹公，欺以欲降。」同前註，頁1262～1263。

備投降的手段來欺騙曹操，但在陳壽《三國志》裡並未明確交代黃蓋書報曹操的內容，裴松之《三國志注》則徵引虞溥《江表傳》中收錄黃蓋書報的記載，附注於後：

> 《江表傳》載蓋書曰：「蓋受孫氏厚恩，常爲將帥，見遇不薄。然顧天下事有大勢，用江東六郡山越之人，以當中國百萬之眾，眾寡不敵，海內所共見也。東方將吏，無有愚智，皆知其不可，惟周瑜、魯肅偏懷淺戇，意未解耳。今日歸命，是其實計。瑜所督領，自易摧破。交鋒之日，蓋爲前部，當因事變化，效命在近。」曹公特見行人，密問之，口敕曰：「但恐汝詐耳。蓋若信實，當授爵賞，超於前後也。」〔註42〕

《江表傳》錄有黃蓋書報曹操文，裴松之注引以對照陳壽《三國志》本文相關的記載，於後又針對《三國志》在「赤壁之戰」上的敘述，再度徵引《江表傳》描寫的戰況，加以補充，使「赤壁之戰」的史實得以更詳盡，由此可知，陳壽《三國志》本文與裴松之的注文，二部著作在史實增補的作用上，其內容多寡、記載詳簡的程度，已不言可喻。

不過，《四庫全書總目提要》亦認爲松之注《三國志》雖有「補闕」之功，卻「往往嗜奇愛博，頗傷蕪雜」〔註43〕，而唐代劉知幾《史通》也云裴松之《三國志注》實屬「有好事之子，思廣異聞，而才短力微，不能自達，庶憑驥尾，千里絕群，遂乃掇眾史之異辭，補前書之所闕」〔註44〕一類是也，儘管帶有貶抑裴氏「才短力微」損語意味，然松之作注對陳壽《三國志》有「補闕」、「備異」的功用卻同時可明矣。

二、備　異

「備異」，就是先把經過選擇的主要材料置於前面，再依次將相類的材料並列於後，以爲對照、補充，使內容趨於多樣、完備，此即魏晉以來所流行的「合本子注」，又稱「會譯子注」，這是受到當時佛家譯經釋典的影響，所產生的一種全新注解形式，因爲佛家講經，往往集合一經的幾種不同譯本，而以其中之一爲主要的母本，餘則爲子本，說解時以母本爲底本，子本爲比擬之用，以使聽者容易領悟，後來漸漸演變，影響了儒家講經注疏的形式，此實起因於魏晉時期的儒學經師亦多兼修玄、佛，故在講經、注經的方式上，已跳脫家法的侷限羈絆，而與玄、佛相互影響，從而改

〔註42〕見裴松之注《三國志・卷五十四・周瑜魯肅呂蒙傳第九》，同註8，頁1263。
〔註43〕見《四庫全書總目提要・卷四十五》【三國志六十五卷】，同註1，頁987。
〔註44〕劉知幾《史通・卷五・補注第十七》：「次有好事之子，思廣異聞，而才短力微，不能自達，庶憑驥尾，千里絕群，遂乃掇眾史之異辭，補前書之所闕。若裴松之《三國志》，陸澄、劉昭《兩漢書》，劉彤《晉紀》，劉孝標《世說》之類是也。」同註29，頁132。

變當時史注的形式，所以「合本子注」就是集合「母本」和「子本」的注釋方式，而「會譯子注」即彙整「譯本」與「子本」的注釋方式，名異實同。

裴松之注《三國志》一皆採取「合本子注」的形式，「亦即將不同來源材料，選擇一種比較完善的材料作爲母本，其他的材料作爲子注，不加剪裁及參與個人意見，排列於後，所以陳寅恪就直接指出這是『合本子注』的形式」〔註45〕，即使並非羅列群書解說的內容，亦必提供相關材料的不同觀點及主張，接續平排於陳壽《三國志》記載之後，以茲參考。

若以「備異」的作用細分，則尚可再別爲「增強敘述的簡略」、「備列史家的異見」等二類，以下便就此二方面進行深入探討：

（一）增強敘述的簡略

「增強敘述的簡略」原爲裴松之《三國志注》「補闕」的功能，如裴注《三國志·卷二十一·王衛二劉傳第二十一》，便引用了《魏略》、《典略》、《陳思王傳》、荀勗《文章敘錄》、《魏氏春秋》、《世語》、《嵇氏譜》、虞預《晉書》、《康別傳》、《晉陽秋》、《康集目錄》、《濤行狀》、《鍾會傳》、《晉諸公贊》等材料來增補邯鄲淳、繁欽、路粹、丁儀、丁廙、楊脩、荀緯、應璩、應貞、阮籍、嵇康等人生平事蹟，然「備異」不僅維持「合本子注」的形式，且「或同說一事，而辭有乖雜，或出事本異，疑不能判，並皆鈔內，以備異聞」〔註46〕，故在「增強敘述的簡略」之餘，尚應具有「疑不能判，並皆鈔內」的本質，以陳壽《三國志·卷二十四·韓崔高孫王傳第二十四》載高幹爲高柔從兄事爲例，裴松之先徵引《陳留耆舊傳》與謝承《後漢書》的記載並鈔於後，再針對有關資料提出質疑：

> 案《陳留耆舊傳》及謝承書，幹應爲柔從父，非從兄也。未知何者爲誤。

〔註47〕

裴松之根據《陳留耆舊傳》與謝承《後漢書》的內容，判斷高幹應爲高柔從父，而非陳壽《三國志》所云的從兄關係，不過，裴松之認爲並沒有明確的證據足以推翻陳壽的說法，即使是《陳留耆舊傳》與《後漢書》的記載，也有可能是錯誤的，因此二說「疑不能判，並皆鈔內」。

（二）備列史家的異見

「備列史家的異見」猶可再細分成「陳壽爲是，他家爲非」、「陳壽爲非，他家

〔註45〕見逯耀東《魏晉史學的思想與社會基礎》，同註24，頁417。
〔註46〕見裴松之〈上三國志注表〉，同註2，頁2525。
〔註47〕見裴松之注《三國志·卷二十四·韓崔高孫王傳第二十四》，同註8，頁683。

爲是」，以及「記載各異，無法斷定」三種注釋方式，其中「陳壽爲是，他家爲非」、「陳壽爲非，他家爲是」二類，應屬於「懲妄」範疇，而「記載各異，無法斷定」者，裴松之則羅列群說以爲「備異」。

裴松之自述其作注有「補闕」、「備異」、「懲妄」、「論辯」〔註48〕四個體例，因此在注陳壽《三國志》時便會從此四個方向著手，針對本文的闕漏、爭議處進行補強、考證，其餘增補、更定的過程，無形中也讓陳壽《三國志》與三國史實更趨於周全，小至字句，大到篇章，裴松之無不兢兢業業，努力遂行注釋者的所能發揮的輔助作用，如《三國志·卷四·三少帝紀第四》刊甘露三年秋八月丙寅高貴鄉公曹髦詔書，內讚「關內侯王祥，履仁秉義，雅志淳固。關內侯鄭小同，溫恭孝友，帥禮不忒。其以祥爲三老，小同爲五更」〔註49〕，裴松之先徵引《漢晉春秋》、《鄭玄別傳》、《魏氏春秋》與《魏名臣奏》載太尉華歆表，以及〈呂虔傳〉〔註50〕介紹王祥、鄭小同二人的生平事蹟，於後又注：〔註51〕

> 鄭玄注〈文王世子〉曰「三老、五更各一人，皆年老更事致仕者也」。注〈樂記〉曰「皆老人更知三德五事者也」。
>
> 蔡邕《明堂論》云：「更」應作「叟」。叟，長老之稱，字與「更」相似，書者遂誤以爲「更」。「嫂」字「女」傍「叟」，今亦以爲「更」，以此驗知應爲「叟」也。臣松之以爲邕謂「更」爲「叟」，誠爲有似，而諸儒莫之從，未知孰是。

裴松之引用鄭玄、蔡邕的看法解釋「更」字，可知其錙銖必較的工作態度，然在多方說法不一，且尚無明確答案之際，裴松之僅列出各家觀點予以對照，並清楚承認「未知孰是」，不強作解，如此看來，裴松之不只補充說明了王祥與鄭小同的生平事蹟，也針對詔書中引發爭議的關鍵提供參考材料，較之陳壽撰寫《三國志》的簡略敘述，確有更加詳盡、正確的說明。

有時，亦非僅限於羅列群書解說內容的「合本子注」方式，即使是徵引群說而無確切定論，皆可視爲是「備異」。

> 臣松之案諸書，韓莫或作韓猛，或云韓若，未詳孰是。〔註52〕

〔註48〕見裴松之〈上三國志注表〉，同註2。
〔註49〕見《三國志·卷四·三少帝紀第四》，同註8，頁142。
〔註50〕即《三國志·卷十八·二李臧文呂許典二龐閻傳第十八》中的〈呂虔傳〉，同前註，頁540。
〔註51〕以下引文均見於裴松之注《三國志·卷四·三少帝紀第四》，同前註，頁142～143；不另分別加註。
〔註52〕見裴松之注《三國志·卷十·荀彧荀攸賈詡傳第十》，同前註，頁324。

諸家、諸書意見相異、說法不同，裴松之考訂眾多材料後，仍莫衷一是，沒有確切的定論，因此於注釋中羅列各種記載，以提供更爲詳盡的資訊，作爲閱讀《三國志》此段內容的參考，儘管未清楚解釋各說出處，然案諸書異說，完整註錄同一人物、不同人名記載的做法，即「或同說一事，而辭有乖雜」，至於所言未詳孰是，則已帶出「或出事本異，疑不能判」的主張，故此雖未有排列不同來源材料的「合本子注」形式，但仍然符合「備異」體例的基本原則。

第二節　辨陳壽原書的訛疑

　　嚴格來說，「補闕」、「備異」都僅是裴松之爲擴充《三國志》的內容，藉由書籍材料的相關記載，排列所得出的結果，而「懲妄」、「論辯」則更進一步針對本文內容的不明確處、訛誤處作出糾正，並提出裴松之自己的史學觀點，加以論辯，此正是撰作史書所必須具備的求眞精神。

　　因此，在「補闕」、「備異」之後，裴松之必須針對所有材料進行考辨、評論的動作，以使增補的內容更趨眞實，並於析證材料之際，對史著、史家提出個人品議的意見，此即「懲妄」、「論辯」的範圍，於下便就「懲妄」、「論辯」的內容分別探討之：

一、懲　妄

　　「懲妄」，即《四庫全書總目提要》言其「參諸書之說以核譌異」〔註53〕，此中之「異」，意義並非僅止於「備異」之「異」，根據〈上三國志注表〉裡裴松之自述的定義，「備異」是「或同說一事，而辭有乖雜，或出事本異，疑不能判，並皆鈔內，以備異聞」〔註54〕，而「懲妄」則是「若乃紕繆顯然，言不附理，則隨違矯正，以懲其妄」〔註55〕，因此，「懲妄」的著重點在於「核訛異」，亦即「備異」之際確實出現有訛誤者，必審愼查核，以爲更正，此「訛誤」指的就是「同說一事，而本文的辭有乖雜」，或「出事本異，而本文有疑，今有證據得以判之」，意即本文紕繆顯然、言不附理，故須參諸書之說，矯正本文的訛異，藉以達到「懲妄」的目的。

　　若以「懲妄」的作用細分，則尚可再別爲「考辨傳寫的訛誤」、「備列史家的異見」等二類，以下便就此二方面進行深入探討：

〔註53〕見《四庫全書總目提要・卷四十五》【三國志六十五卷】，同註1，頁987。
〔註54〕見裴松之〈上三國志注表〉，同註2，頁2525。
〔註55〕同前註。

（一）考辨傳寫的訛誤

「考辨傳寫的訛誤」實包括「對陳壽原書的考辨」、「對史家材料的考辨」等兩種注釋方式，裴松之《三國志注》雖爲增補陳壽《三國志》「簡略」、「脫漏」所作，則於觀陳壽《三國志》內容之際，必會同時發現其訛誤、存疑處，並於徵引眾多材料，提供參照時，對材料本身的矛盾、荒謬部分予以考證，因此，「考辨傳寫的訛誤」正是對陳壽《三國志》及所有徵引材料出現訛誤的地方，提出證據並加以更定。

以「對陳壽原書的考辨」而言，儘管《三國志》書史簡略，須仰賴《三國志注》增補才獲周全，然裴松之注的作用絕非僅止於此，增補史實、史事之餘，尚須進一步考證、校勘陳壽《三國志》所載的內容，以確保歷史的眞實。

景初三年春正月丁亥，魏明帝曹叡崩於嘉福殿，陳壽《三國志‧卷三‧明帝紀第三》稱曹叡「時年三十六」〔註56〕，裴松之即對此提出質疑。

> 臣松之按：魏武以建安九年八月定鄴，文帝始納甄后，明帝應以十年生，
> 計至此年正月，整三十四年耳。時改正朔，以故年十二月爲今年正月，可
> 彊名三十五年，不得三十六也。〔註57〕

裴松之利用年份推算，先參照《三國志‧卷五‧后妃傳第五》載文昭甄皇后事，「建安中，袁紹爲中子熙納之。熙出爲幽州，后留養姑。及冀州平，文帝納后于鄴，有寵，生明帝及東鄉公主」〔註58〕，知甄后與魏文帝曹丕成親、生明帝曹叡是在建安中定鄴以後事，而定鄴如《三國志‧卷一‧武帝紀第一》所記，可確定是曹操在建安九年八月時完成〔註59〕，因此魏明帝曹叡出生絕不可能早於建安十年，至景初三年春正月，明帝崩，時過三十四年，若以故年「改青龍五年三月爲景初元年四月」〔註60〕正朔異動而言，「景初元年春正月壬辰，山茌縣言黃龍見。於是有司奏，以爲魏得地統，宜以建丑之月爲正。三月，定曆改年爲孟夏四月」〔註61〕，因此裴松

〔註56〕見《三國志‧卷三‧明帝紀第三》，同註8，頁114。

〔註57〕見裴松之注《三國志‧卷三‧明帝紀第三》，同前註，頁115。

〔註58〕見《三國志‧卷五‧后妃傳第五》，同前註，頁160。

〔註59〕《三國志‧卷一‧武帝紀第一》：「八月，審配兄子榮夜開所守城東門內兵。配逆戰，敗，生禽配，斬之，鄴定。公臨祀紹墓，哭之流涕；慰勞紹妻，還其家人寶物，賜雜繒絮，廩食之。」同前註，頁25。

〔註60〕裴松之注《三國志‧卷三‧明帝紀第三》引《魏書》：「帝據古典，甲子詔曰：『夫太極運三辰五星於上，元氣轉三統五行於下，登降周旋，終則又始。故仲尼作《春秋》，於三微之月，每月稱王，以明三正迭相爲首。今推三統之次，魏得地統，當以見丑之月爲正月。考之群藝，厥義章矣。其改青龍五年三月爲景初元年四月。』」同前註，頁108。

〔註61〕見《三國志‧卷三‧明帝紀第三》，同前註，頁108。

之說「以故年十二月為今年正月」，即使可彊名一年，則亦僅有三十五年，不可能如陳壽所記有三十六年。

　　裴松之運用陳壽《三國志》對同一事件的相關記載，彼此參照、相互驗證，仔細考察出有所困惑之處，事實證明陳壽《三國志》部分內容，確有前後矛盾的地方，《三國志‧卷五十四‧周瑜魯肅呂蒙傳第九》記劉表死，魯肅進說孫權，主張宜勸劉備與之共治曹操，並至當陽長阪會見劉備，「宣騰權旨，及陳江東彊固，勸備與權併力。備甚歡悅。時諸葛亮與備相隨，肅謂亮曰『我子瑜友也』，即共定交。備遂到夏口，遣亮使權，肅亦反命」〔註62〕，然裴松之自注則針對陳壽敘述史實的矛盾處提出質疑：

> 臣松之案：劉備與權併力，共拒中國，皆肅之本謀。又語諸葛亮曰「我子瑜友也」，則亮已亟聞肅言矣。而〈蜀書亮傳〉曰：「亮以連橫之略說權，權乃大喜。」如似此計始出於亮。若二國史官，各記所聞，競欲稱揚本國容美，各取其功。今此二書，同出一人，而舛互若此，非載述之體也。〔註63〕

依此反觀《三國志‧卷三十五‧諸葛亮傳第五》有言，劉備至於夏口，諸葛亮奉命向孫權求救，其中對話，諸葛亮有遊說孫權合作的建議，認為「今將軍誠能命猛將統兵數萬，與豫州協規同力，破操軍必矣。操軍破，必北還，如此則荊、吳之勢彊，鼎足之形成矣。成敗之機，在於今日」〔註64〕，孫權聞言大悅，因此立即派遣周瑜、程普、魯肅等水軍三萬，跟隨諸葛亮往詣劉備，并力拒曹操；陳壽此段內容明顯透露孫、劉結盟，計應出自諸葛亮，然據《三國志‧卷五十四‧周瑜魯肅呂蒙傳第九》記載，則又似乎是魯肅的想法，所以裴松之比對兩方資料，批評陳壽在〈吳書〉與〈蜀書〉中出現不同的敘述，如同二國史官各自書寫、稱美本國事蹟一般，並認為〈吳書〉與〈蜀書〉既然均出於陳壽之手，故其中舛誤、矛盾處必須二者擇一，若二者皆錄，實非載述之體。

　　而以「對史家材料的考辨」來說，在經過裴松之反覆核對眾多史材後，針對徵引史書出現的謬誤記載，作出考證，以期在引用之際，不致受錯誤敘述影響而偏離史實，如《三國志‧卷五十一‧宗室傳第六》言孫匡事，裴松之注就針對虞溥《江表傳》的內容提出質疑。

> 臣松之案本傳曰：「匡未試用卒，時年二十餘。」而《江表傳》云呂範在

〔註62〕見《三國志‧卷五十四‧周瑜魯肅呂蒙傳第九》，同註8，頁1269。
〔註63〕見裴松之注《三國志‧卷五十四‧周瑜魯肅呂蒙傳第九》，同前註。
〔註64〕見《三國志‧卷三十五‧諸葛亮傳第五》，同前註，頁915。

洞口，匡爲定武中郎將。既爲定武，非爲未試用。且孫堅以初平二年卒，
洞口之役在黃初三年，堅卒至此合三十一年，匡時若尚在，本傳不得云卒
時年二十餘也。此蓋權別生弟朗，《江表傳》誤以爲匡也。朗之名位見《三
朝錄》及虞喜《志林》也。〔註65〕

裴松之對照陳壽《三國志·卷五十一·宗室傳第六》與《江表傳》對孫匡的相關記載，發現《三國志》並無矛盾、謬誤處，又查《三朝錄》和虞喜《志林》，發現對孫朗的敘述符合虞溥《江表傳》所稱，故知係《江表傳》之誤也。

（二）備列史家的異見

「備列史家的異見」又可再分成「陳壽爲是，他家爲非」、「陳壽爲非，他家爲是」，以及「記載各異，無法斷定」三種方式，其中「記載各異，無法斷定」因無實據，故應歸於「備異」一類，而無論「陳壽爲是，他家爲非」或「陳壽爲非，他家爲是」，皆可互相參證，核驗撟異，所以屬「懲妄」範圍。

首先以「陳壽爲是，他家爲非」而言，如《三國志·卷五·后妃傳第五》錄王沈《魏書》載文昭甄皇后的事蹟，與陳壽所記不同，裴松之有所論斷：

臣松之以爲《春秋》之義，內大惡諱，小惡不書。文帝之不立甄氏，及加
殺害，事有明審。魏史若以爲大惡邪，則宜隱而不言，若謂爲小惡邪，則
不應假爲之辭，而崇飾虛文乃至於是，異乎所聞於舊史。推此而言，其稱
卞、甄諸后言行之善，皆難以實論。陳氏刪落，良有以也。〔註66〕

裴松之批評王沈《魏書》的記載是「崇飾虛文」，大惡、小惡的界線無法拿捏，則將使「其稱卞、甄諸后言行之善，皆難以實論」。

至於「陳壽爲非，他家爲是」者，裴松之《三國志注》以虞溥《江表傳》言樓玄自殺之事，核驗《三國志》的記載。

臣松之以玄之清高，必不以安危易操，無緣驟拜張奕，以虧其節。且禍機
既發，豈百拜所免？《江表傳》所言，於理爲長。〔註67〕

《三國志·卷六十五·王樓賀韋華傳第二十》稱樓玄「一身隨奕討賊，持刀步涉，見奕輒拜，奕未忍殺。會奕暴卒，玄殯斂奕，於器中見敕書，還便自殺」〔註68〕，而裴松之引《江表傳》對陳壽所言提出質疑，而其讚《江表傳》「於理爲長」，已充分證明裴松之認爲《三國志》記載有誤。

〔註65〕見裴松之注《三國志·卷五十一·宗室傳第六》，同註8，頁1213。
〔註66〕見裴松之注《三國志·卷五·后妃傳第五》，同前註，頁161。
〔註67〕見裴松之注《三國志·卷六十五·王樓賀韋華傳第二十》，同前註，頁1455。
〔註68〕見《三國志·卷六十五·王樓賀韋華傳第二十》，同前註。

二、論　辯

　　「論辯」，即《四庫全書總目提要》言其「引諸家之論以辨是非」〔註69〕，關於陳壽《三國志》本文出現的訛誤，裴松之注於「懲妄」之餘，針對此間猶有爭議的部分，除參核諸書外，裴松之必須提出意見，在不同材料、相異觀點中決定取捨，「論辯」，「論」就是闡述自我的想法，「辯」則是在各種說理中取得平衡，裴松之用書籍材料補充、核驗陳壽本文，但同時也要在這之間作出明確判斷，才能產生還原歷史真相的確實憑據。

　　若以「論辯」的作用細分，則尚可再別為「品論人物與事件」、「評議陳壽與本文」、「批判引書與史家」等三類，以下便就此三方面進行深入探討：

（一）品論人物與事件

　　裴松之《三國志注》雖為增補陳壽原書所作，然對於《三國志》記載的歷史人物、歷史事件亦多有評論，如《三國志・卷三十七・龐統法正傳第七》敘述建安二十四年，劉備從法正策而大破夏侯淵軍，曹操聞之，以為劉備「不辦有此，必為人所教也」〔註70〕，裴松之便就此事有所抒論：

> 臣松之以為蜀與漢中，其由脣齒也。劉主之智，豈不及此？將計略未展，正先發之耳。夫聽用嘉謀以成功業，霸王之主，誰不皆然？魏武以為人所教，亦豈劣哉！此蓋恥恨之餘辭，非測實之當言也。〔註71〕

不僅評議了此一事件，裴松之同時也針對劉備及曹操兩人的反應、處境作出不同的價值判斷，認為劉備有智有仁，故能接受法正「先發制人」的計謀，而曹操的說論僅是恥恨的餘辭，並非測實之當言。

（二）評議陳壽與本文

　　陳壽撰作《三國志》，非僅有記載前後矛盾處，亦有交代含糊不清的地方，本來，陳壽當時所見材料有限，內容有不夠充實之憾，既然不夠充實，則必有只憑記憶、印象，或認知記述的籠統處，如「官渡之戰」的描寫，陳壽稱建安五年八月，「紹連營稍前，依沙塠為屯，東西數十里。公亦分營與相當，合戰不利。時公

<hr>

〔註69〕見《四庫全書總目提要・卷四十五》【三國志六十五卷】，同註1，頁987。
〔註70〕《三國志・卷三十七・龐統法正傳第七》：「二十四年，先主自陽平南渡沔水，緣山稍前，於定軍、興勢作營。淵將兵來爭其地。正曰：『可擊矣。』先主命黃忠乘高鼓譟攻之，大破淵軍，淵等授首。曹公西征，聞正之策，曰：『吾故知玄德不辦有此，必為人所教也。』」同註8，頁961。
〔註71〕見裴松之注《三國志・卷三十七・龐統法正傳第七》，同前註。

兵不滿萬，傷者十二三」〔註72〕，其爭執關鍵即在曹操軍隊之數，陳壽僅憑印象認爲曹操時兵不滿萬，裴松之則有不同看法：

> 臣松之以爲魏武初起兵，已有眾五千，自後百戰百勝，敗者十二三而已矣。但一破黃巾，受降卒三十餘萬，餘所吞并，不可悉紀；雖征戰損傷，未應如此之少也。夫結營相守，異於摧鋒決戰。本紀云：「紹眾十餘萬，屯營東西數十里。」魏太祖雖機變無方，略不世出，安有以數千之兵，而得逾時相抗者哉？以理而言，竊謂不然。紹爲屯數十里，公能分營與相當，此兵不得甚少，一也。紹若有十倍之眾，理應當悉力圍守，使出入斷絕，而公使徐晃等擊其運車，公又自出擊淳于瓊等，揚旌往還，曾無抵閡，明紹力不能制，是不得甚少，二也。諸書皆云公坑紹眾八萬，或云七萬。夫八萬人奔散，非八千人所能縛，而紹之大眾皆拱手就戮，何緣力能制之？是不得甚少，三也。將記述者欲以少見奇，非其實錄也。按〈鍾繇傳〉云：「公與紹相持，繇爲司隸，送馬二千餘匹以給軍。」本紀及《世語》並云公時有騎六百餘匹，繇馬爲安在哉？〔註73〕

裴松之提出三項合理懷疑，與三項質疑的理由，主張曹操軍隊不可能只有陳壽所言的不滿萬人，並認爲這是陳壽欲以曹軍雖寡，卻能擊眾所特意營造的場景，目的在強調以少見奇，不過，這並非是歷史的眞實紀錄。

（三）批判引書與史家

《三國志注》總字數達三十二萬一千三百六十一字，幾近一部書的份量，與陳壽原書的三十六萬六千七百五十七字亦相去不遠，可知裴松之增補頗多，援引的材料必然也十分豐富，然而，裴松之在整理、歸納眾多材料後，不僅對於材料的訛誤、矛盾處須作出考辨與更定，最後亦得針對引書的內容，與史家的撰作有所批判，以《三國志‧卷十‧荀彧荀攸賈詡傳第十》爲例，裴松之《三國志注》先引袁暐《獻帝春秋》載荀彧事，後則加以評論：

> 臣松之案《獻帝春秋》云彧欲發伏后事而求使至鄴，而方誣太祖云『昔已嘗言』。言既無徵，迴託以官渡之虞，俛仰之閒，辭情頓屈，雖在庸人，猶不至此，何以玷累賢哲哉！凡諸云云，皆出自鄙俚，可謂以吾儕之言而厚誣君子者矣。袁暐虞阿之類，此最爲甚也。〔註74〕

裴松之十分重視歷史眞相的追求，對於記載失實的敘述批評激烈，因此，其對袁暐

〔註72〕見《三國志‧卷一‧武帝紀第一》，同註8，頁19～20。
〔註73〕見裴松之注《三國志‧卷一‧武帝紀第一》，同前註，頁20。
〔註74〕見裴松之注《三國志‧卷十‧荀彧荀攸賈詡傳第十》，同前註，頁319。

《獻帝春秋》失實的內容深表不滿，《三國志注》猶有頗多詆毀此書之論，可見裴松之對史書功能的堅持態度。

總地來說，裴松之注《三國志》，其作用可分爲「解釋文字的意義」、「增強敍述的簡略」、「彌補記載的闕漏」、「考辨傳寫的訛誤」、「備列史家的異見」、「品論人物與事件」、「評議陳壽與本文」、「批判引書與史家」等八個部分，而此八類撰作方向，不僅是裴松之《三國志注》內容的呈現，更是「補闕」、「備異」、「懲妄」、「論辯」四種體例的實質展示。

「補闕」、「備異」的工作，實際上是屬於材料對內容的補述，「懲妄」、「論辯」則是裴松之對材料與本文相互之間的考證與批評，裴松之注《三國志》，大多都是採取「補闕」、「備異」的體例作爲注釋方式，這些輔佐材料的選擇和歸納等整理工作，應是出於助手協助所完成的，接著再由裴松之進行核驗及考訂的步驟，比對材料與本文間記載的異同，釐清本文的疑點與謬誤，最後經由「懲妄」和「論辯」的過程，提出個人觀點，議論史事、評價人物，即「雜引諸書，亦時下己意」〔註75〕，這一部份就是裴松之的「自注」，儘管在《三國志注》中所佔的份量不多，但卻是裴松之《三國志注》的整個要旨所在，藉由「臣松之案」、「臣松之以爲」等表達的形式來闡述心中觀感，其「自注」不只體現了裴松之個人的史觀，也促使魏晉的史學評論，得以脫離傳統儒家思想的權威性，從而肯定其他非儒家的觀念及價值，開闢出新的史學評論現象，成爲魏晉時代史學批評在劇烈演變中最重要的轉捩點。

儘管裴注較壽書更爲周延、全面，且二著在中國史學史上同樣具有不可抹滅的地位，然劉知幾《史通》論裴松之《三國志注》，仍以爲「權其得失，求其利害，少期集注《國志》，以廣承祚所遺，而喜聚異同，不加刊定，恣其擊難，坐長煩蕪。觀其書成表獻，自比蜜蜂兼採，但甘苦不分，難以味同萍實者矣」〔註76〕，葉適亦主張裴氏「注之所載，皆壽書之棄餘也」〔註77〕，均批評裴松之注釋雖豐，但在材料選用上並未善盡刪削之功，故不免成爲《三國志注》的一大弊病，不過，裴注雖未多於本文，但實詳於陳壽原書，且所引材料多首尾俱全，而這些材料在隋唐以後已散佚不少，因此，純就史料保存來說，裴松之浩繁、仔細的注文，有其無法抹煞的功績，至於增廣《三國志》舛誤和遺漏的補充、參考作用，更足堪證明裴松之注在

〔註75〕見《四庫全書總目提要・卷四十五》【三國志六十五卷】，同註1，頁987。
〔註76〕見劉知幾《史通・卷五・補注第十七》，同註29，頁132。
〔註77〕馬端臨《文獻通考・卷一百九十一・經籍十八》：「水心葉氏曰：陳壽筆高處逼司馬遷，方之班固，但少文義緣飾爾，要終勝固也，近世有謂三國志當更修定者，蓋見注所載，尚有諸書，不知壽盡取而爲書矣，注之所載，皆壽書之棄餘也。」馬端臨撰：《文獻通考》（臺北：新興書局，民國52年10月新一版），頁1623。

描述史實的詳盡程度上，肯定是優於陳壽《三國志》的。

　　因此，從字句解釋、史實增補、記載考訂等方面來探討，很輕易就可得知裴松之注文對於補充、驗證、更定陳壽本文所發揮的功能，不僅幫助理解陳壽《三國志》中難懂的字句、簡略的內容，也加強、彌補了三國史實記載的不足，與敘述的模糊，甚至，改正文中的矛盾和謬誤，促使陳壽《三國志》，以及三國歷史得以建構出更完整、更龐大、更真實的史學面貌，也使得裴松之《三國志注》承襲陳壽《三國志》，銜接中國史學的發展，完成獨立卻又連貫的史學體系，日後有關三國歷史的研究，必無法脫離陳壽與裴松之二人的著作。

第五章 《三國志注》引書研究

第一節 《三國志注》引書考述

關於《三國志注》的引用書目，從清代錢大昕《廿二史攷異》、錢大昭《三國志辨疑》、趙翼《廿二史劄記》、趙紹祖《讀書偶記》，以及沈家本古書目四種之一《三國志裴注所引書目》，乃至於民國王祖彝《三國志裴注引用書目》、王念祖《三國志裴注引書目》，到工鍾翰發表於《中國文化研究彙刊》第五卷的〈三國志裴注考證〉等，都曾對此做過整理、編輯，不過，因為依據的方法、分類的角度不同，所以也各有程度不一的謬誤與遺漏，因此，在群說紛雜的狀況下，用各家整理的裴松之《三國志注》所引書目互相核驗恐亦有不全，故仍須回歸裴松之注，重新編輯所引書目，予之分類，以求得其完貌。

趙翼《廿二史劄記》雖列「今案松之所引書凡五十餘種」〔註1〕，然下所錄者竟有一百四十九部之多，故逯耀東以為「五十之上當脫『百』字」〔註2〕，而錢大昕舉裴松之注所引書「凡百四十餘種，其與史家無涉者不在數內」〔註3〕，趙翼《廿二史劄記》與錢大昕《廿二史攷異》兩書著錄裴松之《三國志注》所引書目數量十分接近，可知其體例相似，也就是僅列舉魏晉時代的史學著作，並不含群經諸子、前文方言等援用材料。

不過，若未限定於魏晉時代的史料，即包含魏晉以前的經傳、文章，數量當在

〔註1〕見趙翼《廿二史劄記》（臺北：世界書局，民國 25 年 12 月初版），頁 81。
〔註2〕見逯耀東〈裴松之與三國志注研究〉一文註 53，杜維運、陳錦忠編：《中國史學史論文選集》（三）（臺北：華世出版社，民國 69 年 3 月初版），頁 280。
〔註3〕見錢大昕《廿二史攷異》（臺北：樂天出版社，民國 60 年 10 月初版），頁 568。

兩百部以上，若以裴松之注《三國志》的引用先後爲序，大致可分成四類，最後補以諸家史評，共有五類，依次說明如下：

一、作者、書名皆具

裴松之注《三國志》，通常於第一次引書時，會連帶註明作者，以後則或書或不書，亦有雖只題書名，但在案語或其他引書中仍可得知作者的例子，此類佔裴松之《三國志注》引書的最大部分，按照引用的先後順序依次如下：

1. 吳人《曹瞞傳》（首見裴松之《三國志注》，頁 1）

《隋書・經籍志》無著錄，《新舊唐書合鈔》著錄一卷，《直齋書錄解題》、《四庫全書總目提要》亦無著錄。

2. 王沈《魏書》（首見裴松之《三國志注》，頁 1）

《隋書・經籍志》著錄四十八卷，《新舊唐書合鈔》僅著錄四十四卷，《直齋書錄解題》、《四庫全書總目提要》無著錄。

3. 司馬彪《續漢書》（首見裴松之《三國志注》，頁 1）

《隋書・經籍志》、《新舊唐書合鈔》著錄八十三卷。

案：《新舊唐書合鈔・卷七十三・經籍志》：「《後漢書》八十三卷，新書又錄一卷，司馬彪撰。」〔註4〕此即裴松之《三國志注》所稱《續漢書》。

《直齋書錄解題》、《四庫全書總目提要》無著錄。

4. 郭頒《世語》（首見裴松之《三國志注》，頁 2）

案：裴松之《三國志注》：「案張璠、虞溥、郭頒皆晉之令史，……惟頒撰《魏晉世語》，蹇乏全無宮商，最爲鄙劣，以時有異事，故頗行於世。」〔註5〕郭頒有《魏晉世語》與《世語》二著，應同爲一書。

《隋書・經籍志》、《新舊唐書合鈔》著錄十卷。

案：《新舊唐書合鈔》作「《魏晉代語》十卷，郭頒撰」〔註6〕，以「代」替「世」，係因避唐太宗諱，實同爲一書，故所著錄書目皆以「代」替「世」，下皇甫謐《帝王世紀》作《帝王代記》亦是如此。

《直齋書錄解題》、《四庫全書總目提要》均無著錄。

〔註4〕見沈炳震《新舊唐書合鈔》（三）（臺北：鼎文書局，民國 61 年 4 月初版），頁 1088。
〔註5〕見裴松之注《三國志・卷四・三少帝紀第四》陳壽撰，裴松之注：《三國志》（臺北：鼎文書局，民國 86 年 5 月九版），頁 133。
〔註6〕見沈炳震《新舊唐書合鈔・卷七十三・經籍志》，同註4，頁 1092。

5. 張璠《漢紀》（首見裴松之《三國志注》頁 3）

案：《隋書‧經籍志》作「《後漢紀》三十卷，張璠撰」，同為一書。

《隋書‧經籍志》、《新舊唐書合鈔》著錄三十卷，《直齋書錄解題》、《四庫全書總目提要》無著錄。

6. 孫盛《異同雜語》（首見裴松之《三國志注》頁 3）

案：《三國志‧卷九‧諸夏侯曹傳第九》與《三國志‧卷十八‧二李臧文呂許典二龐閻傳第十八》皆作「孫盛《雜語》」〔註7〕，此應和《異同雜語》同為一書。

《隋書‧經籍志》、《新舊唐書合鈔》、《直齋書錄解題》、《四庫全書總目提要》均未著錄。

7. 司馬彪《九州春秋》（首見裴松之《三國志注》頁 4）

《隋書‧經籍志》著錄十卷，《新舊唐書合鈔》、《直齋書錄解題》皆僅著錄九卷，《四庫全書總目提要》無著錄。

8. 孫盛《雜記》（首見裴松之《三國志注》頁 5）

《隋書‧經籍志》、《新舊唐書合鈔》、《直齋書錄解題》、《四庫全書總目提要》均未著錄。

9. 謝承《後漢書》（首見裴松之《三國志注》頁 6）

《隋書‧經籍志》著錄一百三十卷，《新舊唐書合鈔》著錄一百三十三卷，《直齋書錄解題》僅著錄九十卷，《四庫全書總目提要》無著錄。

案：《直齋書錄解題》：「《後漢書》九十卷，宋太子詹事順陽范蔚宗撰，唐章懷太子賢注。案唐藝文志，為後漢史者，有謝承、薛瑩、司馬彪、劉義慶、華嶠、謝沈、袁山松七家，其前又有劉珍等東觀記，至蔚宗乃刪取眾書，為一家之作。」〔註8〕

10. 曹丕《典論》（首見裴松之《三國志注》頁 7）

《隋書‧經籍志》、《新舊唐書合鈔》著錄五卷，《直齋書錄解題》、《四庫全書總目提要》無著錄。

11. 韋曜《吳書》（首見裴松之《三國志注》頁 11）

〔註7〕見裴松之注《三國志‧卷九‧諸夏侯曹傳第九》與《三國志‧卷十八‧二李臧文呂許典二龐閻傳第十八》，同註5，頁 302、541。

〔註8〕見陳振孫《直齋書錄解題》（臺北：臺灣商務印書館，民國 67 年 5 月臺一版），頁 92。

案：裴松之《三國志注》：「曜本名昭，史爲晉諱，改之。」〔註9〕《隋書·經籍志》記載韋曜《吳書》本五十五卷，梁有，今殘缺。〔註10〕

《隋書·經籍志》著錄二十五卷，《新舊唐書合鈔》著錄五十五卷，《直齋書錄解題》、《四庫全書總目提要》無著錄。

12. 袁暐《獻帝春秋》（首見裴松之《三國志注》頁12）

案：裴松之《三國志注》：「迪孫暐，字思光，作《獻帝春秋》，云迪與張紘等俱過江，迪父綏爲太傅掾，張超之討董卓，以綏領廣陵事。」故知袁暐即「袁曄」。〔註11〕

《隋書·經籍志》、《新舊唐書合鈔》著錄十卷，《直齋書錄解題》、《四庫全書總目提要》無著錄。

13. 魚豢《魏略》（首見裴松之《三國志注》頁18）

《隋書·經籍志》無著錄，《新舊唐書合鈔》著錄三十八卷，而《直齋書錄解題》、《四庫全書總目提要》亦無著錄。

14. 孫盛《魏氏春秋》（首見裴松之《三國志注》頁18）

《隋書·經籍志》、《新舊唐書合鈔》著錄二十卷。

案：《新舊唐書合鈔》作「《魏武春秋》二十卷，孫盛撰」〔註12〕，同爲一書。《直齋書錄解題》、《四庫全書總目提要》均無著錄。

15. 習鑿齒《漢晉春秋》（首見裴松之《三國志注》頁20）

《隋書·經籍志》著錄四十七卷，《新舊唐書合鈔》著錄五十四卷，《直齋書錄解題》、《四庫全書總目提要》無著錄。

16. 衛恆《四體書勢》（首見裴松之《三國志注》頁31）

案：裴松之注《三國志·卷一·武帝紀第一》引作「衛恆《四體書勢序》」〔註13〕，然《三國志·卷二十一·王衛二劉傳第二十一》裴注引《文章敘錄》云「覬孫恆撰《四體書勢》」〔註14〕，可知衛恆所著乃《四體書勢》。

〔註9〕見裴松之注《三國志·卷六十五·王樓賀韋華傳第二十》，同註5，頁1460。
〔註10〕見《隋書·卷三十三·經籍二》魏徵等撰：《隋書》（二）（臺北：鼎文書局，民國64年3月初版），頁955。
〔註11〕見裴松之注《三國志·卷五十七·虞陸張駱陸吾朱傳第十二》，同註5，頁1337。
〔註12〕見沈炳震《新舊唐書合鈔·卷七十三·經籍志》，同註4，頁1090。
〔註13〕見裴松之注《三國志·卷一·武帝紀第一》，同註5，頁31。
〔註14〕見裴松之注《三國志·卷二十一·王衛二劉傳第二十一》引《文章敘錄》，同前註，頁621。

《隋書・經籍志》、《新舊唐書合鈔》著錄一卷，《直齋書錄解題》、《四庫全書總目提要》無著錄。

17. 皇甫謐《逸士傳》（首見裴松之《三國志注》頁 31）

《隋書・經籍志》著錄一卷，《新舊唐書合鈔》著錄二卷，而《直齋書錄解題》、《四庫全書總目提要》無著錄。

18. 樂資《山陽公載記》（首見裴松之《三國志注》頁 31）

《隋書・經籍志》、《新舊唐書合鈔》著錄十卷，《直齋書錄解題》、《四庫全書總目提要》無著錄。

19. 孫盛《異同評》（首見裴松之《三國志注》頁 31）

《隋書・經籍志》、《新舊唐書合鈔》、《直齋書錄解題》、《四庫全書總目提要》均未著錄。

20. 虞溥《江表傳》（首見裴松之《三國志注》頁 39）

《隋書・經籍志》無著錄，《新舊唐書合鈔》著錄三卷，《直齋書錄解題》、《四庫全書總目提要》亦無著錄。

21. 魚氏《典略》（首見裴松之《三國志注》頁 45）

案：《隋書・經籍志》載「《典略》八十九卷，魚豢撰」，而裴松之《三國志注》僅稱「魚氏《典略》」，由此可知魚氏即魚豢。

《新舊唐書合鈔》僅著錄五十卷，《直齋書錄解題》、《四庫全書總目提要》無著錄。

22. 劉艾《靈帝紀》（首見裴松之《三國志注》頁 45）

案：殘缺，梁有六卷，《隋書・經籍志》所稱「《漢靈獻二帝紀》三卷，劉芳撰」〔註15〕即劉艾《靈帝紀》，劉芳就是劉艾，裴松之《三國志注》引《獻帝紀》亦應即包含於此。

《新舊唐書合鈔》著錄六卷，《直齋書錄解題》、《四庫全書總目提要》均無著錄。

23. 孔衍《漢魏春秋》（首見裴松之《三國志注》頁 46）

案：《隋書・經籍志》作「《漢魏春秋》九卷，孔舒元撰」，即孔衍《漢魏春秋》；而《新舊唐書合鈔》又載有「《後漢春秋》六卷，孔衍撰」與「《後魏春秋》九卷，孔衍撰」兩書〔註16〕，亦應就是《漢魏春秋》。

〔註15〕見《隋書・卷三十三・經籍二》，同註 10，頁 960。
〔註16〕見沈炳震《新舊唐書合鈔・卷七十三・經籍志》，同註 4，頁 1091。

《直齋書錄解題》、《四庫全書總目提要》均無著錄。

24. 司馬彪《序傳》（首見裴松之《三國志注》頁 49）

《隋書・經籍志》、《新舊唐書合鈔》、《直齋書錄解題》、《四庫全書總目提要》均未著錄。

25. 王隱《晉書》（首見裴松之《三國志注》頁 49）

案：本九十三卷，今殘缺。〔註 17〕

《隋書・經籍志》著錄八十六卷，《新舊唐書合鈔》著錄八十九卷，《直齋書錄解題》著錄一百三十卷，而《四庫全書總目提要》無著錄。

案：《直齋書錄解題》：「唐宰相房元齡等修，題御撰。案唐藝文志，為晉書者，有王隱、虞預、臧榮緒、謝靈運、干寶等諸家，太宗以為未善，命元齡修之。」〔註 18〕

26. 王昶《家誡》（首見裴松之《三國志注》頁 52）

《隋書・經籍志》、《新舊唐書合鈔》、《直齋書錄解題》、《四庫全書總目提要》均未著錄。

27. 張華《博物志》（首見裴松之《三國志注》頁 54）

《隋書・經籍志》、《新舊唐書合鈔》、《直齋書錄解題》均著錄十卷，《四庫全書總目提要》亦收有十卷，然歸類於《四庫全書總目提要・卷一百四十二・子部五十二・小說家類三》。

28. 袁宏《漢紀》（首見裴松之《三國志注》頁 57）

案：《隋書・經籍志》作「《後漢紀》三十卷，袁彥伯撰」，同為一書。

《隋書・經籍志》、《新舊唐書合鈔》、《直齋書錄解題》著錄三十卷，《四庫全書總目提要》亦著錄有袁宏《後漢紀》三十卷，然收於《四庫全書總目提要・卷四十七・史部三・編年類》。

29. 干寶《搜神記》（首見裴松之《三國志注》頁 75）

《隋書・經籍志》、《新舊唐書合鈔》著錄三十卷，《直齋書錄解題》無著錄，而《四庫全書總目提要》僅收二十卷，然歸類於《四庫全書總目提要・卷一百四十二・子部五十二・小說家類三》。

30. 應劭《漢書注》（首見裴松之《三國志注》頁 79）

〔註 17〕 見《隋書・卷三十三・經籍二》，同註 10，頁 955。
〔註 18〕 見陳振孫《直齋書錄解題》，同註 8，頁 95。

案：《隋書・經籍志》有「《漢書集解音義》二十四卷，應劭撰」，同。
《新舊唐書合鈔》、《直齋書錄解題》亦著錄二十四卷，《四庫全書總目提要》無
著錄。

31. **胡沖《吳歷》**（首見裴松之《三國志注》頁 89）

案：裴松之注《三國志・卷二・文帝紀第二》誤作「胡沖吳曆」〔註19〕，應正。
《隋書・經籍志》無著錄，《新舊唐書合鈔》著錄六卷，《直齋書錄解題》、《四
庫全書總目提要》亦無著錄。

32. **趙岐《三輔決錄》**（首見裴松之《三國志注》頁 92）

《隋書・經籍志》、《新舊唐書合鈔》著錄七卷，《直齋書錄解題》、《四庫全書總
目提要》無著錄。

33. **干寶《晉紀》**（首見裴松之《三國志注》頁 94）

《隋書・經籍志》著錄二十三卷，《新舊唐書合鈔》僅著錄二十二卷，《直齋書
錄解題》、《四庫全書總目提要》無著錄。

34. **顧愷之《啟蒙注》**（首見裴松之《三國志注》頁 104）

案：《隋書・經籍志》有顧愷之《啟蒙記》三卷，然裴松之《三國志注》引作
「《啟蒙注》」，不同於《隋書》所稱「《啟蒙記》」，實則同是一書，至於沈炳震
《新舊唐書合鈔》又載有「《啟疑》三卷，顧凱之撰」〔註20〕，亦名異實同也。
《直齋書錄解題》、《四庫全書總目提要》無著錄。

35. **東方朔《神異經》**（首見裴松之《三國志注》頁 118）

《隋書・經籍志》著錄一卷，《新舊唐書合鈔》著錄二卷，而《直齋書錄解題》
亦僅著錄一卷，《四庫全書總目提要》也收有一卷，然歸類於《四庫全書總目
提要・卷一百四十二・子部五十二・小說家類三》。

36. **孫盛《魏世譜》**（首見裴松之《三國志注》頁 123）

《隋書・經籍志》、《新舊唐書合鈔》、《直齋書錄解題》、《四庫全書總目提要》
均未著錄。

37. **傅暢《晉諸公贊》**（首見裴松之《三國志注》頁 138）

《隋書・經籍志》著錄二十一卷，《新舊唐書合鈔》著錄二十二卷，《直齋書錄
解題》、《四庫全書總目提要》無著錄。

〔註19〕見裴松之注《三國志・卷二・文帝紀第二》，同註5，頁89。
〔註20〕見沈炳震《新舊唐書合鈔・卷七十三・經籍志》，同註4，頁1086。

38. 鄭玄《文王世子注》（首見裴松之《三國志注》頁 142）

案：〈文王世子〉實乃《禮記》篇章之一，此係指鄭玄《禮記注》。

《隋書・經籍志》、《新舊唐書合鈔》、《直齋書錄解題》均著錄二十卷，《四庫全書總目提要》則收有《禮記正義》六十三卷。

39. 鄭玄《樂記注》（首見裴松之《三國志注》頁 142）

案：〈文王世子〉與〈樂記〉俱為《禮記》篇章，此即鄭玄《禮記注》。

《隋書・經籍志》、《新舊唐書合鈔》、《直齋書錄解題》均著錄二十卷，《四庫全書總目提要》則收有《禮記正義》六十三卷。

40. 蔡邕《明堂論》（首見裴松之《三國志注》頁 142）

《隋書・經籍志》、《新舊唐書合鈔》、《直齋書錄解題》、《四庫全書總目提要》諸書未著錄。

案：蔡邕《明堂論》雖無著錄於《隋書・經籍志》之中，但根據明代張溥所輯的《漢魏六朝百三名家集》，有〈明堂月令論〉收於《蔡中郎集》〔註21〕，而對照《隋書・經籍志》亦有《蔡邕集》十二卷，可知當時猶有流傳。

41. 華嶠《漢書》（首見裴松之《三國志注》頁 177）

案：《隋書・經籍志》作「《後漢書》十七卷，華嶠撰」，實同為一書，本九十七卷，今殘缺。

《隋書・經籍志》著錄十七卷，《新舊唐書合鈔》著錄三十一卷，《直齋書錄解題》、《四庫全書總目提要》無著錄。

42. 應劭《風俗通》（首見裴松之《三國志注》頁 179）

案：《隋書・經籍志》作「《風俗通義》三十一卷，應劭撰」，同。

《隋書・經籍志》著錄三十一卷，《新舊唐書合鈔》僅著錄三十卷，《直齋書錄解題》更只著錄十卷，《四庫全書總目提要・卷一百二十・子部三十・雜家類四》則收有十卷附錄一卷。

43. 司馬彪《戰略》（首見裴松之《三國志注》頁 211）

《隋書・經籍志》、《新舊唐書合鈔》、《直齋書錄解題》、《四庫全書總目提要》均未著錄。

44. 摯虞《文章志》（首見裴松之《三國志注》頁 216）

《隋書・經籍志》、《新舊唐書合鈔》著錄四卷，《直齋書錄解題》、《四庫全書總

〔註21〕 見《漢魏六朝百三名家集・蔡中郎集》張溥閱：《漢魏六朝百三名家集》（臺北：松柏出版社，民國 53 年 8 月一版），頁 690。

目提要》無著錄。

45. 徐眾《三國評》（首見裴松之《三國志注》頁237）

《隋書‧經籍志》、《新舊唐書合鈔》著錄三卷，而《直齋書錄解題》、《四庫全書總目提要》無著錄。

46. 孫盛《晉陽秋》（首見裴松之《三國志注》頁253）

《隋書‧經籍志》著錄三十二卷，《新舊唐書合鈔》僅著錄二十二卷，《直齋書錄解題》、《四庫全書總目提要》無著錄。

47. 陸機《晉惠帝起居注》（首見裴松之《三國志注》頁262）

案：《隋書》無著錄此書，僅於「《晉元康起居注》一卷」下稱「又有《惠帝起居注》二卷，《永嘉、建興起居注》十三卷，亡」﹝註22﹞，未載作者陸機名氏，可知其書於時已佚。

《新舊唐書合鈔》、《直齋書錄解題》、《四庫全書總目提要》皆無著錄。

48. 荀勖《文章敘錄》（首見裴松之《三國志注》頁273）

案：《隋書‧經籍志》有「《雜撰文章家集敘》十卷，荀勖撰」，《新舊唐書合鈔》作「《新撰文章家集敘》」﹝註23﹞，實皆同為一書。

《新舊唐書合鈔》僅著錄五卷，《直齋書錄解題》、《四庫全書總目提要》無著錄。

49. 張隱《文士傳》（首見裴松之《三國志注》頁280）

《隋書‧經籍志》、《新舊唐書合鈔》、《直齋書錄解題》、《四庫全書總目提要》均未著錄。

50. 干寶《晉書》（首見裴松之《三國志注》頁287）

《隋書‧經籍志》無著錄，《新舊唐書合鈔》著錄二十二卷，而《直齋書錄解題》、《四庫全書總目提要》亦無著錄。

51. 皇甫謐《列女傳》（首見裴松之《三國志注》頁293）

《隋書‧經籍志》、《新舊唐書合鈔》著錄六卷，《直齋書錄解題》、《四庫全書總目提要》無著錄。

52. 孫盛《雜語》（首見裴松之《三國志注》頁302）

案：孫盛《雜語》、《異同雜語》應同為一書。﹝註24﹞

《隋書‧經籍志》、《新舊唐書合鈔》、《直齋書錄解題》、《四庫全書總目提要》

﹝註22﹞見《隋書‧卷三十三‧經籍二》，同註10，頁964。
﹝註23﹞見沈炳震《新舊唐書合鈔‧卷七十三‧經籍志》，同註4，頁1104。
﹝註24﹞參見註7。

均未著錄。

53. 荀綽《冀州記》（首見裴松之《三國志注》頁 305）
《隋書・經籍志》、《新舊唐書合鈔》、《直齋書錄解題》、《四庫全書總目提要》
均未著錄。

54. 張衡《文士傳》（首見裴松之《三國志注》頁 312）
《隋書・經籍志》、《新舊唐書合鈔》、《直齋書錄解題》、《四庫全書總目提要》
均未著錄。

55. 何劭《荀粲傳》（首見裴松之《三國志注》頁 319）
《隋書・經籍志》、《新舊唐書合鈔》、《直齋書錄解題》、《四庫全書總目提要》
均未著錄。

56. 荀綽《九州記》（首見裴松之《三國志注》頁 336）
《隋書・經籍志》、《新舊唐書合鈔》、《直齋書錄解題》、《四庫全書總目提要》
均未著錄。

57. 杜恕《家戒》（首見裴松之《三國志注》頁 354）
《隋書・經籍志》、《新舊唐書合鈔》、《直齋書錄解題》、《四庫全書總目提要》
均未著錄。

58. 皇甫謐《高士傳》（首見裴松之《三國志注》頁 355）
《隋書・經籍志》著錄六卷，《新舊唐書合鈔》著錄七卷，而《直齋書錄解題》
更著錄十卷，《四庫全書總目提要・卷五十七・史部十三・傳記類一》則僅著
錄三卷。

59. 左思《魏都賦》（首見裴松之《三國志注》頁 360）
案：左思撰有《魏都賦》、《蜀都賦》、《吳都賦》，合稱《三都賦》。
又案：《隋書・卷三十五・經籍四》有「《五都賦》六卷，張衡及左思撰」，
雖無單獨著錄左思《三都賦》，然於「《雜賦注本》三卷」下有言「晉懷令衛
權注左思《三都賦》三卷」〔註25〕，可知左思撰有《魏都賦》、《蜀都賦》、《吳
都賦》三都賦，但附於《五都賦》六卷之中，而《新舊唐書合鈔》則另又載
有「《三都賦》三卷」〔註26〕。
《新舊唐書合鈔》僅著錄五卷，《直齋書錄解題》、《四庫全書總目提要》無著錄。

〔註25〕見《隋書・卷三十五・經籍四》，同註 10，頁 1083。
〔註26〕見沈炳震《新舊唐書合鈔・卷七十三・經籍志》，同註 4，頁 1139。

60. 陸氏《異林》（首見裴松之《三國志注》頁 396）

《隋書・經籍志》、《新舊唐書合鈔》、《直齋書錄解題》、《四庫全書總目提要》
均未著錄。

61. 華嶠《譜敘》（首見裴松之《三國志注》頁 402）

《隋書・經籍志》、《新舊唐書合鈔》、《直齋書錄解題》、《四庫全書總目提要》
均未著錄。

62. 何晏《論語集解》（首見裴松之《三國志注》頁 420）

《隋書・經籍志》、《新舊唐書合鈔》、《直齋書錄解題》均著錄十卷。

《四庫全書總目提要・卷三十五・經部三十五・四書類一》：「《論語義疏》十
卷，浙江巡撫採進本，魏何晏註，梁皇侃疏。」〔註27〕

《四庫全書總目提要・卷三十五・經部三十五・四書類一》：「《論語正義》二
十卷，內府藏本，魏何晏註，宋邢昺疏。」〔註28〕

63. 晉武帝《中經簿》（首見裴松之《三國志注》頁 420）

《隋書・經籍志》、《新舊唐書合鈔》、《直齋書錄解題》、《四庫全書總目提要》
均未著錄。

64. 何劭《王弼傳》（首見裴松之《三國志注》頁 449）

《隋書・經籍志》、《新舊唐書合鈔》、《直齋書錄解題》、《四庫全書總目提要》
均未著錄。

65. 蔣濟《立郊議》（首見裴松之《三國志注》頁 455）

案：《隋書・經籍志》作「《郊丘議》三卷，蔣濟撰」，實同為一書。

《新舊唐書合鈔》、《直齋書錄解題》、《四庫全書總目提要》均無著錄。

66. 魏武帝《家傳》（首見裴松之《三國志注》頁 455）

《隋書・經籍志》、《新舊唐書合鈔》、《直齋書錄解題》、《四庫全書總目提要》
均未著錄。

67. 山濤《啟事》（首見裴松之《三國志注》頁 493）

案：《隋書・經籍志》有「《山公啟事》三卷，山濤撰」，《新舊唐書合鈔》作「《山
濤啟事》三卷」〔註29〕，皆同。

〔註27〕 見《四庫全書總目提要・卷三十五・經部三十五・四書類一》永瑢等編撰：《四庫全
書總目提要》（臺北：臺灣商務印書館，民國 22 年 7 月初版），頁 712。

〔註28〕 同前註，頁 714。

〔註29〕 見沈炳震《新舊唐書合鈔・卷七十三・經籍志》，同註4，頁 1139。

《直齋書錄解題》、《四庫全書總目提要》無著錄。

68. **韋昭《國語注》**（首見裴松之《三國志注》頁 498）

《隋書・經籍志》著錄二十二卷，《新舊唐書合鈔》、《直齋書錄解題》均僅著錄二十一卷。

《四庫全書總目提要》載「《國語》二十一卷，戶部員外郎章銓家藏本，吳韋昭注」〔註30〕，然收於《四庫全書總目提要・卷五十一・史部七・雜史類》，非歸類在經部。

69. **荀綽《兗州記》**（首見裴松之《三國志注》頁 508）

《隋書・經籍志》、《新舊唐書合鈔》、《直齋書錄解題》、《四庫全書總目提要》均未著錄。

70. **王隱《蜀記》**（首見裴松之《三國志注》頁 547）

《隋書・經籍志》無著錄，《新舊唐書合鈔》著錄七卷，《直齋書錄解題》、《四庫全書總目提要》亦無著錄。

71. **陰澹《魏紀》**（首見裴松之《三國志注》頁 558）

《隋書・經籍志》、《新舊唐書合鈔》著錄十二卷，《直齋書錄解題》、《四庫全書總目提要》均無著錄。

72. **王象《皇覽》**（首見裴松之《三國志注》頁 560）

案：裴松之注《三國志・卷十九・任城陳蕭王傳第十九》：「田巴事出魯連子，亦見皇覽，文多故不載。」〔註31〕雖無註明《皇覽》作者，然《三國志・卷二・文帝紀第二》：「初，帝好文學，以著述爲務，自所勒成垂百篇。又使諸儒撰集經傳，隨類相從，凡千餘篇，號曰皇覽。」〔註32〕且裴松之於注《三國志・卷二十三・和常楊杜趙裴傳第二十三》時又引《魏略》云：「王象字羲伯。……魏有天下，拜象散騎侍郎，遷爲常侍，封列侯。受詔撰皇覽，使象領祕書監。」〔註33〕由此可知，《皇覽》係魏文帝下詔編集，王象等儒士所撰成，而《隋書・經籍志》有「《皇覽》一百二十卷，繆襲等撰」，以爲其書乃繆襲等人所撰，《新舊唐書合鈔》中又記載「何承天并合」〔註34〕，於

〔註30〕見《四庫全書總目提要・卷五十一・史部七・雜史類》，同註27，頁1124。
〔註31〕見裴松之注《三國志・卷十九・任城陳蕭王傳第十九》，同註5，頁560。
〔註32〕見《三國志・卷二・文帝紀第二》，同前註，頁88
〔註33〕見裴松之注《三國志・卷二十三・和常楊杜趙裴傳第二十三》引《魏略》，同前註，頁664。
〔註34〕見沈炳震《新舊唐書合鈔・卷七十三・經籍志》，同註4，頁1124。

此知編集《皇覽》的工作，繆襲、何承天等人當時亦有參與。

《新舊唐書合鈔》著錄一百二十二卷，而《直齋書錄解題》、《四庫全書總目提要》均已無著錄。

73. **劉向《說苑》**（首見裴松之《三國志注》頁 568）

《隋書·經籍志》著錄二十卷，《新舊唐書合鈔》著錄三十卷，《直齋書錄解題》無著錄，《四庫全書總目提要》則亦著錄二十卷。

74. **張騭《文士傳》**（首見裴松之《三國志注》頁 598）

案：此引《文士傳》雖無註明作者名氏，然從裴松之於援用《文士傳》記載後的案語處，言「以此知張騭假偽之辭，而不覺其虛之自露也」〔註35〕，可知其書作者為張騭。

《隋書·經籍志》、《新舊唐書合鈔》著錄五十卷，《直齋書錄解題》、《四庫全書總目提要》均無著錄。

75. **摯虞《決疑要注》**（首見裴松之《三國志注》頁 599）

《隋書·經籍志》、《新舊唐書合鈔》著錄 一卷，《直齋書錄解題》、《四庫全書總目提要》均無著錄。

76. **虞預《晉書》**（首見裴松之《三國志注》頁 605）

案：本四十四卷，訖明帝，今殘缺。〔註36〕

《隋書·經籍志》著錄二十六卷，《新舊唐書合鈔》著錄五十八卷，《直齋書錄解題》、《四庫全書總目提要》均無著錄。

77. **劉向《新序》**（首見裴松之《三國志注》頁 614）

《隋書·經籍志》、《新舊唐書合鈔》著錄三十卷，《直齋書錄解題》、《四庫全書總目提要》均僅著錄十卷。

78. **繆襲《昌言表》**（首見裴松之《三國志注》頁 620）

《隋書·經籍志》、《新舊唐書合鈔》、《直齋書錄解題》、《四庫全書總目提要》均未著錄。

79. **左思《吳都賦》**（首見裴松之《三國志注》頁 649）

案：左思撰有《魏都賦》、《蜀都賦》、《吳都賦》，合稱《三都賦》。

又案：《隋書·卷三十五·經籍四》有「《五都賦》六卷，張衡及左思撰」，雖

〔註35〕見裴松之注《三國志·卷二十一·王衛二劉傳第二十一》，同註5，頁599。
〔註36〕見《隋書·卷三十三·經籍二》，同註10，頁955。

無單獨著錄左思《三都賦》，然於「《雜賦注本》三卷」下有言「晉懷令衛權注左思《三都賦》三卷」〔註37〕，可知左思撰有《魏都賦》、《蜀都賦》、《吳都賦》三都賦，但附於《五都賦》六卷之中，而《新舊唐書合鈔》則另又載有「《三都賦》三卷」〔註38〕。

《新舊唐書合鈔》僅著錄五卷，《直齋書錄解題》、《四庫全書總目提要》無著錄。

80. **夏侯湛《辛憲英傳》**（首見裴松之《三國志注》頁699）

《隋書・經籍志》、《新舊唐書合鈔》、《直齋書錄解題》、《四庫全書總目提要》均未著錄。

81. **應璩《書林》**（首見裴松之《三國志注》頁719）

《隋書・經籍志》著錄十卷，《新舊唐書合鈔》、《直齋書錄解題》、《四庫全書總目提要》皆無著錄。

82. **鍾會《鍾會母傳》**（首見裴松之《三國志注》頁784）

《隋書・經籍志》、《新舊唐書合鈔》、《直齋書錄解題》、《四庫全書總目提要》均未著錄。

83. **司馬遷《史記》**（首見裴松之《三國志注》頁797）

《隋書・經籍志》、《新舊唐書合鈔》、《直齋書錄解題》、《四庫全書總目提要》均著錄一百三十卷。

案：《四庫全書總目提要》除著錄司馬遷《史記》一百三十卷外，尚分別收有宋裴駰撰《史記集解》一百三十卷、唐司馬貞撰《史記索隱》三十卷、唐張守節撰《史記正義》一百三十卷，即「史記三家注」。

84. **東阿王《辯道論》**（首見裴松之《三國志注》頁805）

《隋書・經籍志》、《新舊唐書合鈔》、《直齋書錄解題》、《四庫全書總目提要》均未著錄。

案：東阿王《辯道論》雖無著錄於《隋書》之中，但根據明代張溥《漢魏六朝百三名家集》有〈辯道論〉一文收於《陳思王集》〔註39〕，對照《隋書・經籍志》則有《陳思王曹植集》三十卷，可知當時猶有此著。

85. **傅玄《馬先生序》**（首見裴松之《三國志注》頁807）

案：「馬先生」指馬鈞。

〔註37〕見《隋書・卷三十五・經籍四》，同註10，頁1083。
〔註38〕見沈炳震《新舊唐書合鈔・卷七十三・經籍志》，同註4，頁1139。
〔註39〕見《漢魏六朝百三名家集・陳思王集》，同註21，頁1094。

《隋書・經籍志》、《新舊唐書合鈔》、《直齋書錄解題》、《四庫全書總目提要》均未著錄。

案：傅玄《馬先生序》雖無著錄於《隋書》之中，但根據明代張溥《漢魏六朝百三名家集》有〈贈扶風馬鈞序〉一文收於《傅鶉觚集》〔註 40〕，對照《隋書・經籍志》則有《傅玄集》十五卷，可知當時猶有此著。

86. 管辰《輅別傳》（首見裴松之《三國志注》頁 811）

案：此即《管輅別傳》，裴松之注《三國志・卷二十九・方技傳第二十九》：「辰撰輅傳。」〔註 41〕又曰：「辰所載纔十一二耳。」〔註 42〕且陳壽《三國志・卷二十九・方技傳第二十九》稱「弟辰謂輅曰」〔註 43〕，可知辰為管輅之弟，由此推知《管輅別傳》的作者係管辰。

《隋書・經籍志》著錄三卷，《新舊唐書合鈔》僅著錄二卷，《直齋書錄解題》、《四庫全書總目提要》無著錄。

87. 陳壽《益部耆舊傳》（首見裴松之《三國志注》頁 866）

案：陳壽《三國志・卷四十二・杜周杜許孟來尹李譙郤傳第十二》：「時又有漢中陳術，字申伯，亦博學多聞，著釋問七篇、益部耆舊傳及志，位歷三郡太守。」〔註 44〕

又案：《三國志》以為《益部耆舊傳》乃陳術所著，裴松之《三國志注》引作陳壽，《隋書》則以為作者係陳長壽，未知是否同為一人、一書。

《隋書・經籍志》、《新舊唐書合鈔》著錄十四卷，《直齋書錄解題》、《四庫全書總目提要》無著錄。

88. 譙周《蜀本紀》（首見裴松之《三國志注》頁 889）

《隋書・經籍志》、《新舊唐書合鈔》、《直齋書錄解題》、《四庫全書總目提要》均未著錄。

89. 葛洪《神仙傳》（首見裴松之《三國志注》頁 891）

《隋書・經籍志》、《新舊唐書合鈔》著錄十卷，《直齋書錄解題》無著錄，《四庫全書總目提要》亦收有十卷，然歸類於《四庫全書總目提要・卷一百四十六・子部五十六・道家類》。

〔註 40〕見《漢魏六朝百三名家集・傅鶉觚集》，同註 21，頁 1535。
〔註 41〕見裴松之注《三國志・卷二十九・方技傳第二十九》，同註 5，頁 828。
〔註 42〕同前註。
〔註 43〕同前註，頁 826。
〔註 44〕見《三國志・卷四十二・杜周杜許孟來尹李譙郤傳第十二》，同前註，頁 1027。

90. **孫盛《蜀世譜》**（首見裴松之《三國志注》頁 906）

《隋書・經籍志》、《新舊唐書合鈔》、《直齋書錄解題》、《四庫全書總目提要》均未著錄。

91. **張儼《默記》**（首見裴松之《三國志注》頁 924）

案：《隋書》未著錄此書，僅於「《傅子》百二十卷」下載「《默記》三卷，吳大鴻臚張儼撰」〔註45〕，知其書於時已亡佚。

《新舊唐書合鈔》亦著錄三卷，《直齋書錄解題》、《四庫全書總目提要》無著錄。

92. **孫盛《異同記》**（首見裴松之《三國志注》頁 933）

案：僅於《三國志・卷三十五・諸葛亮傳第五》中徵引，未知是否與《雜記》、《異同評》、《異同雜語》同為一書，故仍將《雜記》、《異同評》、《異同雜語》諸書分別羅列。

《隋書・經籍志》、《新舊唐書合鈔》、《直齋書錄解題》、《四庫全書總目提要》均未著錄。

93. **張勃《吳錄》**（首見裴松之《三國志注》頁 954）

案：《隋書・卷三十三・經籍二》未著錄此書，僅於「《吳紀》九卷」下記載「晉有張勃《吳錄》三十卷，亡」〔註46〕，可知其書於時已佚，然《舊唐書》與《新唐書》卻仍有著錄。

《直齋書錄解題》、《四庫全書總目提要》無著錄。

94. **蔣濟《萬機論》**（首見裴松之《三國志注》頁 954）

案：《隋書・經籍志》作「《蔣子萬機論》八卷，蔣濟撰」，同。

《新舊唐書合鈔》亦著錄八卷，《直齋書錄解題》僅著錄二卷，《四庫全書總目提要》無著錄。

95. **劉向《七略》**（首見裴松之《三國志注》頁 974）

《隋書・經籍志》、《新舊唐書合鈔》著錄二十卷，《直齋書錄解題》、《四庫全書總目提要》無著錄。

96. **左思《蜀都賦》**（首見裴松之《三國志注》頁 975）

案：左思撰有《魏都賦》、《蜀都賦》、《吳都賦》，合稱《三都賦》。

又案：《隋書・卷三十五・經籍四》有「《五都賦》六卷，張衡及左思撰」，雖無單獨著錄左思《三都賦》，然於「《雜賦注本》三卷」下有言「晉懷令衛

〔註45〕 見《隋書・卷三十四・經籍三》，同註 10，頁 1006。
〔註46〕 見《隋書・卷三十三・經籍二》，同前註，頁 955。

權注左思《三都賦》三卷」〔註47〕，可知左思撰有《魏都賦》、《蜀都賦》、《吳都賦》三都賦，但附於《五都賦》六卷之中，而《新舊唐書合鈔》則另又載有「《三都賦》三卷」〔註48〕。

《新舊唐書合鈔》僅著錄五卷，《直齋書錄解題》、《四庫全書總目提要》無著錄。

97. 揚雄《方言》（首見裴松之《三國志注》頁996）

《隋書・經籍志》、《新舊唐書合鈔》著錄十三卷，《直齋書錄解題》著錄十四卷，《四庫全書總目提要》則亦著錄十三卷。

98. 郭璞《方言注》（首見裴松之《三國志注》頁996）

《隋書・經籍志》著錄十三卷，《新舊唐書合鈔》無著錄，而《直齋書錄解題》著錄十四卷，《四庫全書總目提要》則僅著錄十三卷。

99. 蘇林《漢書音義》（首見裴松之《三國志注》頁1001）

《隋書・經籍志》、《新舊唐書合鈔》、《直齋書錄解題》、《四庫全書總目提要》均未著錄。

100. 傅暢《裴氏家記》（首見裴松之《三國志注》頁1024）

《隋書・經籍志》、《新舊唐書合鈔》無著錄。

案：《新舊唐書合鈔》另載有「《裴氏家記》三卷，裴松之撰」〔註49〕。

《直齋書錄解題》、《四庫全書總目提要》亦無著錄。

101. 華嶠《後漢書》（首見裴松之《三國志注》頁1025）

《隋書・經籍志》、《新舊唐書合鈔》、《直齋書錄解題》、《四庫全書總目提要》均未著錄。

102. 桓譚《新論》（首見裴松之《三國志注》頁1040）

案：《隋書・經籍志》作「《桓子新論》十七卷，桓譚撰」，同為一書。

《隋書・經籍志》、《新舊唐書合鈔》著錄十七卷，《直齋書錄解題》、《四庫全書總目提要》無著錄。

103. 殷基《通語》（首見裴松之《三國志注》頁1062）

《隋書・經籍志》、《新舊唐書合鈔》、《直齋書錄解題》、《四庫全書總目提要》均未著錄。

〔註47〕見《隋書・卷三十五・經籍四》，同註10，頁1083。
〔註48〕見沈炳震《新舊唐書合鈔・卷七十三・經籍志》，同註4，頁1139。
〔註49〕同前註，頁1105。

104. 虞喜《志林》（首見裴松之《三國志注》頁 1099）

案：《隋書・經籍志》作「《志林新書》三十卷，虞喜撰」，同。

《隋書・經籍志》著錄三十卷，《新舊唐書合鈔》僅著錄二十卷，《直齋書錄解題》、《四庫全書總目提要》無著錄。

105. 王範《交廣二州春秋》（首見裴松之《三國志注》頁 1110）

《隋書・經籍志》無著錄，《新舊唐書合鈔》著錄一卷。

案：《新舊唐書合鈔》作「《交廣二州記》一卷」〔註 50〕。

《直齋書錄解題》、《四庫全書總目提要》亦無著錄。

106. 庾闡《揚都賦注》（首見裴松之《三國志注》頁 1148）

《隋書・經籍志》、《新舊唐書合鈔》、《直齋書錄解題》、《四庫全書總目提要》均未著錄。

107. 馬融《尚書注》（首見裴松之《三國志注》頁 1149）

《隋書・經籍志》著錄十一卷，《新舊唐書合鈔》僅著錄十卷，《直齋書錄解題》則收有十三卷。

108. 葛洪《抱朴子》（首見裴松之《三國志注》頁 1162）

案：《隋書・經籍志》收有「《抱朴子內篇》二十一卷，葛洪撰」與「《抱朴子外篇》二十一卷，葛洪撰」，分別著錄於「道家」及「雜家」類中。

《新舊唐書合鈔》僅著錄《抱朴子內篇》十卷、《抱朴子外篇》二十卷，而《直齋書錄解題》亦只著錄《抱朴子內篇》二十卷、《抱朴子外篇》則有五十卷。

案：《直齋書錄解題》：「館閣書目有外篇五十卷。」〔註 51〕

《四庫全書總目提要・卷一百四十六・子部五十六・道家類》：「《抱朴子內外篇》八卷，江蘇巡撫採進本，晉葛洪撰。」〔註 52〕

109. 陸機《顧譚傳》（首見裴松之《三國志注》頁 1231）

《隋書・經籍志》、《新舊唐書合鈔》、《直齋書錄解題》、《四庫全書總目提要》均未著錄。

案：陸機《顧譚傳》雖無著錄於《隋書》之中，但根據明代張溥《漢魏六朝百三名家集》有〈顧譚傳〉收於《陸平原集》〔註 53〕，對照《隋書・經籍志》則

〔註 50〕見沈炳震《新舊唐書合鈔・卷七十三・經籍志》，同註 4，頁 1107。
〔註 51〕見《直齋書錄解題》，同註 8，頁 281。
〔註 52〕見《四庫全書總目提要・卷一百四十六・子部五十六・道家類》，同註 27，頁 3050。
〔註 53〕見《漢魏六朝百三名家集・陸平原集》，同註 21，頁 1931。

有《陸機集》十四卷，可知當時猶有此著。

110. 環氏《吳紀》（首見裴松之《三國志注》頁 1247）

案：《隋書・經籍志》載「《吳紀》九卷，環濟撰」，裴松之《三國志注》僅
稱「環氏《吳紀》」，由此可知環氏即環濟。

《隋書・經籍志》著錄九卷，《新舊唐書合鈔》著錄十卷，而《直齋書錄解題》、
《四庫全書總目提要》均無著錄。

111. 陸機《陸遜銘》（首見裴松之《三國志注》頁 1349）

《隋書・經籍志》、《新舊唐書合鈔》、《直齋書錄解題》、《四庫全書總目提要》
均未著錄。

112. 王隱《交廣記》（首見裴松之《三國志注》頁 1385）

《隋書・經籍志》、《新舊唐書合鈔》、《直齋書錄解題》、《四庫全書總目提要》
均未著錄。

以上引書共計一百一十二部，事實上裴松之引書眾多，在具備作者、書名等詳細資
料的情況下，必然有助於後世史料、書目等考佚、編寫的工作，而此類既佔裴松之
《三國志注》引書的最大部分，可知裴松之對於注文補充，以及參考書目考證，確
實抱持著仔細謹慎的態度。

二、作者雖不書，猶知其著

除開作者、書名皆有註明的材料，在僅標有書名的引書中，尚可把「雖沒有註
明作者，卻仍知其書」的一類獨立，這一部份包括魏晉以前的學術經典，通常指十
三經和諸子學說，另一部份則是文學總集與別集，而以個人作品集為主，依照裴松
之徵引的順序可編次如下：

113. 《超集》（首見裴松之《三國志注》頁 7）

案：「超」指張超，此即《張超集》。

又案：《隋書・卷三十五・經籍四》於「後漢太山太守《應劭集》二卷」下載
「又有別部司馬《張超集》五卷，亡」〔註54〕，而《新舊唐書合鈔》作「《張
邵集》五卷」〔註55〕，誤，應正。

《直齋書錄解題》、《四庫全書總目提要》無著錄。

114. 《三蒼》（首見裴松之《三國志注》頁 22）

〔註54〕見《隋書・卷三十五・經籍四》，同註 10，頁 1058。
〔註55〕見沈炳震《新舊唐書合鈔・卷七十三・經籍志》，同註 4，頁 1130。

案：秦相李斯作蒼頡篇，漢揚雄作訓纂篇，後漢郎中賈魴作滂喜篇，故曰三蒼。梁有蒼頡二卷，後漢司空杜林注，亡。〔註56〕

《隋書・經籍志》、《新舊唐書合鈔》著錄三卷，《直齋書錄解題》、《四庫全書總目提要》無著錄。

115. 《公羊傳》（首見裴松之《三國志注》頁40）

案：《隋書・經籍志》收有「《春秋公羊傳》十二卷，嚴彭祖撰」、「梁有《春秋公羊傳》十二卷，晉河南太守高龍注」，及「《春秋公羊傳》十四卷，孔衍集解」三本〔註57〕，未知裴松之《三國志注》引用所指何書。

《直齋書錄解題》僅錄十二卷。

《四庫全書總目提要・卷二十六・經部二十六・春秋類一》：「《春秋公羊傳注疏》二十八卷，內府藏本，漢公羊壽傳，何休解詁，唐徐彥疏。」〔註58〕

116. 《左氏傳》（首見裴松之《三國志注》頁40）

案：裴松之《三國志注》僅載「《左氏傳》」，而無著錄作者，觀《隋書・經籍志》收《春秋左氏傳》則共有「《春秋左氏傳》三十卷，王肅注」、「《春秋左氏傳》三十卷，董遇章句」，以及「《春秋左氏傳》十二卷，魏司徒王朗撰」三書〔註59〕，未知裴松之引用何本。

《四庫全書總目提要・卷二十六・經部二十六・春秋類一》：「《春秋左傳正義》六十卷，內府藏本，周左丘明傳，晉杜預注，唐孔穎達疏。」〔註60〕

117. 《詩》（首見裴松之《三國志注》頁40）

《隋書・經籍志》、《新舊唐書合鈔》、《直齋書錄解題》均著錄二十卷，《四庫全書總目提要》則收有《毛詩正義》四十卷。

118. 《尚書》（首見裴松之《三國志注》頁40）

案：裴松之注《三國志・卷一・武帝紀第一》所引〈文侯之命〉、〈鴻範〉、〈盤庚〉、〈君奭〉，皆為《尚書》篇名。〔註61〕

《隋書・經籍志》、《新舊唐書合鈔》著錄十一卷，《直齋書錄解題》則著錄十二卷。

〔註56〕見《隋書・卷三十二・經籍一》，同註10，頁942。
〔註57〕見《隋書・卷三十二・經籍一》，同前註，頁930。
〔註58〕見《四庫全書總目提要・卷二十六・經部二十六・春秋類一》，同註27，頁517。
〔註59〕見《隋書・卷三十二・經籍一》，同註10，頁928。
〔註60〕見《四庫全書總目提要・卷二十六・經部二十六・春秋類一》，同註27，頁515。
〔註61〕見裴松之注《三國志・卷一・武帝紀第一》，同註5，頁40。

《四庫全書總目提要・卷十一・經部十一・書類一》：「《尚書正義》二十卷，內府藏本，舊本題漢孔安國傳，其書至晉豫章內史梅賾，始奏於朝，唐貞觀十六年，孔穎達等爲之疏，永徽四年，長孫無忌等又加刊定。」〔註62〕

119. 《國語》（首見裴松之《三國志注》頁40）

《隋書・經籍志》收有「《春秋外傳國語》二十二卷」，《新舊唐書合鈔》僅著錄二十卷，《直齋書錄解題》亦只著錄二十一卷。

120. 《管子》（首見裴松之《三國志注》頁60）

案：《隋書・經籍志》載「《管子》十九卷，管夷吾撰」，以爲《管子》作者係管夷吾。

《新舊唐書合鈔》僅著錄十八卷，《直齋書錄解題》、《四庫全書總目提要》則著錄二十四卷。

121. 《漢書》（首見裴松之《三國志注》頁61）

《隋書・經籍志》、《新舊唐書合鈔》著錄一百一十五卷，《直齋書錄解題》僅錄一百卷，《四庫全書總目提要》則收有內府刊本的班固《漢書》一百二十卷。

122. 《呂氏春秋》（首見裴松之《三國志注》頁82）

案：《呂氏春秋》二十六卷，呂不韋撰。

《隋書・經籍志》、《新舊唐書合鈔》、《直齋書錄解題》、《四庫全書總目提要》均著錄二十六卷。

123. 《禮記》（首見裴松之《三國志注》頁108）

《隋書・經籍志》、《新舊唐書合鈔》、《直齋書錄解題》均著錄二十卷。

《四庫全書總目提要》僅收有漢代戴德所撰的《大戴禮記》十三卷，而不見戴聖《小戴禮記》記載。

124. 《周禮》（首見裴松之《三國志注》頁108）

《隋書・經籍志》、《新舊唐書合鈔》、《直齋書錄解題》均著錄十二卷，而《四庫全書總目提要》則收有《周禮注疏》四十二卷。

125. 《帝集》（首見裴松之《三國志注》頁138）

案：「帝」指高貴鄉公曹髦。

又案：《隋書・卷三十五・經籍四》有「《魏明帝集》七卷，梁五卷，或九卷，

〔註62〕見《四庫全書總目提要・卷十一・經部十一・書類一》，同註27，頁218。

錄一卷。梁又有《高貴鄉公集》四卷，亡」〔註63〕。

《新舊唐書合鈔》僅著錄二卷，《直齋書錄解題》、《四庫全書總目提要》無著錄。

126. 《融集》（首見裴松之《三國志注》頁345）

案：此即《孔融集》。

《隋書·經籍志》著錄九卷，《新舊唐書合鈔》著錄十卷，《直齋書錄解題》無著錄，而《四庫全書總目提要·卷一百四十八·集部一·別集類一》則收有編修朱筠家藏本《孔北海集》一卷。

127. 《莊子》（首見裴松之《三國志注》頁366）

《隋書·經籍志》著錄二十卷，《新舊唐書合鈔》、《直齋書錄解題》僅著錄十卷。

《四庫全書總目提要·卷一百四十六·子部五十六·道家類》：「《莊子註》十卷，江蘇巡撫採進本，晉郭象撰。」〔註64〕

128. 《王朗集》（首見裴松之《三國志注》頁411）

《隋書·經籍志》著錄三十四卷，《新舊唐書合鈔》僅著錄三十卷，《直齋書錄解題》、《四庫全書總目提要》無著錄。

129. 《康集目錄》（首見裴松之《三國志注》頁606）

案：《隋書·經籍志》有「《嵇康集》十三卷」，裴松之《三國志注》所徵引的《康集目錄》應包含於此，即《嵇康集·目錄》；《直齋書錄解題》與《四庫全書總目提要》皆載作「《嵇中散集》」。

《新舊唐書合鈔》著錄十五卷，《直齋書錄解題》、《四庫全書總目提要》則均僅著錄十卷。

130. 《濤行狀》（首見裴松之《三國志注》頁607）

案：「濤」指「山濤」，故《濤行狀》即「山濤《行狀》」。

《隋書·經籍志》、《新舊唐書合鈔》、《直齋書錄解題》、《四庫全書總目提要》均未著錄。

131. 《戰國策》（首見裴松之《三國志注》頁615）

案：《戰國策》，漢代劉向錄。

《隋書·經籍志》、《新舊唐書合鈔》著錄三十二卷，《直齋書錄解題》僅錄三

〔註63〕 見《隋書·卷三十五·經籍四》，同註10，頁1059。
〔註64〕 見《四庫全書總目提要·卷一百四十六·子部五十六·道家類》，同註27，頁3039。

十卷。

《四庫全書總目提要·卷五十一·史部七·雜史類》：「《戰國策注》三十三
卷，衍聖公孔昭煥家藏本，舊本題漢高誘注，今考其書，實宋姚宏校本也。」
〔註65〕

132.　**《傅咸集》**（首見裴松之《三國志注》頁649）

《隋書·經籍志》著錄十七卷，《新舊唐書合鈔》著錄三十卷，《直齋書錄解
題》、《四庫全書總目提要》無著錄。

133.　**《春秋傳》**（首見裴松之《三國志注》頁678）

《隋書·經籍志》、《新舊唐書合鈔》著錄十一卷，《直齋書錄解題》僅著錄一
卷，《四庫全書總目提要》無著錄。

134.　**《潘岳集》**（首見裴松之《三國志注》頁728）

《隋書·經籍志》、《新舊唐書合鈔》著錄十卷，《直齋書錄解題》、《四庫全書
總目提要》無著錄。

135.　**《孫子兵法》**（首見裴松之《三國志注》頁744）

案：《隋書·經籍志》有「《孫子兵法》二卷，孫武撰」。

《新舊唐書合鈔》著錄十一卷，《直齋書錄解題》著錄三卷，《四庫全書總目提
要》則僅收有一卷。

136.　**《易》**（首見裴松之《三國志注》頁782）

《隋書·經籍志》、《新舊唐書合鈔》、《直齋書錄解題》均錄有十卷。

《四庫全書總目提要·卷一·經部一·易類一》：「《周易註》十卷，浙江巡撫
採進本，上下經註及略例，魏王弼撰。」〔註66〕

137.　**《諸葛亮集》**（首見裴松之《三國志注》頁891）

《隋書·經籍志》著錄二十五卷，《新舊唐書合鈔》僅著錄二十四卷，《直齋
書錄解題》無著錄。

《四庫全書總目提要·卷一百七十四·集部二十七·別集類存目一》：「《諸葛
丞相集》四卷，內府藏本，國朝朱璘編。」〔註67〕

138.　**《曹公集》**（首見裴松之《三國志注》頁970）

〔註65〕見《四庫全書總目提要·卷五十一·史部七·雜史類》，同註27，頁1126。
〔註66〕見《四庫全書總目提要·卷一·經部一·易類一》，同前註，頁5。
〔註67〕見《四庫全書總目提要·卷一百七十四·集部二十七·別集類存目一》，同前註，頁
3728。

《隋書·經籍志》、《新舊唐書合鈔》、《直齋書錄解題》、《四庫全書總目提要》
均未著錄。

139. 《論語》（首見裴松之《三國志注》頁 974）

《隋書·經籍志》、《新舊唐書合鈔》、《直齋書錄解題》均著錄十卷。

《四庫全書總目提要》無另著錄，僅載《論語義疏》、《論語正義》二書。

140. 《淮南子》（首見裴松之《三國志注》頁 1038）

案：《淮南子》二十一卷，劉安撰。

《隋書·經籍志》、《新舊唐書合鈔》、《直齋書錄解題》、《四庫全書總目提要》
均著錄二十一卷。

141. 《越絕書》（首見裴松之《三國志注》頁 1039）

案：《隋書·經籍志》作「《越絕記》十六卷，子貢撰」，《越絕記》與《越絕書》
同為一書，至於《隋書》言作者為子貢，歷來爭議頗多，陳振孫即否認《越絕
書》為子貢所撰。

《直齋書錄解題》：「《越絕書》十六卷，無撰人名氏，相傳以為子貢者，非
也。」〔註68〕

《四庫全書總目提要·卷六十六·史部二十二·載記類》：「《越絕書》十五卷，
兵部侍郎紀昀家藏本，不著撰人名氏。」〔註69〕

142. 《姚信集》（首見裴松之《三國志注》頁 1329）

案：《隋書·卷三十五·經籍四》於「吳選曹尚書《暨豔集》二卷」下，載「又
有《姚信集》二卷，錄一卷」〔註70〕。

《新舊唐書合鈔》著錄十卷，《直齋書錄解題》、《四庫全書總目提要》無著錄。

以上引書共計三十部，其中學術經典，含史書、子書共有十九部，文學總集與別集
則佔十一部，十九部學術經典除《漢書》外，其餘的十八部歷來學者並不列入《三
國志注》引用書目，而文學總集與別集，所編輯者雖未必即是作者本人，然裴松之
徵引書中內容殆作者本身思想無誤，故列於此類，以為識別。

三、作者未明，僅具書名

在裴松之《三國志注》豐富的引書材料中，亦有許多是只註明書名，而無作者

〔註68〕見陳振孫《直齋書錄解題》，同註8，頁136。
〔註69〕見《四庫全書總目提要·卷六十六·史部二十二·載記類》，同註27，頁1426。
〔註70〕見《隋書·卷三十五·經籍四》，同註10，頁1060。

姓氏的記載，範圍遍及野史、雜史、官制、傳記、小說、家傳、譜牒等類，足見裴松之材料採集的多樣化，依序可分列如下：

143. **《英雄記》**（首見裴松之《三國志注》頁 6）

案：「殘缺，梁有十卷」〔註71〕，裴松之《三國志注》僅稱「《英雄記》」，並未言作者名氏，然錢大昭《三國志辨疑》、逯耀東〈裴松之與三國志注研究〉等皆以為《英雄記》即王粲《漢末英雄記》，且《隋書·經籍志》、《舊唐書·經籍志》、《新唐書·藝文志》均只載有《漢末英雄記》，而皆無著錄《英雄記》，故推知裴松之《三國志注》中所引《英雄記》，應即是王粲《漢末英雄記》。

《隋書·經籍志》有王粲「《漢末英雄記》八卷」，《新舊唐書合鈔》著錄十卷，《直齋書錄解題》並無著錄，而《四庫全書總目提要·卷六十一·史部十七·傳記類存目三》則收有江蘇巡撫採進本王粲《漢末英雄記》一卷。

144. **《獻帝紀》**（首見裴松之《三國志注》頁 13）

案：《隋書·經籍志》有「《漢靈獻二帝紀》三卷，劉芳撰」〔註72〕，劉芳即是劉艾，裴松之《三國志注》所引《獻帝紀》應包含於此。

《新舊唐書合鈔》著錄六卷，《直齋書錄解題》、《四庫全書總目提要》無著錄。

145. **《魏武故事》**（首見裴松之《三國志注》頁 18）

《隋書·經籍志》、《新舊唐書合鈔》、《直齋書錄解題》均無著錄。

《四庫全書總目提要·卷一百四十二·子部五十二·小說家類三》：「《魏武故事》一卷，江蘇巡撫採進本，舊本題漢班固撰，然史不云固有此書，《隋志》著錄傳記類中，亦不云固作。」〔註73〕

146. **《獻帝起居注》**（首見裴松之《三國志注》頁 22）

《隋書·經籍志》、《新舊唐書合鈔》著錄五卷，《直齋書錄解題》、《四庫全書總目提要》無著錄。

147. **《褒賞令》**（首見裴松之《三國志注》頁 23）

《隋書·經籍志》、《新舊唐書合鈔》、《直齋書錄解題》、《四庫全書總目提要》均未著錄。

148. **《傅子》**（首見裴松之《三國志注》頁 26）

〔註71〕見《隋書·卷三十三·經籍二》，同註 10，頁 960。
〔註72〕見《隋書·卷三十三·經籍二》，同前註，頁 960。
〔註73〕見《四庫全書總目提要·卷一百四十二·子部五十二·小說家類三》，同註 27，頁 2942。

案：從《隋書‧經籍志》載「《傅子》一百二十卷，傅玄撰」，知作者為傅玄。《新舊唐書合鈔》亦著錄一百二十卷，《直齋書錄解題》無著錄，《四庫全書總目提要‧卷九十一‧子部一‧儒家類一》則收有一卷。

149. **《先賢行狀》**（首見裴松之《三國志注》頁 30）

《隋書‧經籍志》無著錄。

案：《新舊唐書合鈔》有「《海內先賢行狀》三卷，李氏撰」〔註 74〕，未知是否即為《先賢行狀》。

《直齋書錄解題》、《四庫全書總目提要》亦無著錄。

150. **《獻帝傳》**（首見裴松之《三國志注》頁 48）

《隋書‧經籍志》、《新舊唐書合鈔》、《直齋書錄解題》、《四庫全書總目提要》均未著錄。

151. **《三輔決錄注》**（首見裴松之《三國志注》頁 50）

案：裴松之《三國志注》引《三輔決錄注》記載「象同郡趙岐作三輔決錄，恐時人不盡其意，故隱其書，唯以示象」〔註 75〕，由此可知，《三輔決錄注》非趙岐所作，而《隋書‧經籍志》稱「《三輔決錄》七卷，漢太僕趙岐撰，摯虞注」〔註 76〕，故《三輔決錄注》的作者確為摯虞。

《隋書‧經籍志》、《新舊唐書合鈔》著錄七卷，《直齋書錄解題》、《四庫全書總目提要》無著錄。

152. **《魏末傳》**（首見裴松之《三國志注》頁 91）

案：《隋書‧卷三十三‧經籍二》於「《魏末傳》二卷」下稱「梁又有魏末傳并魏氏大事三卷，亡」〔註 77〕。

《新舊唐書合鈔》、《直齋書錄解題》、《四庫全書總目提要》皆無著錄。

153. **《魏名臣奏》**（首見裴松之《三國志注》頁 111）

案：《魏名臣奏》指的是「正始中詔撰群臣上書」；《隋書‧經籍志》有「《魏名臣奏事》四十卷，陳壽撰」，應同為一書。

《新舊唐書合鈔》僅著錄三十卷，《直齋書錄解題》、《四庫全書總目提要》無著錄。

〔註 74〕見沈炳震《新舊唐書合鈔‧卷七十三‧經籍志》，同註 4，頁 1096。
〔註 75〕見裴松之注《三國志‧卷十‧荀彧荀攸賈詡傳第十》，同註 5，頁 312。
〔註 76〕見《隋書‧卷三十三‧經籍二》，同註 10，頁 974。
〔註 77〕見《隋書‧卷三十三‧經籍二》，同前註，頁 960。

154.　《毌丘儉志記》（首見裴松之《三國志注》頁112）

　　《隋書・經籍志》、《新舊唐書合鈔》著錄三卷。

　　案：《隋書・經籍志》作「《毌丘儉記》三卷」，同；而《新舊唐書合鈔》則作「《母邱儉記》三卷」〔註78〕，誤，應正。

　　《直齋書錄解題》、《四庫全書總目提要》均無著錄。

155.　《異物志》（首見裴松之《三國志注》頁117）

　　案：《隋書・經籍志》稱「《異物志》一卷，楊孚撰」，《新舊唐書合鈔》則作「《交州異物志》一卷」〔註79〕。

　　《直齋書錄解題》、《四庫全書總目提要》均無著錄。

156.　《楚國先賢傳》（首見裴松之《三國志注》頁141）

　　案：從《隋書・經籍志》載「《楚國先賢傳贊》十二卷，張方撰」，知作者為張方。

　　《隋書・經籍志》、《新舊唐書合鈔》著錄十二卷，《直齋書錄解題》、《四庫全書總目提要》無著錄。

157.　《玄別傳》（首見裴松之《三國志注》頁142）

　　案：此即《鄭玄別傳》。

　　《隋書・經籍志》、《新舊唐書合鈔》、《直齋書錄解題》、《四庫全書總目提要》均未著錄。

158.　《漢末名士錄》（首見裴松之《三國志注》頁192）

　　《隋書・經籍志》、《新舊唐書合鈔》、《直齋書錄解題》、《四庫全書總目提要》均未著錄。

159.　《零陵先賢傳》（首見裴松之《三國志注》頁216）

　　《隋書・經籍志》、《新舊唐書合鈔》著錄一卷，《直齋書錄解題》、《四庫全書總目提要》無著錄。

160.　《諸王公傳》（首見裴松之《三國志注》頁293）

　　《隋書・經籍志》、《新舊唐書合鈔》、《直齋書錄解題》、《四庫全書總目提要》均未著錄。

161.　《平原禰衡傳》（首見裴松之《三國志注》頁311）

〔註78〕見沈炳震《新舊唐書合鈔・卷七十三・經籍志》，同註4，頁1098。
〔註79〕同前註，頁1107。

《隋書‧經籍志》、《新舊唐書合鈔》、《直齋書錄解題》、《四庫全書總目提要》均未著錄。

162. 《彧別傳》（首見裴松之《三國志注》頁 315）

案：此即《荀彧別傳》。

《隋書‧經籍志》、《新舊唐書合鈔》、《直齋書錄解題》、《四庫全書總目提要》均未著錄。

163. 《荀氏家傳》（首見裴松之《三國志注》頁 316）

《隋書‧經籍志》無著錄，《新舊唐書合鈔》著錄十卷，《直齋書錄解題》、《四庫全書總目提要》亦無著錄。

案：從《新舊唐書合鈔》知《荀氏家傳》爲荀伯子撰。

164. 《荀勖別傳》（首見裴松之《三國志注》頁 332）

《隋書‧經籍志》、《新舊唐書合鈔》、《直齋書錄解題》、《四庫全書總目提要》均未著錄。

165. 《袁氏世紀》（首見裴松之《三國志注》頁 334）

《隋書‧經籍志》、《新舊唐書合鈔》、《直齋書錄解題》、《四庫全書總目提要》均未著錄。

166. 《博物記》（首見裴松之《三國志注》頁 339）

《隋書‧經籍志》、《新舊唐書合鈔》、《直齋書錄解題》、《四庫全書總目提要》均未著錄。

167. 《原別傳》（首見裴松之《三國志注》頁 351）

案：此即《邴原別傳》。

《隋書‧經籍志》、《新舊唐書合鈔》、《直齋書錄解題》、《四庫全書總目提要》均未著錄。

168. 《庾氏譜》（首見裴松之《三國志注》頁 363）

《隋書‧經籍志》、《新舊唐書合鈔》、《直齋書錄解題》、《四庫全書總目提要》均未著錄。

169. 《百官志》（首見裴松之《三國志注》頁 390）

案：與《百官名》應是同書異名。

《隋書‧經籍志》、《新舊唐書合鈔》、《直齋書錄解題》、《四庫全書總目提要》均未著錄。

170. 《百官名》（首見裴松之《三國志注》頁 390）

案：即今之職員錄，裴松之《三國志注》中引用《百官名》、《百官志》、《晉百官名》、《晉百官表》、《武帝百官名》……等皆屬此類。

《隋書・經籍志》無著錄，《新舊唐書合鈔》著錄四十卷，而《直齋書錄解題》、《四庫全書總目提要》亦無著錄。

171. 《列異傳》（首見裴松之《三國志注》頁 405）

《隋書・經籍志》、《新舊唐書合鈔》著錄三卷。

案：《隋書・經籍志》稱作者為魏文帝曹丕，《新舊唐書合鈔》則以為「張華撰」〔註80〕。

《直齋書錄解題》、《四庫全書總目提要》無著錄。

172. 《朗家傳》（首見裴松之《三國志注》頁 407）

案：此即《王朗家傳》；《隋書・經籍志》有「《王朗、王肅家傳》一卷」，裴松之《三國志注》引《朗家傳》應包含於此。

《新舊唐書合鈔》、《直齋書錄解題》、《四庫全書總目提要》皆無著錄。

173. 《曉別傳》（首見裴松之《三國志注》頁 431）

案：此即《程曉別傳》。

《隋書・經籍志》、《新舊唐書合鈔》、《直齋書錄解題》、《四庫全書總目提要》均未著錄。

174. 《資別傳》（首見裴松之《三國志注》頁 457）

案：此即《孫資別傳》。

《隋書・經籍志》、《新舊唐書合鈔》、《直齋書錄解題》、《四庫全書總目提要》均未著錄。

175. 《頭責子羽》（首見裴松之《三國志注》頁 461）

《隋書・經籍志》、《新舊唐書合鈔》、《直齋書錄解題》、《四庫全書總目提要》均未著錄。

176. 《孫氏譜》（首見裴松之《三國志注》頁 462）

《隋書・經籍志》、《新舊唐書合鈔》、《直齋書錄解題》、《四庫全書總目提要》均未著錄。

177. 《晉百官名》（首見裴松之《三國志注》頁 493）

〔註80〕見沈炳震《新舊唐書合鈔・卷七十三・經籍志》，同註4，頁 1099。

《隋書‧經籍志》著錄三十卷，而《新舊唐書合鈔》、《直齋書錄解題》、《四庫全書總目提要》皆無著錄。

178.　《杜氏新書》（首見裴松之《三國志注》頁 497）
　　　《隋書‧經籍志》、《新舊唐書合鈔》、《直齋書錄解題》、《四庫全書總目提要》均未著錄。

179.　《阮氏譜》（首見裴松之《三國志注》頁 508）
　　　《隋書‧經籍志》、《新舊唐書合鈔》、《直齋書錄解題》、《四庫全書總目提要》均未著錄。

180.　《孔氏譜》（首見裴松之《三國志注》頁 514）
　　　《隋書‧經籍志》、《新舊唐書合鈔》、《直齋書錄解題》、《四庫全書總目提要》均未著錄。

181.　《武帝百官名》（首見裴松之《三國志注》頁 538）
　　　《隋書‧經籍志》、《新舊唐書合鈔》、《直齋書錄解題》、《四庫全書總目提要》均未著錄。

182.　《魯連子》（首見裴松之《三國志注》頁 560）
　　　案：從《隋書‧經籍志》載「《魯連子》五卷，魯連撰」，知作者爲魯連。
　　　《隋書‧經籍志》、《新舊唐書合鈔》著錄五卷，《直齋書錄解題》、《四庫全書總目提要》無著錄。

183.　《志別傳》（首見裴松之《三國志注》頁 577）
　　　案：此即《曹志別傳》。
　　　《隋書‧經籍志》、《新舊唐書合鈔》、《直齋書錄解題》、《四庫全書總目提要》均未著錄。

184.　《嵇氏譜》（首見裴松之《三國志注》頁 583）
　　　《隋書‧經籍志》、《新舊唐書合鈔》、《直齋書錄解題》、《四庫全書總目提要》均未著錄。

185.　《袁子》（首見裴松之《三國志注》頁 591）
　　　案：《隋書‧經籍志》作「《袁子正論》十九卷，袁準撰」，同。
　　　《新舊唐書合鈔》著錄二十卷，《直齋書錄解題》、《四庫全書總目提要》無著錄。

186.　《康別傳》（首見裴松之《三國志注》頁 606）

案：此即《嵇康別傳》。

《隋書‧經籍志》、《新舊唐書合鈔》、《直齋書錄解題》、《四庫全書總目提要》均未著錄。

187. **《質別傳》**（首見裴松之《三國志注》頁 609）

案：此即《吳質別傳》。

《隋書‧經籍志》、《新舊唐書合鈔》、《直齋書錄解題》、《四庫全書總目提要》均未著錄。

188. **《尼別傳》**（首見裴松之《三國志注》頁 613）

案：此即《潘尼別傳》。

《隋書‧經籍志》、《新舊唐書合鈔》、《直齋書錄解題》、《四庫全書總目提要》均未著錄。

189. **《岳別傳》**（首見裴松之《三國志注》頁 613）

案：此即《潘岳別傳》。

《隋書‧經籍志》、《新舊唐書合鈔》、《直齋書錄解題》、《四庫全書總目提要》均未著錄。

190. **《廙別傳》**（首見裴松之《三國志注》頁 614）

案：此即《劉廙別傳》。

《隋書‧經籍志》、《新舊唐書合鈔》、《直齋書錄解題》、《四庫全書總目提要》均未著錄。

191. **《劉氏譜》**（首見裴松之《三國志注》頁 617）

《隋書‧經籍志》、《新舊唐書合鈔》、《直齋書錄解題》、《四庫全書總目提要》均未著錄。

192. **《廬江何氏家傳》**（首見裴松之《三國志注》頁 622）

案：《隋書‧經籍志》作「《何氏家傳》」，著錄三卷。

《新舊唐書合鈔》、《直齋書錄解題》、《四庫全書總目提要》皆無著錄。

193. **《陳氏譜》**（首見裴松之《三國志注》頁 642）

《隋書‧經籍志》、《新舊唐書合鈔》、《直齋書錄解題》、《四庫全書總目提要》均未著錄。

194. **《郭林宗傳》**（首見裴松之《三國志注》頁 648）

《隋書‧經籍志》、《新舊唐書合鈔》、《直齋書錄解題》、《四庫全書總目提要》

均未著錄。

195. **《諶別傳》**（首見裴松之《三國志注》頁 653）

案：此即《盧諶別傳》。

《隋書‧經籍志》、《新舊唐書合鈔》、《直齋書錄解題》、《四庫全書總目提要》均未著錄。

196. **《汝南先賢傳》**（首見裴松之《三國志注》頁 658）

案：從《隋書‧經籍志》載「《汝南先賢傳》五卷，周斐撰」，知作者為周斐。

《隋書‧經籍志》著錄五卷，《新舊唐書合鈔》僅著錄三卷，《直齋書錄解題》、《四庫全書總目提要》無著錄。

197. **《王氏譜》**（首見裴松之《三國志注》頁 679）

《隋書‧經籍志》、《新舊唐書合鈔》、《直齋書錄解題》、《四庫全書總目提要》均未著錄。

198. **《陳留耆舊傳》**（首見裴松之《三國志注》頁 682）

案：《隋書‧卷三十三‧經籍二》收錄《陳留耆舊傳》，分別有漢議郎圈稱撰二卷本，以及魏散騎侍郎蘇林撰一卷本〔註 81〕，未知裴松之《三國志注》徵引的是何種版本。

《新舊唐書合鈔》著錄三卷，《直齋書錄解題》、《四庫全書總目提要》則無著錄。

199. **《郭氏譜》**（首見裴松之《三國志注》頁 734）

《隋書‧經籍志》、《新舊唐書合鈔》、《直齋書錄解題》、《四庫全書總目提要》均未著錄。

200. **《胡氏譜》**（首見裴松之《三國志注》頁 741）

《隋書‧經籍志》、《新舊唐書合鈔》、《直齋書錄解題》、《四庫全書總目提要》均未著錄。

201. **《嘏別傳》**（首見裴松之《三國志注》頁 748）

案：此即《任嘏別傳》。

《隋書‧經籍志》、《新舊唐書合鈔》、《直齋書錄解題》、《四庫全書總目提要》均未著錄。

202. **《咸熙元年百官名》**（首見裴松之《三國志注》頁 794）

〔註 81〕見《隋書‧卷三十三‧經籍二》，同註 10，頁 974。

《隋書·經籍志》、《新舊唐書合鈔》、《直齋書錄解題》、《四庫全書總目提要》均未著錄。

203. **《佗別傳》**（首見裴松之《三國志注》頁 802）

案：此即《華佗別傳》。

《隋書·經籍志》、《新舊唐書合鈔》、《直齋書錄解題》、《四庫全書總目提要》均未著錄。

204. **《益部耆舊雜記》**（首見裴松之《三國志注》頁 867）

《隋書·經籍志》、《新舊唐書合鈔》、《直齋書錄解題》、《四庫全書總目提要》均未著錄。

205. **《華陽國志》**（首見裴松之《三國志注》頁 875）

案：從《隋書·經籍志》載「《華陽國志》十二卷，常璩撰」，知作者為常璩。《新舊唐書合鈔》僅著錄三卷，《直齋書錄解題》著錄二十卷，《四庫全書總目提要·卷六十六·史部二十二·載記類》則收有十二卷附錄一卷。

206. **《崔氏譜》**（首見裴松之《三國志注》頁 911）

《隋書·經籍志》、《新舊唐書合鈔》、《直齋書錄解題》、《四庫全書總目提要》均未著錄。

207. **《襄陽記》**（首見裴松之《三國志注》頁 913）

《隋書·經籍志》、《新舊唐書合鈔》、《直齋書錄解題》、《四庫全書總目提要》均未著錄。

208. **《諸葛氏譜》**（首見裴松之《三國志注》頁 932）

《隋書·經籍志》、《新舊唐書合鈔》、《直齋書錄解題》、《四庫全書總目提要》均未著錄。

209. **《晉泰始起居注》**（首見裴松之《三國志注》頁 932）

案：從《隋書·經籍志》載「《晉泰始起居注》二十卷，李軌撰」，知作者為李軌。

《新舊唐書合鈔》亦著錄二十卷，《直齋書錄解題》、《四庫全書總目提要》無著錄。

210. **《晉百官表》**（首見裴松之《三國志注》頁 933）

《隋書·經籍志》、《新舊唐書合鈔》、《直齋書錄解題》、《四庫全書總目提要》均未著錄。

211. **《雲別傳》**（首見裴松之《三國志注》頁 948）

案：此即《趙雲別傳》。

《隋書‧經籍志》、《新舊唐書合鈔》、《直齋書錄解題》、《四庫全書總目提要》均未著錄。

212. **《益州耆舊傳》**（首見裴松之《三國志注》頁 967）

《隋書‧經籍志》無著錄，《新舊唐書合鈔》著錄二卷，作「《益州耆舊雜傳記》二卷」〔註82〕，而《直齋書錄解題》、《四庫全書總目提要》亦無著錄。

213. **《鄭玄傳》**（首見裴松之《三國志注》頁 970）

案：裴松之僅於注《三國志‧卷三十八‧許麋孫簡伊秦傳第八》時引《鄭玄傳》，推此應與《鄭玄別傳》同為一書。

214. **《中經部》**（首見裴松之《三國志注》頁 974）

案：《隋書‧經籍志》作「《晉中經》十四卷，荀勗撰」；而《新舊唐書合鈔》則作「《中經簿》十四卷，荀勗撰」〔註83〕。

《直齋書錄解題》、《四庫全書總目提要》無著錄。

215. **《河圖括地象》**（首見裴松之《三國志注》頁 975）

《隋書‧經籍志》、《新舊唐書合鈔》、《直齋書錄解題》、《四庫全書總目提要》均未著錄。

216. **《帝王世紀》**（首見裴松之《三國志注》頁 975）

案：從《隋書‧經籍志》載「《帝王世紀》十卷，皇甫謐撰」，知作者為皇甫謐。

《新舊唐書合鈔》亦著錄十卷，《直齋書錄解題》、《四庫全書總目提要》無著錄。

217. **《禕別傳》**（首見裴松之《三國志注》頁 1061）

案：此即《費禕別傳》。

《隋書‧經籍志》、《新舊唐書合鈔》、《直齋書錄解題》、《四庫全書總目提要》均未著錄。

218. **《會稽典錄》**（首見裴松之《三國志注》頁 1100）

案：《隋書‧卷三十三‧經籍二》作「虞豫撰」〔註84〕，誤，應正為「虞預」。

《隋書‧經籍志》、《新舊唐書合鈔》著錄二十四卷，《直齋書錄解題》、《四庫全書總目提要》無著錄。

〔註82〕見沈炳震《新舊唐書合鈔‧卷七十三‧經籍志》，同註4，頁1097。

〔註83〕同前註，頁1104。

〔註84〕見《隋書‧卷三十三‧經籍二》，同註10，頁975。

219. **《瑞應圖》**（首見裴松之《三國志注》頁 1147）

《隋書‧經籍志》著錄三卷。

案：《新舊唐書合鈔》載有「《瑞應圖記》二卷，新書三卷，孫柔之撰」與「《瑞應圖讚》三卷，熊理撰」〔註85〕二書，未知《瑞應圖》究指何本。

《直齋書錄解題》著錄十卷，《四庫全書總目提要》無著錄。

220. **《太康三年地記》**（首見裴松之《三國志注》頁 1167）

案：《隋書‧經籍志》作「《元康三年地記》」，著錄六卷。

《新舊唐書合鈔》、《直齋書錄解題》、《四庫全書總目提要》皆無著錄。

221. **《會稽邵氏家傳》**（首見裴松之《三國志注》頁 1170）

《隋書‧經籍志》無著錄，《新舊唐書合鈔》著錄十卷。

案：《新舊唐書合鈔》作「《邵氏家傳》」〔註86〕。

《直齋書錄解題》、《四庫全書總目提要》亦無著錄。

222. **《惠別傳》**（首見裴松之《三國志注》頁 1211）

案：此即《孫惠別傳》。

《隋書‧經籍志》、《新舊唐書合鈔》、《直齋書錄解題》、《四庫全書總目提要》均未著錄。

223. **《三朝錄》**（首見裴松之《三國志注》頁 1213）

《隋書‧經籍志》、《新舊唐書合鈔》、《直齋書錄解題》、《四庫全書總目提要》諸書未著錄。

224. **《翻別傳》**（首見裴松之《三國志注》頁 1317）

案：此即《虞翻別傳》。

《隋書‧經籍志》、《新舊唐書合鈔》、《直齋書錄解題》、《四庫全書總目提要》均未著錄。

225. **《陸氏世頌》**（首見裴松之《三國志注》頁 1343）

《隋書‧經籍志》、《新舊唐書合鈔》、《直齋書錄解題》、《四庫全書總目提要》均未著錄。

226. **《陸氏祠堂像贊》**（首見裴松之《三國志注》頁 1343）

《隋書‧經籍志》、《新舊唐書合鈔》、《直齋書錄解題》、《四庫全書總目提要》

〔註85〕見沈炳震《新舊唐書合鈔‧卷七十三‧經籍志》，同註4，頁 1116。
〔註86〕同前註，頁 1105。

均未著錄。

227. **《機雲別傳》**（首見裴松之《三國志注》頁 1360）

案：「機雲」指陸機、陸雲二人。

《隋書・經籍志》、《新舊唐書合鈔》、《直齋書錄解題》、《四庫全書總目提要》均未著錄。

228. **《禮論》**（首見裴松之《三國志注》頁 1374）

《隋書・經籍志》、《新舊唐書合鈔》、《直齋書錄解題》、《四庫全書總目提要》諸書未著錄。

229. **《恪別傳》**（首見裴松之《三國志注》頁 1430）

案：此即《諸葛恪別傳》。

《隋書・經籍志》、《新舊唐書合鈔》、《直齋書錄解題》、《四庫全書總目提要》均未著錄。

以上引書共計八十七部，綜觀此類引書遍及各領域，可知裴松之於斟酌剪裁時並未受到體裁侷限，其援引材料一皆以補充《三國志》史料、內容為出發點，此亦代表當時文學意識抬頭，以及注文擺脫經學走向獨立的最佳展現。

四、單篇詩文

裴松之《三國志注》於引用書目外，亦有徵引其他家文章者，雖不屬於引用書類，然亦深具參考價值，故仍依其引用順序別列如下：

1. **王粲五言詩**（首見裴松之《三國志注》頁 47）

案：《三國志・卷一・武帝紀第一》：「十二月，公自南鄭還，留夏侯淵屯漢中。」裴松之注：「是行也，侍中王粲作五言詩以美其事。」〔註87〕

2. **應璩〈百一詩〉**（首見裴松之《三國志注》頁 61）

3. **陸機〈大墓賦〉**（首見裴松之《三國志注》頁 62）

4. **鄄城侯植為文帝誄**（首見裴松之《三國志注》頁 86）

5. **公孫瓚表**（首見裴松之《三國志注》頁 236）

案：「公孫瓚表列紹罪過」〔註88〕首見於裴松之在《三國志・卷七・呂布臧洪傳第七》中的自注，然《三國志・卷八・二公孫陶四張傳第八》裴注亦有徵引

〔註87〕見《三國志・卷一・武帝紀第一》，同註5，頁 46、47。
〔註88〕見裴松之注《三國志・卷七・呂布臧洪傳第七》，同前註，頁 236。

「《典略》載瓚表紹罪狀」〔註89〕者，可知此文記載實出於魚豢《典略》。

6. **潘勗為荀彧碑文**（首見裴松之《三國志注》頁 312）

7. **孔融與王朗書**（首見裴松之《三國志注》頁 408）

8. **王朗與許靖書**（首見裴松之《三國志注》頁 415）

9. **陳思王〈武帝誄〉**（首見裴松之《三國志注》頁 455）

10. **〈禪晉文〉**（首見裴松之《三國志注》頁 456）

11. **魯連與燕將書**（首見裴松之《三國志注》頁 568）

12. **曹植為琴瑟調歌**（首見裴松之《三國志注》頁 576）

13. **王彪之與揚州刺史殷浩書**（首見裴松之《三國志注》頁 618）

14. **孟軻稱宰我之辭**（首見裴松之《三國志注》頁 682）

15. **毌丘儉、文欽表**（首見裴松之《三國志注》頁 763）

案：《三國志・卷二十八・王毌丘諸葛鄧鍾傳第二十八》：「正元二年正月，有彗星數十丈，西北竟天，起于吳、楚之分。儉、欽喜，以為己祥。遂矯太后詔，罪狀大將軍司馬景王，移諸郡國，舉兵反。」〔註90〕此表即毌丘儉、文欽矯太后詔、罪狀司馬師的上書。

16. **文欽與郭淮書**（首見裴松之《三國志注》頁 766）

17. **文欽降吳表**（首見裴松之《三國志注》頁 768）

18. **郭沖難諸葛亮五事**（首見裴松之《三國志注》頁 917）

19. **諸葛亮與兄瑾書**（首見裴松之《三國志注》頁 932）

案：書在《諸葛亮集》。

20. **王褒〈聖主得賢臣頌〉**（首見裴松之《三國志注》頁 1040）

21. **陸機〈辨亡論〉**（首見裴松之《三國志注》頁 1179）

22. **張昭論**（首見裴松之《三國志注》頁 1219）

案：張昭與王朗、陳琳、應劭等人共論舊君諱事，「時汝南主簿應劭議宜為舊君諱，論者皆互有異同」〔註91〕，張昭著論以疑應劭之說。

以上引文共計二十二篇，此以單篇詩文為單位，正可識明魏晉時期重視文學作品的

〔註89〕見裴松之注《三國志・卷八・二公孫陶四張傳第八》，同註5，頁242。
〔註90〕見《三國志・卷二十八・王毌丘諸葛鄧鍾傳第二十八》，同前註，頁763。
〔註91〕見裴松之注《三國志・卷五十二・張顧諸葛步傳第七》，同前註，頁1219。

風氣，裴松之用文學補充史學，也代表著史學觀念上的一大突破。

五、評論者之言

　　裴松之除於注文後有「臣松之案」、「臣松之按」、「臣松之以爲」等表達自我觀點的史評外，尚徵引許多史評家的論述以爲補充，依序如下：

孫　盛　　何　休　　鄭　玄　　服　虔　　應　劭　　習鑿齒　　華　嶠

魚　豢　　袁　宏　　徐　眾　　高堂隆　　張　璠　　干　寶　　孫　綽

　　以上所引共計十四家，雖不列入《三國志注》的引書目錄，但對史料、史觀亦有補充、探討的價值，牽涉頗爲廣泛，於後專列一章說明，此不再贅述。

　　由此可知，裴注徵引的著作達二百二十九部，不過，〈文王世子注〉與〈樂記注〉合指鄭玄《禮記注》，左思《魏都賦》、《蜀都賦》、《吳都賦》合爲《三都賦》，劉艾《靈帝紀》與《獻帝紀》包含於《漢靈獻二帝紀》之中，《鄭玄傳》即是《鄭玄別傳》，扣除後仍有二百二十四部之多，若再把葛洪《抱朴子》據《隋書‧經籍志》拆成《抱朴子內篇》與《抱朴子外篇》，則裴松之《三國志注》引用書目總計可達二百二十五部。

　　裴松之注《三國志》，對於材料的援引、處理不僅有其獨到之處，在史料的保存上，也有一定的貢獻，《三國志注》大量引用魏晉時代的史料與其他著作，以及魏晉以前的經傳、史書，以補陳壽《三國志》之闕，而這些材料在隋唐以後多所散佚，所以對保存魏晉史料而言，裴松之《三國志注》在蘊含豐富的研究材料上，實有其時代功績與歷史地位。

　　東晉以降，史料的撰寫、發現漸增，所以裴松之能匯集不同來源的史料，彌補加強《三國志》內容的簡略，裴氏引書頗豐，然今多散佚不存，故以《隋書‧經籍志》、《舊唐書‧經籍志》、《新唐書‧藝文志》、《新舊唐書合鈔》、《直齋書錄解題》、《四庫全書總目提要》諸書所著錄的書目，與裴松之《三國志注》所徵引史料、著作計二百二十五部互相核驗，一併考察所有引書的作者、卷數、著錄情形與存佚狀況，藉以窺其現今保留程度的完整面貌。

　　在「經部」方面，《隋書‧經籍志》著錄共計二十部，二百五十九卷，通計亡卷，合二百六十一卷，而裴松之《三國志注》引書於此未著錄者仍有蔡邕《明堂論》、《三朝錄》、《禮論》、《河圖括地象》四部，而《新舊唐書合鈔》則僅存十八部，少了蔣濟《郊丘議》與郭璞《方言注》二書，到了宋代陳振孫《直齋書錄解題》竟只餘十六部，可見其散佚之烈。

在「史部」方面，《隋書·經籍志》著錄共計六十六部，一千五百零四卷，通計亡卷，合一千六百四十四卷，包括有「正史」十三部，七百二十六卷，通計亡卷，合八百六十一卷；「古史」九部，二百一十三卷；「雜史」十一部，二百一十一卷，通計亡卷，合二百一十六卷；「霸史」一部，十二卷；「起居注」三部，二十七卷；「職官」一部，三十卷；「儀注」一部，一卷；「刑法」一部，四十卷；「雜傳」十九部，一百八十八卷；「地理」三部，八卷；以及「簿錄四部」，四十八卷。

此外，尚有《隋書·經籍志》和《直齋書錄解題》無著錄，而《新舊唐書合鈔》與《四庫全書總目提要》卻仍有收編者，包括魚豢《魏略》、干寶《晉書》、王隱《蜀記》、胡沖《吳歷》、《百官名》、《益州耆舊傳》、《先賢行狀》、虞溥《江表傳》、荀伯子《荀氏家傳》、《會稽邵氏家傳》、吳人《曹瞞傳》、王範《交廣二州春秋》、《魏武故事》等十三部，其中僅《魏武故事》一部著錄在《四庫全書總目提要》，餘十二部均只見於《新舊唐書合鈔》中，不過，其中李氏撰《海內先賢行狀》三卷，未知是否即《先賢行狀》，故嚴格說來僅有十一部。

至於《隋書·經籍志》、《新舊唐書合鈔》、《直齋書錄解題》、《四庫全書總目提要》諸書均未記載者，依序猶有蘇林《漢書音義》、華嶠《漢書》、孫盛《異同雜語》、孫盛《異同評》、孫盛《異同記》、係盛《雜記》、孫盛《雜語》、司馬彪《戰略》、荀綽《九州記》、荀綽《冀州記》、荀綽《兗州記》、譙周《蜀本紀》、《百官志》、《武帝百官名》、《咸熙元年百官名》、《晉百官表》、《優賞令》、《益部耆舊雜記》、山濤《濤行狀》、《漢末名士錄》、張隱《文士傳》、張衡《文士傳》、《諸王公傳》、司馬彪《序傳》、《襄陽記》、《杜氏新書》、魏武帝《家傳》、傅暢《裴氏家記》、《袁氏世紀》、《獻帝傳》、何劭《荀粲傳》、何劭《王弼傳》、夏侯湛《辛憲英傳》、陸機《顧譚傳》、鍾會《鍾會母傳》、《平原禰衡傳》、《郭林宗傳》、《荀彧別傳》、《鄭玄別傳》、《邴原別傳》、《程曉別傳》、《孫資別傳》、《曹志別傳》、《嵇康別傳》、《吳質別傳》、《潘尼別傳》、《潘岳別傳》、《劉廙別傳》、《盧諶別傳》、《任嘏別傳》、《華佗別傳》、《趙雲別傳》、《費禕別傳》、《孫惠別傳》、《虞翻別傳》、《諸葛恪別傳》、《荀勖別傳》、《機雲別傳》、陸氏《異林》、王隱《交廣記》、《博物記》、孫盛《魏世譜》、孫盛《蜀世譜》、華嶠《譜敘》、《庾氏譜》、《孫氏譜》、《阮氏譜》、《孔氏譜》、《嵇氏譜》、《劉氏譜》、《陳氏譜》、《王氏譜》、《郭氏譜》、《胡氏譜》、《崔氏譜》、《諸葛氏譜》、《陸氏世頌》、晉武帝《中經簿》，共計七十八部。

因此，有關史部的著錄實可達到一百五十七部之多，《隋書·經籍志》著錄六十六部，而《新舊唐書合鈔》則有七十一部，少了《魏末傳》、陸機《惠帝起居注》、《晉百官名》、《王朗、王肅家傳》、《何氏家傳》、《元康三年地記》六書，多了魚豢《魏

略》、干寶《晉書》、王隱《蜀記》、胡沖《吳歷》、《百官名》、《益州耆舊傳》、虞溥《江表傳》、荀伯子《荀氏家傳》、《會稽邵氏家傳》、吳人《曹瞞傳》、王範《交廣二州春秋》十一部，不僅較《隋書》有所增加，甚至還著錄郭沖《諸葛亮隱沒五事》爲一書〔註92〕，此係其他書目所無，不過，到了宋代陳振孫《直齋書錄解題》則只存十二部，可見其散佚之迅。

在「子部」方面，《隋書‧經籍志》著錄共計二十一部，五百五十一卷，包括有「儒家」七部，一百二十六卷；「道家」二部，四十一卷；「法家」一部，十九卷；「雜家」九部，三百六十卷；「兵家」一部，二卷；「五行」一部，三卷；而裴松之《三國志注》引書於此未著錄者仍有殷基《通語》、王昶《家誡》、杜恕《家戒》，故子部實有二十四部，《隋書‧經籍志》、《新舊唐書合鈔》均著錄二十一部，到了宋代陳振孫《直齋書錄解題》卻只留十三部，餘八書亦亡，可見其散佚之速。

在「集部」方面，《隋書‧經籍志》著錄共計十二部，一百三十八卷，分別是「別集」的九部，一百一十九卷；以及「總集」三部，十九卷；而裴松之《三國志注》引書於此未著錄者仍有《曹公集》、繆襲《昌言表》、東阿王《辯道論》、傅玄《馬先生序》、庾闡《揚都賦注》、陸機《陸遜銘》、《陸氏祠堂像贊》、《頭責子羽》八部，故集部實有二十部，《隋書‧經籍志》著錄了十二部，《新舊唐書合鈔》則缺少應璩《書林》而僅有十一部，到了宋代陳振孫《直齋書錄解題》時更只剩《嵇中散集》一部有著錄，可見其散佚之快。

綜合經、史、子、集四部分類，可知裴松之《三國志注》徵引書目竟達二百二十五部，而錢大昭《三國志辨疑》統計裴注所引材料共一百六十三種，趙翼的《廿二史箚記》也著錄裴松之徵引書目計一百五十一類，皆僅收編魏晉時期的史料，「此群經傳注、倉雅訓詁、方言土語、諸子百家之說，無與史事，而引以詮釋字句者，又不下數十種」〔註93〕，均未列入，逯耀東〈《三國志注》引用的魏晉材料〉則據此劃分成「史書」、「史料」，以及「史料以外的材料」三個範圍，列舉出裴松之《三國志注》引用魏晉時代的著作共一百八十七部，雖較錢大昭、趙翼爲多，然猶未趨完整，若純粹就裴注所引魏晉材料而言，二百二十五部扣除《三蒼》、《公羊傳》、《左氏傳》、《詩》、《尚書》、《國語》、《管子》、《呂氏春秋》、《禮記》、《周禮》、《莊子》、《戰國策》、《春秋傳》、《孫子兵法》、《易》、《論語》、《淮南子》、《越絕書》、馬融《尚書注》、鄭玄《禮記注》、何晏《論語集解》、韋昭《國語注》、班固《漢書》、應劭《漢書注》、蘇林《漢書音義》、司馬遷《史記》、揚雄《方言》、

〔註92〕見沈炳震《新舊唐書合鈔‧卷七十三‧經籍志》，同註4，頁1098。
〔註93〕見錢大昭《三國志辨疑‧自序》（臺北：弘道文化事業，民國62年1月初版），頁4。

郭璞《方言注》、劉向《說苑》、劉向《新序》、劉向《七略》、桓譚《新論》等古書、經傳，和魏晉以前的著作，計三十二部，魏晉時期的書籍、材料仍有一百九十三種之繁，且多首尾俱全，因此，裴松之對於保存、蒐集魏晉材料的功勞，實可謂大矣。

第二節 《三國志注》引書索引

裴松之《三國志注》引用書目多達二百二十四種，可謂豐富，即便扣除魏晉以前的古書、經傳、著作三十二部，屬於魏晉時代的史料、作品亦達一百九十二部之繁，遍及經、史、子、集四大領域，於今雖有散佚，然《三國志注》提供與保存魏晉史料之功仍是不可抹滅，故特列裴松之《三國志注》引用書目索引，以利考閱，並參考王祖彝《三國志裴注引用書目》，相互對照，缺者補之、誤者更之，冀求裴松之《三國志注》引書索引益形完整、正確。

一、說 明

(一) 書名索引以首字筆畫多寡為序。
(二) 首字相同與筆畫相同者，則先列國史，次列地方志乘，再次列家譜、傳記，而以雜書為殿。
(三) 引用古書以為注釋者不錄。
(四) 單篇文章與無書名者不錄。
(五) 裴氏自注與諸家注釋而無書名者不錄。
(六) 諸家評語不錄。
(七) 僅有書名而無作者者，依《隋書·經籍志》補作者姓名。
(八) 括弧內體例為（總卷數／頁次）以供查考。

二、檢 字

二畫　　　　九
三畫　　　　三　山
四畫　　　　太　文　孔　王　中　毌
五畫　　　　世　平　四　立
六畫　　　　江　交　先　汝　任　列　決　百
七畫　　　　吳　序　阮　志　杜　辛
八畫　　　　典　邴　河　明　抱　昌　武

九畫	後	英	兗	風	胡	帝	姚	皇	咸	
十畫	晉	益	高	荀	袁	孫	家	馬	書	神
十一畫	陳	曹	庾	郭	崔	陸	啓	通	異	
十二畫	華	博	嵇	程	費	傅	張	逸	搜	揚
十三畫	蜀	楚	零	會	虞	萬	瑞			
十四畫	漢	管	趙	裴						
十五畫	鄭	潘	劉	魯						
十六畫	冀	戰	盧	諸	機	頭	默	褒		
十七畫	襄	濤	鍾							
十八畫	魏	雜	禮							
十九畫	廬									
二十畫	獻	譜								
二十一畫	續	顧	辯							
二十四畫	靈									

三、索　引

	二　　　畫
九州春秋	司馬彪撰 **魏書** 武帝紀第一（1／4，43，52）、董二袁劉傳第六（6／174，181，183，189，191，195，210）、呂布臧洪傳第七（7／226，228，232）、二公孫陶四張傳第八（8／240，241，261）、荀彧荀攸賈詡傳第十（10／326）、崔毛徐何邢鮑司馬傳第十二（12／371）、張樂于張徐傳第十七（17／530）、和常楊杜趙裴傳第二十三（23／666） **蜀書** 先主傳第二（32／876）、諸葛亮傳第五（35／913）、龐統法正傳第七（37／955） **吳書** 孫破虜討逆傳第一（46／1111，1112）、周瑜魯肅呂蒙傳第九（54／1270）、朱治朱然呂範朱桓傳第十一（56／1310）
九　州　記 〔註94〕	荀綽撰 **魏書** 袁張涼國田王邴管傳第十一（11／336）
	三　　　畫
三輔決錄	趙岐撰 **魏書** 明帝紀第三（3／92）、荀彧荀攸賈詡傳第十（10／312）

〔註94〕王祖彝《三國志裴注引用書目》：「按此書總名九州記，分則爲冀州記、兗州記等諸篇。」參見《三國志附編》附錄（臺北：鼎文書局，民國68年5月初版），頁3。

三輔決錄注	摯虞撰 **魏書** 武帝紀第一（1／50）、董二袁劉傳第六（6／186，208）、荀彧荀攸賈詡傳第十（10／312）、劉司馬梁張溫賈傳第十五（15／473） **蜀書** 先主傳第二（32／880，885）、龐統法正傳第七（37／957）
三 朝 錄	**吳書** 宗室傳第六（51／1213）
三 國 評	徐眾撰 **魏書** 呂布臧洪傳第七（7／237）、程郭董劉蔣劉傳第十四（14／427） **蜀書** 黃李呂馬王張傳第十三（43／1043） **吳書** 張顧諸葛步傳第七（52／1227）、賀全呂周鍾離傳第十五（60／1381，1391，1393）、是儀胡綜傳第十七（62／1411，1412）
山陽公載記	樂資撰 **魏書** 武帝紀第一（1／31，50）、董二袁劉傳第六（6／178，206） **蜀書** 先主傳第二（32／880）、關張馬黃趙傳第六（36／946，947）、許糜孫簡伊秦傳第八（38／967） **吳書** 孫破虜討逆傳第一（46／1098，1099，1107）
四　　畫	
太康三年地記 〔註95〕	晉太康三年官書 **吳書** 三嗣主傳第三（48／1167）
文 士 傳	張隱撰 **魏書** 諸夏侯曹傳第九（9／280）
文 士 傳	張衡撰 **魏書** 荀彧荀攸賈詡傳第十（10／312）
文 士 傳	張騭撰 **魏書** 王衛二劉傳傳第二十一（21／598，600）〔註96〕

〔註95〕王祖彞《三國志裴注引用書目》作「太康地記」，同註94，頁3。
〔註96〕裴注《三國志・卷二十一・王衛二劉傳傳第二十一》所引《文士傳》雖無註明作者姓氏，然裴松之於「案語」處點出作者為張騭，可知此二處所引《文士傳》係指張騭《文士傳》，同註5，頁598、600。

文士傳〔註97〕	**魏書** 袁張涼國田王邴管傳第十一（11／363）、任蘇杜鄭倉傳第十六（16／490）、任城陳蕭王傳第十九（19／562）、王衛二劉傅傳第二十一（21／601） **吳書** 吳主傳第二（47／1143）、宗室傳第六（51／1217）、張顧諸葛步傳第七（52／1229）、朱治朱然呂範朱桓傳第十一（56／1316）、虞陸張駱陸吾朱傳第十二（57／1334）、陸遜傳第十三（58／1360）、諸葛滕二孫濮陽傳第十九（64／1446）
文章志	摯虞撰 **魏書** 董二袁劉傳第六〔註98〕（6／216）、任城陳蕭王傳第十九（19／560）、王衛二劉傅傳第二十一（21／599，600，613，620）
文章敘錄	荀勗撰 **魏書** 諸夏侯曹傳第九（9／273）、王衛二劉傅傳第二十一（21／604，621，622）、和常楊杜趙裴傳第二十三（23／673）
孔氏譜	**魏書** 任蘇杜鄭倉傳第十六（16／514）
孔融集	**魏書** 荀彧荀攸賈詡傳第十（10／321）、袁張涼國田王邴管傳第十一（11／345）
王氏譜	**魏書** 韓崔高孫王傳第二十四（24／679）、徐胡二王傳第二十七（27／744） **吳書** 孫破虜討逆傳第一（46／1097）
王朗家傳	**魏書** 鍾繇華歆王朗傳第十三（13／407，408）
王朗集	**魏書** 鍾繇華歆王朗傳第十三（13／411）
王弼傳	何劭撰 **魏書** 程郭董劉蔣劉傳第十四（14／449）、王毌丘諸葛鄧鍾傳第二十八（28／795）

〔註97〕 王祖彝《三國志裴注引用書目》:「曹休傳云張隱撰，荀彧傳云張衡撰，王粲傳云張騭撰，餘所引不著撰人，姓氏待考。」同註94，頁3；故將未著作者之《文士傳》另立索引。

〔註98〕 王祖彝《三國志裴注引用書目》誤作「卷九劉表傳」，應正，同前註，頁4。

中 經 簿	晉武帝撰 **魏書** 鍾繇華歆王朗傳第十三（13／420）
中 經 部	**蜀書** 許麋孫簡伊秦傳第八（38／974）
毌丘儉志記	**魏書** 明帝紀第三（3／112）
五　　　畫	
世　　語	郭頒撰 **魏書** 武帝紀第一（1／2，3，5，6，10，11，15，20，52，53）、明帝紀第三（3／91，100，101，106）、三少帝紀第四（4／128，133，144，145，147）、后妃傳第五（5／160）、董二袁劉傳第六（6／196，216）、二公孫陶四張傳第八（8／265）、諸夏侯曹傳第九（9／273，280，284，286，287，291，292，295，300，302，304）、荀彧荀攸賈詡傳第十（10／332）、崔毛徐何邢鮑司馬傳第十二（12／369，373，374）、鍾繇華歆王朗傳第十三（13／392，406，419，420）、程郭董劉蔣劉傳第十四（14／429，431，436，456，460）、任蘇杜鄭倉傳第十六（16／500）、二李臧文呂許典二龐閻傳第十八（18／551）、任城陳蕭王傳第十九（19／560）、王衛二劉傳第二十一（21／605，607，609，613，628）、桓二陳徐衛盧傳第二十二（22／633，644，645，652）、和常楊杜趙裴傳第二十三（23／664，676）、辛毗楊阜高堂隆傳第二十五（25／699）、滿田牽郭傳第二十六（26／724，725，736）、徐胡二王傳第二十七（27／747）、王毌丘諸葛鄧鍾傳第二十八（28／763，767，769，770，771，775，781，783，784，791，793） **蜀書** 蔣琬費禕姜維傳第十四（44／1067，1068）
平原禰衡傳	**魏書** 荀彧荀攸賈詡傳第十（10／311）
四體書勢	衛恆撰 **魏書** 武帝紀第一（1／31，48）、王衛二劉傳第二十一（21／621）
立 郊 議	蔣濟撰 **魏書** 程郭董劉蔣劉傳第十四（14／455）
六　　　畫	
江 表 傳	虞溥撰 **魏書** 武帝紀第一（1／39）、鍾繇華歆王朗傳第十三（13／402） **蜀書** 先主傳第二（32／878，879）、關張馬黃趙傳第六（36／942）、龐統法正傳第七（37／954） **吳書** 孫破虜討逆傳第一（46／1094，1097，1098，1099，1101，1103，1104，1105，1107，1108，1110，1111）、吳主傳第二（47／1115，1116，1118，1120，1123，1124，1129，1130，1133，

	1134，1136，1138，1139，1143，1146，1147）、三嗣主傳第三（48／1152，1154，1157，1162，1163，1164，1167，1168，1169，1170，1171，1172，1176）、劉繇太史慈士燮傳第四（49／1189，1190）、妃嬪傳第五（50／1197，1202，1203）、宗室傳第六（51／1209，1210，1211，1212，1213）、張顧諸葛步傳第七（52／1222，1226，1227，1231，1233，1236）、張嚴程闞薛傳第八（53／1244，1246，1247，1251）、周瑜魯肅呂蒙傳第九（54／1260，1262，1263，1265，1270，1271，1274，1280）、程黃韓蔣周陳董甘淩徐潘丁傳第十（55／1287，1288，1289，1294）、朱治朱然呂範朱桓傳第十一（56／1304，1307，1309，1311）、虞陸張駱陸吾朱傳第十二（57／1317，1318，1319，1324）、吳主五子傳第十四（59／1364，1375）、賀全呂周鍾離傳第十五（60／1380，1382）、潘濬陸凱傳第十六（61／1397，1398，1399，1407，1408）、諸葛滕二孫濮陽傳第十九（64／1429，1430，1448，1449）、王樓賀韋華傳第二十（65／1453，1455）
交廣記	王隱撰 吳書 賀全呂周鍾離傳第十五（60／1385）
交廣二州春秋	王範撰 吳書 孫破虜討逆傳第一（46／1110）
先賢行狀	魏書 武帝紀第一（1／30）、董二袁劉傳第六（6／201，205，207，215）、呂布臧洪傳第七（7／230）、袁張涼國田王邴管傳第十一（11／341，343，344，355）、崔毛徐何邢鮑司馬傳第十二（12／369，375）、鍾繇華歆王朗傳第十三（13／391）、王衛二劉傳第二十一（21／599，620）、桓二陳徐衛盧傳第二十二（22／634，648）、和常楊杜趙裴傳第二十三（23／665）
汝南先賢傳	周斐撰 魏書 和常楊杜趙裴傳第二十三（23／658）
任嘏別傳	魏書 徐胡二王傳第二十七（27／748）
列　書	魏書 武文世王公傳第二十（20／　）〔註99〕
列女傳 〔註100〕	皇甫謐撰 魏書 諸夏侯曹傳第九（9／293）、二李臧文呂許典二龐閻傳第十八（18／548）、辛毗楊阜高堂隆傳第二十五（25／702）
列異傳	魏文帝撰 魏書 鍾繇華歆王朗傳第十三（13／405）、程郭董劉蔣劉傳第十四（14／455）

〔註99〕王祖彝《三國志裴注引用書目》作「魏志卷二十彭城王據傳，惟列書是否書名抑爲群籍之義待考。」同註94，頁5；然觀《三國志・卷二十・武文世王公傳第二十》無引用此書，應是王祖彝之誤。

〔註100〕王祖彝《三國志裴注引用書目》作「烈女傳」，同爲一書，同前註，頁9。

決疑要注	摯虞撰 **魏書** 王衛二劉傳第二十一（21／599）
百官志	**魏書** 崔毛徐何邢鮑司馬傳第十二（12／390）、劉司馬梁張溫賈傳第十五（15／469）
百官名	**魏書** 崔毛徐何邢鮑司馬傳第十二（12／390）、劉司馬梁張溫賈傳第十五（15／469）、二李臧文呂許典二龐閻傳第十八（18／538）、任城陳蕭王傳第十九（19／557）、王毌丘諸葛鄧鍾傳第二十八（28／791）
七　　畫	
吳　　書	韋曜撰 **魏書** 武帝紀第一（1／11）、董二袁劉傳第六（6／172，208，210）、二公孫陶四張傳第八（8／240，241，248，249，250，254，258，263）、崔毛徐何邢鮑司馬傳第十二（12／374） **蜀書** 劉二牧傳第一（31／869，870）、先主傳第二（32／881）、關張馬黃趙傳第六（36／942） **吳書** 孫破虜討逆傳第一（46／1093，1094，1099）、吳主傳第二（47／1123，1124，1129，1130，1132，1139）、三嗣主傳第三（48／1167）、劉繇太史慈士燮傳第四（49／1186，1190，1191）、妃嬪傳第五（50／1196，1199）、宗室傳第六（51／1210，1214，1217）、張顧諸葛步傳第七（52／1220，1221，1225，1228，1231，1232，1235，1236，1237，1238）、張嚴程闞薛傳第八（53／1243，1244，1245，1246，1248，1254）、周瑜魯肅呂蒙傳第九（54／1267，1270，1272，1273，1276，1279）、程黃韓蔣周陳董甘淩徐潘丁傳第十（55／1284，1285，1286，1292，1293，1295，1297）、朱治朱然呂範朱桓傳第十一（56／1305，1316）、虞陸張駱陸吾朱傳第十二（57／1317，1318，1319，1320，1321，1324）、陸遜傳第十三（58／1345，1347）、吳主五子傳第十四（59／1364，1365，1366，1367，1368，1370，1371）、賀全呂周鍾離傳第十五（60／1379，1382，1383，1384）、潘濬陸凱傳第十六（61／1397，1398，1399）、吳範劉惇趙達傳第十八（63／1425）、諸葛滕二孫濮陽傳第十九（64／1433，1443，1444，1445）、王樓賀韋華傳第二十（65／1456）
吳　　歷	胡沖撰 **魏書** 文帝紀第二（2／89）、鍾繇華歆王朗傳第十三（13／402） **蜀書** 先主傳第二（32／875）、關張馬黃趙傳第六（36／942）、鄧張宗楊傳第十五（45／1076） **吳書** 孫破虜討逆傳第一（46／1098，1102，1107，1109，1112）、吳主傳第二（47／1119，1125，1131，1146）、三嗣主傳第三（48／1153，1154，1159，1161，1163，1167，1170）、劉繇太史慈士燮傳第四（49／1189）、妃嬪傳第五（50／1198）、宗室傳第六（51／1211，1212，1215）、張顧諸葛步傳第七（52／1221）、虞陸張駱陸吾朱傳第十二（57／1319）、陸遜傳第十三（58／1353）、吳主五子傳第十四（59／1366，1370，1371）、諸葛滕二孫濮陽傳第十九（64／1439，1440，1450）

吳　錄	張勃撰 **蜀書** 龐統法正傳第七（37／954） **吳書** 孫破虜討逆傳第一（46／1096，1097，1100，1101，1105，1107，1108，1109）、吳主傳第二（47／1117，1118，1131，1132，1133，1135，1147，1148，1149）、三嗣主傳第三（48／1152，1159，1160，1164，1165，1166，1169，1175，1178）、妃嬪傳第五（50／1200，1202）、宗室傳第六（51／1213，1216）、張顧諸葛步傳第七（52／1221，1224，1225，1226，1228，1229，1231，1233，1237，1239）、張嚴程闞薛傳第八（53／1249，1250，1251）、周瑜魯肅呂蒙傳第九（54／1264，1275，1279）、朱治朱然呂範朱桓傳第十一（56／1315）、虞陸張駱陸吾朱傳第十二（57／1331，1339）、陸遜傳第十三（58／1348，1349）、吳主五子傳第十四（59／1363）、賀全呂周鍾離傳第十五（60／1379，1382）、潘濬陸凱傳第十六（61／1404，1409）、是儀胡綜傳第十七（62／1418）、吳範劉惇趙達傳第十八（63／1422，1423，1425）、諸葛滕二孫濮陽傳第十九（64／1429，1440，1441，1443，1444，1449）、王樓賀韋華傳第二十（65／1454）
吳　紀	環濟撰 **吳書** 張嚴程闞薛傳第八（53／1247）
吳質別傳	**魏書** 王衛二劉傳傳第二十一（21／609）
吳都賦	左思撰 **魏書** 桓二陳徐衛盧傳第二十二（22／649）
序　傳	司馬彪撰 **魏書** 武帝紀第一（1／49）、劉司馬梁張溫賈傳第十五（15／466）
阮氏譜	**魏書** 任蘇杜鄭倉傳第十六（16／508）
志　林	虞喜撰 **吳書** 孫破虜討逆傳第一（46／1099，1101，1110）、吳主傳第二（47／1130，1132，1137）、妃嬪傳第五（50／1196）、宗室傳第六（51／1213）、張嚴程闞薛傳第八（53／1248）、諸葛滕二孫濮陽傳第十九（64／1440）
杜氏新書	**魏書** 任蘇杜鄭倉傳第十六（16／497，498，502，506，507，508）
辛憲英傳	夏侯湛撰 **魏書** 辛毗楊阜高堂隆傳第二十五（25／699）

八　　畫	
典　略	魚豢撰 **魏書** 武帝紀第一（1／45）、董二袁劉傳第六（6／172，173，183，187，195，205，207，210，214）、呂布臧洪傳第七（7／223，229）、二公孫陶四張傳第八（8／240，242，244，246，252，262，264）、荀彧荀攸賈詡傳第十（10／309，311，312，328）、劉司馬梁張溫賈傳第十五〔註101〕（15／475）、二李臧文呂許典二龐閻傳第十八（18／547）、任城陳蕭王傳第十九（19／558）、王衛二劉傳第二十一（21／599，600，601，603） **蜀書** 劉二牧傳第一（31／867）、先主傳第二（32／871，872，878，883，887，889）、關張馬黃趙傳第六（36／942，945，946，947，948） **吳書** 孫破虜討逆傳第一（46／1100）、宗室傳第六（51／1212）、張顧諸葛步傳第七（52／1224）
典　論	魏文帝曹丕撰 **魏書** 武帝紀第一（1／7）、文帝紀第二（2／89）、三少帝紀第四（4／118）、董二袁劉傳第六（6／203）、王衛二劉傳第二十一（21／602，621）、方技傳第二十九（29／805）
邴原別傳	**魏書** 袁張涼國田王邴管傳第十一（11／351）
河圖括地象	**蜀書** 許麋孫簡伊秦傳第八（38／975）
明　堂　論	蔡邕撰 **魏書** 三少帝紀第四（4／142）
抱　朴　子	葛洪撰 **吳書** 三嗣主傳第三（48／1162）、賀全呂周鍾離傳第十五（60／1379）、吳範劉惇趙達傳第十八（63／1427）
昌　言　表	繆襲撰 **魏書** 王衛二劉傳第二十一（21／620）
武帝百官名	**魏書** 二李臧文呂許典二龐閻傳第十八（18／538）

〔註101〕王祖彝《三國志裴注引用書目》誤作「卷十四張既傳」，應正，同註94，頁7。

九　　畫		
後 漢 書	謝承撰	
	魏書	
	武帝紀第一（1／6）、董二袁劉傳第六（6／175，180，193，211）、呂布臧洪傳第七（7／231）、二公孫陶四張傳第八（8／249）、鍾繇華歆王朗傳第十三（13／392）、韓崔高孫王傳第二十四（24／683）	
	吳書	
	妃嬪傳第五（50／1197）、周瑜魯肅呂蒙傳第九（54／1259）、程黃韓蔣周陳董甘淩徐潘丁傳第十（55／1291）、虞陸張駱陸吾朱傳第十二〔註102〕（57／1328，1334）	
後 漢 書	華嶠撰	
	蜀書	
	杜周杜許孟來尹李譙郤傳第十二（42／1025）〔註103〕	
英 雄 記	王粲撰	
	魏書	
	武帝紀第一（1／6，7）、董二袁劉傳第六（6／171，172，173，175，178，179，187，188，191，192，193，195，203，208，212，217）、呂布臧洪傳第七（7／219，220，221，222，223，225，226，227，228，235）、二公孫陶四張傳第八（8／240，241，244，245，246，247，251）、諸夏侯曹傳第九（9／277）、荀彧荀攸賈詡傳第十（10／327）、袁張涼國田王邴管傳第十一（11／339）、辛毗楊阜高堂隆傳第二十五（25／696）、烏丸鮮卑東夷傳第三十（30／834）	
	蜀書	
	劉二牧傳第一（31／867，868，869）、先主傳第二（32／872，874，877）	
	吳書	
	孫破虜討逆傳第一（46／1097，1098）、劉繇太史慈士燮傳第四（49／1184）	
兗 州 記	荀綽撰	
	魏書	
	任蘇杜鄭倉傳第十六（16／508）、王毌丘諸葛鄧鍾傳第二十八（28／791）	
風 俗 通	應劭撰	
	魏書	
	董二袁劉傳第六（6／179）、王衛二劉傳第二十一（21／601）	
	吳書	
	張顧諸葛步傳第七（52／1219，1232）	
胡 氏 譜	**魏書**	
	徐胡二王傳第二十七（27／741）	

〔註102〕王祖彝《三國志裴注引用書目》誤作「卷十三陸績傳駱統傳」，應正，同註94，頁7。

〔註103〕王祖彝《三國志裴注引用書目》將華嶠《後漢書》併入華嶠《漢書》，然裴松之《三國志注》分列二書，且觀《隋書・卷三十三・經籍二》僅有華嶠《後漢書》而無華嶠《漢書》，故王祖彝索引有誤，應正，同前註，頁14。

帝王世紀	皇甫謐撰 **蜀書** 許麋孫簡伊秦傳第八（38／975）
姚 信 集	**吳書** 虞陸張駱陸吾朱傳第十二（57／1329）
皇　　覽	王象、繆襲、何承天等撰 **魏書** 任城陳蕭王傳第十九（19／560）、和常楊杜趙裴傳第二十三（23／664）
咸熙元年百官名	**魏書** 王毌丘諸葛鄧鍾傳第二十八（28／794）
十 畫	
晉　　紀	干寶撰 **魏書** 明帝紀第三（3／94，111）、三少帝紀第四（4／119，145）、諸夏侯曹傳第九（9／287，292）、荀彧荀攸賈詡傳第十（10／320）、崔毛徐何邢鮑司馬傳第十二（12／382）、桓二陳徐衛盧傳第二十二（22／642）、王毌丘諸葛鄧鍾傳第二十八（28／760，761，773，774） **蜀書** 蔣琬費禕姜維傳第十四（44／1067） **吳書** 吳主傳第二（47／1131）、三嗣主傳第三（48／1165，1174，1176，1178）、張嚴程闞薛傳第八（53／1256）、程黃韓蔣周陳董甘淩徐潘丁傳第十（55／1299）
晉　　書	王隱撰 **魏書** 武帝紀第一（1／49）、袁張涼國田王邴管傳第十一（11／348）、任蘇杜鄭倉傳第十六（16／508）、二李臧文呂許典二龐閻傳第十八（18／536，541）、武文世王公傳第二十（20／588） **蜀書** 諸葛亮傳第五（35／937） **吳書** 張嚴程闞薛傳第八（53／1257）
晉　　書	干寶撰〔註104〕 **魏書** 三少帝紀第四（4／133）、諸夏侯曹傳第九（9／287）

〔註104〕裴松之《三國志注》：「惟頒撰魏晉世語，蹇乏全無宮商，最爲鄙劣，以時有異事，故頗行於世。干寶、孫盛等多采其言以爲晉書，其中虛錯如此者，往往而有之。」同註5，頁133；於此僅記載干寶、孫盛等人有《晉書》之作，並無引用書中內容，故不另列孫盛索引。

晉　　書	虞預撰 **魏書** 王衛二劉傳第二十一（21／605）、桓二陳徐衛盧傳第二十二（22／653）、徐胡二王傳第二十七（27／742） **吳書** 賀全呂周鍾離傳第十五（60／1377，1392）、王樓賀韋華傳第二十（65／1459）
晉　　書	**魏書** 二公孫陶四張傳第八（8／266）、諸夏侯曹傳第九（9／302）、劉司馬梁張溫賈傳第十五（15／478）、任蘇杜鄭倉傳第十六（16／505）、桓二陳徐衛盧傳第二十二（22／645）、和常楊杜趙裴傳第二十三（23／660）、滿田牽郭傳第二十六（26／733）、徐胡二王傳第二十七（27／750） **吳書** 張顧諸葛步傳第七（52／1228）
晉諸公贊	傅暢撰 **魏書** 三少帝紀第四（4／138，145）、后妃傳第五（5／164，169）、諸夏侯曹傳第九（9／304）、袁張涼國田王邴管傳第十一（11／336）、崔毛徐何邢鮑司馬傳第十二（12／382，383）、鍾繇華歆王朗傳第十三（13／406，419）、劉司馬梁張溫賈傳第十五（15／465，468，484）、任蘇杜鄭倉傳第十六（16／508，512）、二李臧文呂許典二龐閻傳第十八（18／536，541）、王衛二劉傳第二十一（21／607，628）、桓二陳徐衛盧傳第二十二（22／653）、和常楊杜趙裴傳第二十三（23／657，674）、韓崔高孫王傳第二十四（24／678，682，690）、滿田牽郭傳第二十六（26／726，736）、王毋丘諸葛鄧鍾傳第二十八（28／774，793）、方技傳第二十九（29／824） **蜀書** 後主傳第三（33／901） **吳書** 宗室傳第六（51／1216）
晉陽秋	孫盛撰 **魏書**〔註105〕 二二公孫陶四張傳第八（8／253）、諸夏侯曹傳第九（9／269）、荀彧荀攸賈詡傳第十（10／319，320）、鍾繇華歆王朗傳第十三（13／405）、程郭董劉蔣劉傳第十四（14／462）、劉司馬梁張溫賈傳第十五（15／465）、任蘇杜鄭倉傳第十六（16／512）、王衛二劉傳第二十一（21／606，613，617）、徐胡二王傳第二十七（27／743，750） **蜀書** 諸葛亮傳第五（35／926）、杜周杜許孟來尹李譙郤傳第十二（42／1033）、蔣琬費禕姜維傳第十四（44／1067） **吳書** 三嗣主傳第三（48／1177）、虞陸張駱陸吾朱傳第十二（57／1327，1339）、陸遜傳第十三（58／1357）、吳範劉惇趙達傳第十八（63／1426）
晉泰始起居注	李軌撰 **蜀書** 諸葛亮傳第五（35／932）
晉惠帝起居注	陸機撰 **魏書** 二公孫陶四張傳第八（8／262）

〔註105〕王祖彝《三國志裴注引用書目》誤植為「吳志」，應正，同註94，頁9。

晉百官名	魏書 任蘇杜鄭倉傳第十六（16／493）
晉百官表	蜀書 諸葛亮傳第五（35／933）
益州耆舊傳	蜀書 許糜孫簡伊秦傳第八（38／967）
益部耆舊傳	陳壽撰 蜀書 劉二牧傳第一（31／866）、許糜孫簡伊秦傳第八（38／972）、杜周杜許孟來尹李譙郤傳第十二（42／1033）、黃李呂馬王張傳第十三（43／1049，1052，1054，1055）、鄧張宗楊傳第十五（45／1073）
益部耆舊雜記	蜀書 劉二牧傳第一（31／867）、先主傳第二（32／882，883）、霍王向張楊費傳第十一（41／1014）、鄧張宗楊傳第十五（45／1087，1088，1090）
高貴鄉公集	魏書 三少帝紀第四（4／138）
高士傳	皇甫謐撰 魏書 袁張涼國田王邴管傳第十一（11／355，359，362，363，364）
荀氏家傳	荀伯子撰〔註106〕 魏書 荀彧荀攸賈詡傳第十（10／316，319，320，321）
荀彧別傳	魏書 荀彧荀攸賈詡傳第十（10／315，316，317）
荀粲傳	何劭撰 魏書 荀彧荀攸賈詡傳第十（10／319）
荀勗別傳	魏書 荀彧荀攸賈詡傳第十（10／332）
袁氏世紀	魏書 袁張涼國田王邴管傳第十一（11／334，335）

〔註106〕此據《新舊唐書合鈔》補，同註4，頁1105。

袁　　子	袁準撰 **魏書** 武文世王公傳第二十（20／591）、桓二陳徐衛盧傳第二十二（22／638）、王毌丘諸葛鄧鍾傳第二十八（28／780） **蜀書** 諸葛亮傳第五（35／916，934）	
孫 氏 譜	**魏書** 程郭董劉蔣劉傳第十四（14／462）	
孫資別傳	**魏書** 程郭董劉蔣劉傳第十四（14／457，458，460，461）、劉司馬梁張溫賈傳第十五（15／480）	
孫惠別傳	**吳書** 宗室傳第六（51／1211）	
家　　傳	魏武帝撰 **魏書** 程郭董劉蔣劉傳第十四（14／455）	
家　　誡	王昶撰 **魏書** 武帝紀第一（1／52）	
家　　戒	杜恕撰 **魏書** 袁張涼國田王邴管傳第十一（11／354）	
馬先生序	傅玄撰 **魏書** 方技傳第二十九（29／807）	
書　　林	應璩撰 **魏書** 辛毗楊阜高堂隆傳第二十五（25／719）	
神 異 經	東方朔撰 **魏書** 三少帝紀第四（4／118）	
神 仙 傳	葛洪撰 **蜀書** 先主傳第二（32／891） **吳書** 劉繇太史慈士燮傳第四（49／1192）、吳範劉惇趙達傳第十八（63／1427）	

十　一　畫	
陳留耆舊傳	**魏書** 韓崔高孫王傳第二十四（24／682，683）
陳 氏 譜	**魏書** 桓二陳徐衛盧傳第二十二（22／642）
曹 瞞 傳	吳人撰 **魏書** 武帝紀第一（1／1，2，3，21，25，30，35，36，44，49，51，52，53，54）、董二袁劉傳第六（6／207）、呂布臧洪傳第七（7／220）、荀彧荀攸賈詡傳第十（10／310）
曹 公 集	**蜀書** 許麋孫簡伊秦傳第八（38／970）
曹志別傳	**魏書** 任城陳蕭王傳第十九（19／577）
庾 氏 譜	**魏書** 袁張涼國田王邴管傳第十一（11／363）
郭 氏 譜	**魏書** 滿田牽郭傳第二十六（26／734）
郭林宗傳	**魏書** 桓二陳徐衛盧傳第二十二（22／648）
崔 氏 譜	**蜀書** 諸葛亮傳第五（35／911）
陸氏世頌	**吳書** 陸遜傳第十三（58／1343）
陸氏祠堂像贊	**吳書** 陸遜傳第十三（58／1343）
陸 遜 銘	陸機撰 **吳書** 陸遜傳第十三（58／1349）
啓 事	山濤撰 **魏書** 任蘇杜鄭倉傳第十六（16／493）、滿田牽郭傳第二十六（26／728，737）、徐胡二王傳第二十七（27／742） **蜀書** 諸葛亮傳第五（35／933）

啓 蒙 注	顧愷之撰 **魏書** 明帝紀第三（3／104）
通　　語	殷基撰 **蜀書** 蔣琬費褘姜維傳第十四（44／1062） **吳書** 張顧諸葛步傳第七（52／1229）、虞陸張駱陸吾朱傳第十二（57／1341）、吳主五子傳第十四（59／1369）
異同雜語	孫盛撰 **魏書** 武帝紀第一（1／3）
異 同 評	孫盛撰 **魏書** 武帝紀第一（1／31，53） **吳書** 孫破虜討逆傳第一（46／1111）、朱治朱然呂範朱桓傳第十一（56／1307）
異 同 記	孫盛撰 **蜀書** 諸葛亮傳第五（35／933）
異 物 志	楊孚撰 **魏書** 三少帝紀第四（4／117）
異　　林	陸某撰 **魏書** 鍾繇華歆王朗傳第十三（13／396）
十　　二　　畫	
華陽國志	常璩撰 **蜀書** 先主傳第二（32／875）、後主傳第三（33／903）、諸葛亮傳第五（35／932）、關張馬黃趙傳第六（36／943）、龐統法正傳第七（37／959）、董劉馬陳董呂傳第九（39／987）、杜周杜許孟來尹李譙郤傳第十二（42／1024，1032）、黃李呂馬王張傳第十三（43／1046，1049，1051）、蔣琬費褘姜維傳第十四（44／1066，1067）、鄧張宗楊傳第十五（45／1072，1075，1078，1086，1088） **吳書** 三嗣主傳第三（48／1168）
華佗別傳	**魏書** 方技傳第二十九（29／802，803，804）

博 物 志	張華撰 **魏書** 武帝紀第一（1／54）、文帝紀第二（2／90）、明帝紀第三（3／101）、烏丸鮮卑東夷傳第三十（30／849） **吳書** 宗室傳第六（51／1211）
博 物 記	**魏書** 袁張涼國田王邴管傳第十一（11／339）、桓二陳徐衛盧傳第二十二（22／642）、王毌丘諸葛鄧鍾傳第二十八（28／796）
嵇 氏 譜	**魏書** 武文世王公傳第二十（20／583）、王衛二劉傅傳第二十一（21／605）
嵇 康 傳	嵇喜撰 **魏書** 王衛二劉傅傳第二十一（21／605）
嵇康別傳 〔註107〕	**魏書** 王衛二劉傅傳第二十一（21／606）
嵇康集目錄	**魏書** 王衛二劉傅傳第二十一（21／606）
程曉別傳	**魏書** 程郭董劉蔣劉傳第十四（14／431）
費禕別傳	**蜀書** 蔣琬費禕姜維傳第十四（44／1061，1062）
傅 子	傅玄撰 **魏書** 武帝紀第一（1／26，54）、三少帝紀第四（4／117）、董二袁劉傳第六（6／179，213，214，215）、二公孫陶四張傳第八（8／263）、荀彧荀攸賈詡傳第十（10／312，325，330）、袁張涼國田王邴管傳第十一（11／347，354，358，360，363）、崔毛徐何邢鮑司馬傳第十二（12／378）、程郭董劉蔣劉傳第十四（14／431，432，433，434，436，444，445，446，447，449）、任蘇杜鄭倉傳第十六（16／494，496，498）、張樂于張徐傳第十七（17／518）、王衛二劉傅傳第二十一（21／615，623，624，628）、桓二陳徐衛盧傳第二十二（22／634）、王毌丘諸葛鄧鍾傳第二十八（28／774） **蜀書** 先主傳第二（32／883）、關張馬黃趙傳第六（36／940）、蔣琬費禕姜維傳第十四（44／1063） **吳書** 吳主傳第二（47／1149）

〔註107〕裴松之《三國志注》引《嵇氏譜》：「兄喜，字公穆，晉揚州刺史、宗正。喜爲康傳曰…。」同註5，頁605；未知是否與《嵇康別傳》同爲一書，故仍分別羅列。

傅咸集	魏書 桓二陳徐衛盧傳第二十二（22／649）
張超集	魏書 武帝紀第一（1／7）
逸士傳	皇甫謐撰 魏書 武帝紀第一（1／31）、荀彧荀攸賈詡傳第十（10／307）
搜神記	干寶撰 魏書 文帝紀第二（2／75）、三少帝紀第四（4／118）、董二袁劉傳第六（6／193，214） 蜀書 許麋孫簡伊秦傳第八（38／970） 吳書 孫破虜討逆傳第一（46／1110，1112）、三嗣主傳第三（48／1176，1177）、妃嬪傳第五（50／1195，1201）、諸葛滕二孫濮陽傳第十九（64／1440）
揚都賦注〔註108〕	庾闡撰 吳書 吳主傳第二（47／1148）
十 三 畫	
蜀 記	王隱撰 魏書 二李臧文呂許典二龐閻傳第十八（18／547） 蜀書 後主傳第三（33／901，902）、諸葛亮傳第五（35／917，936）、關張馬黃趙傳第六（36／939，940，942）、許麋孫簡伊秦傳第八（38／964，975）、杜周杜許孟來尹李譙郤傳第十二（42／1027）、黃李呂馬王張傳第十三（43／1045）、蔣琬費禕姜維傳第十四（44／1066）、鄧張宗楊傳第十五（45／1089）
蜀本紀	譙周撰 蜀書 先主傳第二（32／889）、許麋孫簡伊秦傳第八（38／975）
蜀世譜	孫盛撰 蜀書 二主妃子傳第四（34／906，908）、霍王向張楊費傳第十一（41／1017）、黃李呂馬王張傳第十三（43／1047，1048，1055）
蜀都賦	左思撰 蜀書 許麋孫簡伊秦傳第八（38／975）、鄧張宗楊傳第十五（45／1072）

〔註108〕王祖彝《三國志裴注引用書目》誤作「楊都賦注」，應正，同註94，頁13。

楚國先賢傳	張方撰 **魏書** 三少帝紀第四（4／141）、韓崔高孫王傳第二十四（24／677，678） **蜀書** 董劉馬陳董呂傳第九（39／986）、劉彭廖李劉魏楊傳第十（40／1005） **吳書** 三嗣主傳第三（48／1159，1169）
零陵先賢傳	**魏書** 董二袁劉傳第六（6／216） **蜀書** 諸葛亮傳第五（35／916）、董劉馬陳董呂傳第九（39／980，981，982）
會稽典錄	虞預撰 **吳書** 孫破虜討逆傳第一（46／1100）、妃嬪傳第五（50／1196，1197）、宗室傳第六（51／1206，1214）、虞陸張駱陸吾朱傳第十二（57／1319，1323，1324，1327，1328，1333）、陸遜傳第十三（58／1353）、賀全呂周鍾離傳第十五（60／1381，1392，1393，1394，1395）、吳範劉惇趙達傳第十八（63／1423）
會稽邵氏家傳	**吳書** 三嗣主傳第三（48／1170）
虞翻別傳	**吳書** 虞陸張駱陸吾朱傳第十二（57／1317，1322）
萬 機 論	蔣濟撰 **蜀書** 龐統法正傳第七（37／954）、許麋孫簡伊秦傳第八（38／966，977）
瑞 應 圖	**吳書** 吳主傳第二（47／1147）
十 四 畫	
漢 紀	張璠撰 **魏書** 武帝紀第一（1／3，6，13）、董二袁劉傳第六（6／173，178，180，182，200，211）、二公孫陶四張傳第八（8／262）、荀彧荀攸賈詡傳第十（10／307，309，316，321，322）、崔毛徐何邢鮑司馬傳第十二（12／372）、任蘇杜鄭倉傳第十六（16／509）、王衛二劉傳第二十一（21／597） **吳書** 孫破虜討逆傳第一（46／1107）、周瑜魯肅呂蒙傳第九（54／1259）
漢 紀	袁宏撰 **魏書** 文帝紀第二（2／57，62）、袁張涼國田王邴管傳第十一（11／333，336） **吳書** 劉繇太史慈士燮傳第四（49／1184）

漢　紀	**魏書** 明帝紀第三（3／98）
漢　書	華嶠撰 **魏書** 董二袁劉傳第六（6／177，184，188）、崔毛徐何邢鮑司馬傳第十二（12／378）、王衛二劉傳傳第二十一（21／601）
漢魏春秋	孔衍撰 **魏書** 武帝紀第一（1／46）、三少帝紀第四（4／123）、武文世王公傳第二十（20／587） **蜀書** 劉二牧傳第一（31／870）、先主傳第二（32／878）、黃李呂馬王張傳第十三（43／1045）
漢晉春秋	習鑿齒撰 **魏書** 武帝紀第一（1／20）、明帝紀第三（3／107，110，112，113）、三少帝紀第四（4／122，125，142，143，144，146，150）、后妃傳第五（5／167）、董二袁劉傳第六（6／204，212，213，214）、二公孫陶四張傳第八（8／245，247，260）、諸夏侯曹傳第九（9／284，291，305）、袁張涼國田王邴管傳第十一（11／349）、鍾繇華歆王朗傳第十三（13／408）、程郭董劉蔣劉傳第十四（14／454）、張樂于張徐傳第十七（17／525）、王衛二劉傳第二十一（21／628）、王毌丘諸葛鄧鍾傳第二十八（28／759，772，773，781，791，793，794） **蜀書** 劉二牧傳第一（31／869）、先主傳第二（32／872，877）、後主傳第三（33／896，900，902）、二主妃子傳第四（34／906，907）、諸葛亮傳第五（35／911，921，923，924，925，926，927，933）、董劉馬陳董呂傳第九（39／987）、霍王向張楊費傳第十一（41／1008）、蔣琬費禕姜維傳第十四（44／1064，1066，1067）、鄧張宗楊傳第十五（45／1077） **吳書** 吳主傳第二（47／1144）、三嗣主傳第三（48／1163，1166，1168，1173）、張嚴程闞薛傳第八（53／1255）、周瑜魯肅呂蒙傳第九（54／1271）、陸遜傳第十三（58／1357）、諸葛滕二孫濮陽傳第十九（64／1435，1449）
漢末名士錄	**魏書** 董二袁劉傳第六（6／192，211）、荀彧荀攸賈詡傳第十（10／322）
管輅別傳	管辰撰 **魏書** 方技傳第二十九（29／811，812，813，814，815，816，817，818，819，821，822，823，824，826）
趙雲別傳	**蜀書** 關張馬黃趙傳第六（36／948，949，950，951）
裴氏家記 〔註109〕	傅暢撰 **蜀書** 杜周杜許孟來尹李譙郤傳第十二（42／1024）

〔註109〕王祖彝《三國志裴注引用書目》誤作「裴氏家紀」，應正，同註94，頁14。

	十　　五　　畫
鄭玄別傳	**魏書** 三少帝紀第四（4／142）、袁張涼國田王邴管傳第十一（11／339） **蜀書** 許麋孫簡伊秦傳第八（38／970）
潘尼別傳	**魏書** 王衛二劉傳傳第二十一（21／613）
潘岳別傳	**魏書** 王衛二劉傳傳第二十一（21／613）
潘　岳　集	**魏書** 滿田牽郭傳第二十六（26／728）
劉　氏　譜	**魏書** 王衛二劉傳傳第二十一（21／617）
劉廙別傳	**魏書** 王衛二劉傳傳第二十一（21／614，616，617）
魯　連　子	魯連撰 **魏書** 任城陳蕭王傳第十九（19／560）
	十　　六　　畫
冀　州　記	荀綽撰 **魏書** 諸夏侯曹傳第九（9／305）、袁張涼國田王邴管傳第十一（11／354）、崔毛徐何邢鮑司馬傳第十二（12／374）、任城陳蕭王傳第十九（19／561）、和常楊杜趙裴傳第二十三（23／673）、滿田牽郭傳第二十六（26／726，733）、王毌丘諸葛鄧鍾傳第二十八（28／781）
戰　　略	司馬彪撰 **魏書** 董二袁劉傳第六（6／211）、鍾繇華歆王朗傳第十三（13／393）、程郭董劉蔣劉傳第十四（14／453）、王衛二劉傳第二十一（21／625）、徐胡二王傳第二十七（27／755）
盧諶別傳	**魏書** 桓二陳徐衛盧傳第二十二（22／653）
諸葛氏譜 〔註110〕	**蜀書** 諸葛亮傳第五（35／932）

〔註110〕王祖彝《三國志裴注引用書目》誤作「諸葛世譜」，應正，同註94，頁15。

諸葛亮集	**蜀書** 先主傳第二（32／891）、後主傳第三（33／894，895）、諸葛亮傳第五（35／918，920，924，928，932）、劉彭廖李劉魏楊傳第十（40／998，999）、杜周杜許孟來尹李譙郤傳第十二（42／1025）
諸葛亮隱沒五事	郭沖撰 **蜀書** 諸葛亮傳第五（35／917）
諸葛恪別傳	**吳書** 諸葛滕二孫濮陽傳第十九（64／1430）
諸王公傳	**魏書** 諸夏侯曹傳第九（9／293）
機雲別傳	**吳書** 陸遜傳第十三（58／1360）
頭責子羽	**魏書** 程郭董劉蔣劉傳第十四（14／461）
默　記	張儼撰 **蜀書** 諸葛亮傳第五（35／924，935）
褒　賞　令	**魏書** 武帝紀第一（1／23）
十　七　畫	
襄　陽　記	習鑿齒撰 **蜀書** 諸葛亮傳第五（35／913，928，929）、龐統法正傳第七（37／953，956）、董劉馬陳董呂傳第九（39／983，984，986）、霍王向張楊費傳第十一（41／1008，1010，1011） **吳書** 三嗣主傳第三（48／1156，1174）、朱治朱然呂範朱桓傳第十一（56／1307）、潘濬陸凱傳第十六（61／1399）
濤　行　狀	山濤撰 **魏書** 王衛二劉傳第二十一（21／607）
鍾會母傳	鍾會撰 **魏書** 王毌丘諸葛鄧鍾傳第二十八（28／784，785）

十 八 畫	
魏　書	王沈撰 **魏書** 武帝紀第一（1／1，2，3，4，5，8，9，10，12，14，15，16，23，24，26，27，28，29，34，35，36，40，45，46，47，49，51，54）、文帝紀第二（2／57，58，59，61，76，77，78，79，80，82，83，84，85，86，88）、明帝紀第三（3／91，94，97，98，99，108，110，112，114，115）、三少帝紀第四（4／129，131）、后妃傳第五（5／156，157，159，160，161，162，165，166，167）、董二袁劉傳第六（6／175，178，179，181，187，188，210）、二公孫陶四張傳第八（8／241，253，258）、諸夏侯曹傳第九（9／268，269，270，274，276，277，278，280，281，283，294，300，302）、荀彧荀攸賈詡傳第十（10／321，322，323，324，325，328）、袁張涼國田王邴管傳第十一（11／335，338，339，340，343，344，345）、崔毛徐何邢鮑司馬傳第十二（12／377，378，379，380，381，384）、鍾繇華歆王朗傳第十三（13／399，402，403，404，406，412，414）、程郭董劉蔣傳第十四（14／427，429，433，435）、劉司馬梁張溫賈傳第十五（15／468，484）、任蘇杜鄭倉傳第十六（16／491）、張樂二張徐于張傳第十七〔註111〕（17／520，524，530）、二李臧文呂許典二龐閻傳第十八（18／533，538，539）、任城陳蕭王傳第十九（19／562）、武文世王公傳第二十（20／581，582，584）、王衛二劉傳第二十一（21／611）、桓二陳徐衛盧傳第二十二（22／631，632，633，638）、王毌丘諸葛鄧鍾傳第二十八（28／759，770）、烏丸鮮卑東夷傳第三十（30／832，836） **蜀書** 先主傳第二（32／873，874，876，877，880，882，889）、諸葛亮傳第五（35／926） **吳書** 孫破虜討逆傳第一（46／1095，1101）、周瑜魯肅呂蒙傳第九（54／1270）
魏　略	魚豢撰 **魏書** 武帝紀第一（1／18，36，41，52）、文帝紀第二（2／57，59，60，76，77，85）、明帝紀第三（3／91，93，94，95，100，104，110，114）、三少帝紀第四（4／126，129，130，141）、后妃傳第五（5／156，158，159，160，166，169）、二公孫陶四張傳第八（8／247，255，256，261，263，266）、諸夏侯曹傳第九（9／268，269，270，272，278，281，288，292，299，301，302，303）、荀彧荀攸賈詡傳第十（10／331）、袁張涼國田王邴管傳第十一（11／344，347，349，363，365，366）、崔毛徐何邢鮑司馬傳第十二（12／369，370，373，387）、鍾繇華歆王朗傳第十三（13／394，395，396，402，408，414，420）、程郭董劉蔣劉傳第十四（14／428）、劉司馬梁張溫賈傳第十五（15／470，471，473，475，476，477，478，479，480，481，482，483，484，485）、任蘇杜鄭倉傳第十六（16／491，493，494，496，497，498，506，507，513）、張樂于張徐傳第十七（17／526，527）、二李臧文呂許典二龐閻傳第十八（18／535，538，540，546，547，551）、任城陳蕭王傳第十九（19／556，557，561，564，569，574）、武文世王公傳第二十（20／581，586）、王衛二劉傳第二十一（21／603，607，621）、和常楊杜趙裴傳第二十三（23／659，660，664，669，671，672，673，674，676）、辛毗楊阜高堂隆傳第二十五（25／698，699，701，709）、滿田牽郭傳第二十六（26／729）、王毌丘諸葛鄧鍾傳第二十八（28／757，759，760）、烏丸鮮卑東夷傳第三十（30／835，842，847，850，851，853，856，858） **蜀書** 後主傳第三（33／893，894，898）、諸葛亮傳第五（35／911，912，913，914，922）、許糜孫簡伊秦傳第八（38／967）、劉彭廖李劉魏楊傳第十（40／993，994，1003，1004）、杜周杜許孟來尹李譙郤傳第十二（42／1026）、蔣琬費禕姜維傳第十四（44／1063，1069） **吳書** 吳主傳第二（47／1119，1121，1123，1126，1127）

〔註111〕王祖彝《三國志裴注引用書目》誤作「卷十六」，應正，同註94，頁16。

魏　　紀	陰澹〔註112〕撰 **魏書** 任城陳蕭王傳第十九（19／558）
魏氏春秋	孫盛撰 **魏書** 武帝紀第一（1／18，22，42，53）、文帝紀第二（2／75，86）、明帝紀第三（3／100，103，106，114）、三少帝紀第四（4／117，127，128，132，134，142，145，147）、董二袁劉傳第六（6／197，200，203）、呂布臧洪傳第七〔註113〕（7／227，232）、二公孫陶四張傳第八（8／244）、諸夏侯曹傳第九（9／287，293，300，301，302，303）、荀彧荀攸賈詡傳第十（10／317）、袁張涼國田王邴管傳第十一（11／350，365）、崔毛徐何邢鮑司馬傳第十二（12／372）、程郭董劉蔣劉傳第十四（14／458）、任城陳蕭王傳第十九（19／557，561，564）、武文世王公傳第二十（20／592）、王衛二劉傳第二十一（21／604，606）、桓二陳徐衛盧傳第二十二（22／642，644）、韓崔高孫王傳第二十四（24／683）、王毋丘諸葛鄧鍾傳第二十八（28／761，766，769，781，784，796） **蜀書** 後主傳第三（33／894）、諸葛亮傳第五（35／926，928）
魏　末　傳	**魏書** 明帝紀第三（3／91）、三少帝紀第四（4／145）、諸夏侯曹傳第九（9／285，287，288，292，293）、王毋丘諸葛鄧鍾傳第二十八（28／761，766，771）
魏武故事	**魏書** 武帝紀第一（1／18，32，50）、董二袁劉傳第六（6／215）、任蘇杜鄭倉傳第十六（16／490）、任城陳蕭王傳第十九（19／558）
魏名臣奏	正始中詔撰群臣上書 **魏書** 明帝紀第三（3／111）、三少帝紀第四（4／142）、二公孫陶四張傳第八（8／257，265）、鍾繇華歆王朗傳第十三（13／409）、任蘇杜鄭倉傳第十六（16／491）、桓二陳徐衛盧傳第二十二（22／638）、韓崔高孫王傳第二十四（24／679，680，689）、徐胡二王傳第二十七（27／741）、王毋丘諸葛鄧鍾傳第二十八（28／761）
魏世譜	孫盛撰 **魏書** 三少帝紀第四（4／123，131，154）
魏世籍	孫盛撰 **魏書** 三少帝紀第四（4／）〔註114〕
魏都賦	左思撰 **魏書** 袁張涼國田王邴管傳第十一（11／360）、烏丸鮮卑東夷傳第三十（30／849）

〔註112〕王祖彝《三國志裴注引用書目》誤作「殷澹」，應正，同註94，頁17。
〔註113〕王祖彝《三國志裴注引用書目》誤作「卷六呂布傳」，應正，同前註。
〔註114〕王祖彝《三國志裴注引用書目》作「魏世籍，孫盛撰，**魏志**卷四齊王芳紀。」同前註，頁17；然《三國志‧卷四‧三少帝紀第四》有「孫盛魏世譜」而無「魏世籍」，且王祖彝於「魏世譜」處並未註明作者孫盛，可知是「魏世譜」與「魏世籍」混淆所致，應是版本或王祖彝之誤。

雜　　記	孫盛撰 魏書 武帝紀第一（1／5） 蜀書 蔣琬費禕姜維傳第十四（44／1063）
雜　　語	孫盛撰 魏書 諸夏侯曹傳第九（9／302）、二李臧文呂許典二龐閻傳第十八（18／541）
禮　　論	吳書 吳主五子傳第十四（59／1374）

十　　九　　畫

廬江何氏家傳	魏書 王衛二劉傳第二十一（21／622）

二　　十　　畫

獻帝紀 〔註115〕	魏書 武帝紀第一（1／13）、董二袁劉傳第六（6／173，174，178，181，183，186，192）、荀彧荀攸賈詡傳第十（10／328）
獻帝傳	魏書 武帝紀第一（1／48）、文帝紀第二（2／62，75）、明帝紀第三（3／100，102）、董二袁劉傳第六（6／195，196，199，200）
獻帝春秋	袁曄撰 魏書 武帝紀第一（1／12，13，16，18，50）、董二袁劉傳第六（6／173，190，195，206，208）、呂布臧洪傳第七（7／222，227，228）、二公孫陶四張傳第八（8／247）、荀彧荀攸賈詡傳第十（10／318，319）、鍾繇華歆王朗傳第十三（13／407）、程郭董劉蔣劉傳第十四（14／440） 蜀書 劉二牧傳第一（31／869）、先主傳第二（32／874，880）、諸葛亮傳第五（35／911） 吳書 孫破虜討逆傳第一（46／1094，1097）、吳主傳第二（47／1120）、劉繇太史慈士燮傳第四（49／1185）、宗室傳第六（51／1206）、張嚴程闞薛傳第八（53／1246）、虞陸張駱陸吾朱傳第十二（57／1337）
獻帝起居注	魏書 武帝紀第一（1／22，30，42，43）、文帝紀第二（2／57）、董二袁劉傳第六（6／175，183，184，186）、袁張涼國田王邴管傳第十一（11／351） 蜀書 先主傳第二（32／875） 吳書 孫破虜討逆傳第一（46／1099，1100）

〔註115〕王祖彝《三國志裴注引用書目》誤作「獻帝記」，應正，同註94，頁18。

譜　敍	華嶠撰 **魏書** 鍾繇華歆王朗傳第十三（13／402，403，404，406）		

二　十　一　畫			
續　漢　書 〔註116〕	司馬彪撰 **魏書** 武帝紀第一（1／1，2，3，27，39）、文帝紀第二（2／78）、董二袁劉傳第六（6／172，177，179，189）、荀彧荀攸賈詡傳第十（10／307）、崔毛徐何邢鮑司馬傳第十二（12／370，372）、任蘇杜鄭倉傳第十六（16／509）、王衛二劉傅傳第二十一（21／601）、桓二陳徐衛盧傳第二十二（22／650） **蜀書** 劉二牧傳第一（31／866）、杜周杜許孟來尹李譙郤傳第十二（42／1020，1024）、鄧張宗楊傳第十五（45／1074） **吳書** 孫破虜討逆傳第一（46／1094）、劉繇太史慈士燮傳第四（49／1183，1184）、賀全呂周鍾離傳第十五（60／1393）		
顧　譚　傳	陸機撰 **吳書** 張顧諸葛步傳第七（52／1231）		
辯　道　論 〔註117〕	東阿王撰 **魏書** 方技傳第二十九（29／805）		

二　十　四　畫			
靈　帝　紀	劉艾撰 **魏書** 武帝紀第一（1／45）、董二袁劉傳第六（6／172）、二公孫陶四張傳第八（8／251） **蜀書** 劉二牧傳第一（31／866） **吳書** 孫破虜討逆傳第一（46／1094）		

　　以上索引書目總計二百零二部，扣除裴松之《三國志注》中無，而王祖彝《三國志裴注引用書目》裡獨舉之《列書》、《魏世籍》二書，猶有二百部，較分類、考佚書目的一百九十三部多郭沖《諸葛亮隱沒五事》、嵇喜《嵇康傳》，及無撰者姓氏的《文士傳》、《晉書》與《漢紀》等五部，因此有一百九十八部，不過又將葛洪《抱朴子內篇》、《抱朴子外篇》合為《抱朴子》一書，而把左思《三都賦》拆成《魏都

〔註116〕王祖彝《三國志裴注引用書目》將之置於「二十畫」處，誤，應正，同註94，頁18。
〔註117〕王祖彝《三國志裴注引用書目》誤作「東阿王辨道論」，應正，同前註，頁7。

賦》、《蜀都賦》、《吳都賦》三部，《漢靈獻二帝紀》分為《靈帝紀》、《獻帝紀》二部，故於增減之際猶多兩本，是以共計二百部，若再加上未列入的魏晉以前古書、經傳、著作三十二部，則裴松之《三國志注》所徵引的書目多達二百三十二種，援用的材料可謂十分豐富。

第六章 《三國志注》史評研究

第一節 自注呈現的面向

　　劉知幾《史通》以爲「史之有論也，蓋欲事無重出，文省可知」〔註1〕，「事無重出」指的是另加別語，以補書中記載之所無，「文省可知」則是說雖然論贊之辭片言如約，但卻能兼備諸義，「及後來贊語之作，多錄紀傳之言，其有所異，唯加文飾而已。至於甚者，則天子操行，具諸紀末，繼以論曰，接武前修，紀論不殊，徒爲再列」〔註2〕，已失原來「文省可知」的特性。

　　「夫論者，所以辯疑惑，釋凝滯」〔註3〕，早在《春秋左氏傳》中已有假稱「君子」之發論，《公羊傳》、《穀梁傳》則謂「公羊子」、「穀梁子」，然此三書皆非每篇都有論，每篇必有論者，應始於《史記》。

　　《史記》明云「太史公」，到了《漢書》時，班固又曰「贊」，其後，「荀悅曰論，《東觀》曰序，謝承曰詮，陳壽曰評，王隱曰議，何法盛曰述，揚雄曰譔，劉昞曰奏，袁宏、裴子野自顯姓名，皇甫謐、葛洪列其所號。史官所撰，通稱史臣。其名萬殊，其義一揆。必取便於時者，則總歸論贊焉」〔註4〕。

　　然論贊實又有別，「論」是篇末的論辭，而「贊」則指在「論」之後的韻語，史書先有「論」補內容之不足，言簡意賅，後又有「贊」繼以接述，不過「贊」發展到後來有繁複之病，且「贊」是韻體，屬於「銘」類，史書紀傳跋尾應當正名爲「史論」，不當云「贊」。

〔註1〕見《史通・卷四・論贊第九》劉知幾撰，浦起龍釋：《史通通釋》（臺北：九思出版有限公司，民國67年10月臺一版），頁82。
〔註2〕同前註，頁82～83。
〔註3〕同前註，頁81。
〔註4〕同前註。

「史論」名稱，至陳壽時改謂「史評」，裴松之注《三國志》體例有四，即「補闕」、「備異」、「懲妄」、「論辯」，其中「補闕」、「備異」是對徵引材料的歸納、整理，此兩項工作係由助手與之協同完成，而「懲妄」、「論辯」則是裴松之在考證、校勘所有材料後，所提出的個人意見，此即裴松之的「自注」，也就是裴松之的「史評」，裴氏於時領宋文帝命注《三國志》，故在《三國志注》中，就運用了「臣松之案」、「臣松之以為」等直接稱謂來作為敘述，以傳達其在作注工作上所發的種種議論。

綜觀《三國志》全書，裴松之自注共計達二百三十二條〔註5〕，相較於全書二千三百八十九條注文，這一部份所佔的比重顯然不多，不過，裴松之注《三國志》在歷經「補闕」、「備異」的工作後，再藉由「臣松之案」、「臣松之以為」等表達的形式來「懲妄」、「論辯」，對於陳壽《三國志》的本文亦應具有一定的補充、釐清價值，因此，其「自注」就是裴松之個人在議論史事、評價人物兩方面上的直接觀點，意即通過「參諸書之說以核譌異」〔註6〕與「引諸家之論以辨是非」〔註7〕的過程，鋪陳出裴松之對《三國志》內容、記載的看法，此不僅完整表達出裴松之獨特的史評、史觀，也可說是整部《三國志注》的要旨所在。

一、自注的方式

裴松之自注多以「臣松之案」、「臣松之以為」兩種方式呈現，亦有「臣松之按」、「臣松之云」，以及「臣松之曰」等其他敘述，不論如何，上皆冠以「臣松之」三字，另外，又有部分注釋是既未列書名、作者，且沒有標明「臣松之」三字的，此應是裴松之的助手所注釋，並非裴松之本人的評議，大抵說來，其自注依不同的表達型態，可劃分成「臣松之以為」、「臣松之案」、「臣松之按」、「臣松之」四類方式，以下便就此四種自注式的史評詳盡探究之：

（一）臣松之以為

《三國志注》中，以「臣松之以為」方式為注者計九十六條，通常是裴松之

〔註5〕逯耀東《魏晉史學的思想與社會基礎》：「統計《三國志》全書二千三百八十九條裴注，其中〈魏書〉一千四百七十七條，〈蜀書〉三百五十八條，〈吳書〉五百五十四條，……以及二百五十九條裴松之的自注外。」（臺北：東大圖書公司，民國89年2月初版），頁352；此二百五十九條自注，除上冠有「臣松之」三字的自注外，應還包含「沒有列舉書名的注」，而「沒有列舉書名的注」，逯耀東認為「很可能是由裴松之的助手所注的」，註同前，頁385。

〔註6〕見《四庫全書總目提要‧卷四十五‧史部一‧正史類一》【三國志六十五卷】永瑢等編撰：《四庫全書總目提要》（臺北：臺灣商務印書館，民國22年7月初版），頁987。

〔註7〕同前註。

考證、解釋所引用的材料後，所作的評論，裴松之《三國志注》徵引的書目儘管有二百三十二部之多，然史學著作繁雜，觀點、立場的不同，難免造成記載上的差異，因此，裴松之辨正、批判引用材料的內容，比較異同，藉以探求真偽，並進一步針對考證結果提出看法，包括對歷史事件和人物的評價，以及對魏晉史家與史書的評論。

　　裴氏於〈上三國志注表〉中言「其時事當否，及壽之小失，頗以愚意，有所論辯」〔註8〕，此亦即《三國志注》的「論辯」體例，其藉「臣松之以為」的自注形式進行批評，但範圍不只限於陳壽《三國志》，還擴及所引用的史學著作。

　　例如在《三國志‧卷六‧董二袁劉傳》中關於審配的爭議，裴松之注引樂資《山陽公載記》及袁暐《獻帝春秋》云「太祖兵入城，審配戰于門中，既敗，逃于井中，於井獲之」〔註9〕，然陳壽本文卻言「配兄子榮守東門，夜開門內太祖兵，與配戰城中，生禽配。配聲氣壯烈，終無撓辭，見者莫不歎息。遂斬之」〔註10〕，且《先賢行狀》亦稱「配字正南，魏郡人，少忠烈慷慨，有不可犯之節」〔註11〕，因此裴松之詳細比對《英雄記》、《漢晉春秋》、《典略》、《先賢行狀》等書對審配的記載，重新勾勒真相，進而駁斥樂資、袁暐著作內容的謬誤。

> 臣松之以為配一代之烈士，袁氏之死臣，豈當數窮之日，方逃身于井，此之難信，誠為易了。不知資、暐之徒竟為何人，未能識別然否，而輕弄翰墨，妄生異端，以行其書。如此之類，止足以誣罔視聽，疑誤後生矣。是史籍之罪人，達學之所不取者也。〔註12〕

雖然裴松之在「備異」的原則下，羅列群書記載以為比照，但對於著作內容有謬誤之處，裴松之仍會秉持「懲妄」、「論辯」的體例加以考證、批評，《三國志》注前後徵引袁暐《獻帝春秋》達二十九條，然裴松之卻時有「虛罔」〔註13〕、「虛錯」

〔註8〕 見《全上古三代秦漢三國六朝文‧全宋文‧卷十七》嚴可均校輯：《全上古三代秦漢三國六朝文》（北京：中華書局，民國74年11月三刷），頁2525。
〔註9〕 見裴松之注《三國志‧卷六‧董二袁劉傳第六》陳壽撰，裴松之注：《三國志》（臺北：鼎文書局，民國86年5月九版），頁206。
〔註10〕 見《三國志‧卷六‧董二袁劉傳第六》，同前註，頁202。
〔註11〕 見裴松之注《三國志‧卷六‧董二袁劉傳第六》，同前註，頁205。
〔註12〕 同前註，頁206。
〔註13〕 裴松之注《三國志‧卷十‧荀彧荀攸賈詡傳第十》：「臣松之案《獻帝春秋》云彧欲發伏后事而求使至鄴，而方誣太祖云『昔已嘗言』。言既無徵，迴託以官渡之虞，倪仰之閒，辭情頓屈，雖在庸人，猶不至此，何以玷累賢哲哉！凡諸云云，皆出自鄙俚，可謂以吾儕之言而厚誣君子者矣。袁暐虛罔之類，此最為甚也。」同前註，頁319。

〔註14〕的批評，可見其對袁暐《獻帝春秋》的記載失實深表不滿，《宋書》本傳載裴松之〈請禁私碑表〉中有「防遏無徵，顯彰茂實，使百世之下，知其不虛，則義信於仰止，道孚於來葉」〔註15〕之論，此間透露的，正是實事求是精神的展現，亦即是裴松之《三國志注》的中心意旨所在。

　　裴松之強調內容記載真實，力求合乎歷史原貌，因此激烈詆毀敘述乖誤的樂資《山陽公載記》及袁暐《獻帝春秋》，非唯如此，裴松之進一步主張撰寫史書時的語言運用，也必須和所記述的時代互相符合，因此，對於孫盛仿《左傳》體裁寫成的《魏氏春秋》，裴松之就表現出質疑的態度。

　　　臣松之以爲史之記言，既多潤色，故前載所述有非實者矣，後之作者又生

　　　意改之，于失實也，不亦彌遠乎！凡孫盛製書，多用《左氏》以易舊文，

　　　如此者非一。嗟乎，後之學者將何取信哉？〔註16〕

此是針對東漢獻帝建安五年春正月，曹操將自東征劉備，孫盛《魏氏春秋》云曹操「答諸將曰：『劉備，人傑也，將生憂寡人』」〔註17〕所發的議論，裴松之認爲陳壽此段記載有謬誤之處，而孫盛延續陳壽本文內容，又對曹操所答加以潤色，故有失實之嫌，「且魏武方以天下勵志，而用夫差分死之言，尤非其類」〔註18〕，孫盛作《魏氏春秋》，注解、徵引頗爲豐富，不過，卻喜歡改易所徵引書中有關他人之言論，松之以爲其與原來內容相比，雖時有小勝，「然檢盛言諸所改易，皆非別有異聞，率更自以意制，多不如舊」〔註19〕，因此，裴松之堅持「凡記言之體，當使若出其口。辭勝而違實，固君子所不取，況復不勝而徒長虛罔哉？」〔註20〕藉以批評孫盛撰史

〔註14〕裴松之注《三國志·卷五十三·張嚴程闞薛傳第八》引《獻帝春秋》後云：「臣松之以爲秣陵之與蕪湖，道里所校無幾，於北侵利便，亦有何異？而云欲闚徐州，貪秣陵近下，非其理也。諸書皆云劉備勸都秣陵，而此獨云權自欲都之，又爲虛錯。」同註9，頁1246。

〔註15〕見《宋書·卷六十四·裴松之傳》沈約撰：《宋書》（臺北：鼎文書局，民國64年6月臺一版），頁1699；然《宋書·卷六十四·裴松之傳》僅言「松之以世立私碑，有乖事實，上表陳之曰」，無表名，據嚴可均校輯之《全上古三代秦漢三國六朝文·全宋文·卷十七》補篇名爲「〈請禁私碑表〉」，嚴可均注：「又議禁斷」，故亦可稱爲「〈請禁斷私碑表〉」，同註8，頁2525。

〔註16〕見裴松之注《三國志·卷一·武帝紀第一》，同註9，頁19。

〔註17〕《三國志·卷一·武帝紀第一》：「公曰：『夫劉備，人傑也，今不擊，必爲後患。』」裴注引孫盛《魏氏春秋》云：「答諸將曰：『劉備，人傑也，將生憂寡人。』」，同前註，頁18。

〔註18〕見裴松之注《三國志·卷一·武帝紀第一》，同前註，頁19。

〔註19〕見裴松之注《三國志·卷二十二·桓二陳徐衛盧傳第二十二》，同前註，頁642。

〔註20〕同前註。

運用的語言，沒有符合所記載的時代。

　　以此爲標準，裴松之亦同時譏諷葛洪的《抱朴子》與《神仙傳》兩本著作，可見松之不僅重視史書語言須合乎時代，且已深入涉及史書撰作的方法、體裁兩個部分。

　　　臣松之以爲葛洪所記，近爲惑眾，其書文頗行世，故攝取數事，載之篇末也。

　　　神仙之術，詎可測量，臣之臆斷，以爲惑眾，所謂夏蟲不知冷冰耳。〔註21〕

裴松之懷疑神仙方術，認爲是「蓋非一方」〔註22〕的道術，甚至還批評葛洪所記近爲惑眾，不過，在《三國志注》中卻不乏出現這類內容，追根溯源，實係因裴松之必須秉持「備異」原則而不得不加以引用，且當時的文學作品充斥著大量志怪材料，也讓松之在徵引、注解之餘無法完全撇清關係，儘管《三國志注》保存了神仙方術一類的材料，但從其史評形式看來，裴松之對於這類材料仍是採取較批判性的保留態度。

　　由此可知，《三國志注》不僅是補陳壽本文的闕軼，裴松之對於魏晉當時的史家和史書，也作了具體的論斷，除開徵引的材料本身以外，還涉及到方法、體裁方面，藉由「臣松之以爲」的形式，品評歷史事件、歷史人物，甚至針對魏晉時期的史學成就提出議論，亦即是在考證、解釋其所徵引的一切材料後，裴松之再加以總結的批判性意見。

（二）臣松之案

　　《三國志注》中，以「臣松之案」方式爲注者達一百零　條，一般爲裴松之對引用材料所作的考證或解釋，《三國志注》徵引的書目多達二百三十二部，以爲補充、備異陳壽《三國志》之用，然此二百三十二書目，並非都是嚴謹、紀實之作，因此，裴松之於徵引各書內容時，亦須對照陳壽《三國志》的本文記載比較異同，以探求歷史眞僞。

　　裴氏於〈上三國志注表〉中載「若乃紕繆顯然，言不附理，則隨違矯正，以懲其妄」〔註23〕，此亦即《三國志注》的「懲妄」體例，松之藉「臣松之案」爲自注形式，進行批評，「臣松之以爲」主要是對考證引用材料後的結果作出評論，而「臣松之案」則是單純針對所蒐集、徵引的書目進行考證和解釋。

　　　臣松之案：「時」或作「特」，竊謂「英特」爲是也。〔註24〕

〔註21〕見裴松之注《三國志・卷六十三・吳範劉惇趙達傳第十八》，同註9，頁1428。

〔註22〕裴松之注《三國志・卷六十三・吳範劉惇趙達傳第十八》：「古之道術，蓋非一方，探賾之功，豈惟六爻，苟得其要，則可以易而知之矣，迴轉一籌，胡足怪哉？」，同前註，頁1426～1427。

〔註23〕見《全上古三代秦漢三國六朝文・全宋文・卷十七》，同註8，頁2525。

〔註24〕見裴松之注《三國志・卷十二・崔毛徐何邢鮑司馬傳第十二》，同註9，頁370。

《三國志・卷十二・崔毛徐何邢鮑司馬傳第十二》謂崔琰向司馬朗稱讚「子之弟，聰哲明允，剛斷英跱，殆非子之所及也」〔註25〕，此言「英跱」，裴松之於自注中以爲應是「英特」之誤，雖有考證，卻無根據，因此說是「竊謂」，不過，裴松之自注亦有引書直接補充解釋者。

> 臣松之案《漢書禮樂志》曰「長離前掞光耀明」。左思《蜀都賦》「摛藻掞天庭」。孫權蓋謂丁厷之言多浮豔也。〔註26〕

章武三年春，劉備病薨於永安，蜀丞相諸葛亮深慮孫權若聽聞劉備殂隕，恐有異計，遂遣鄧芝前往東吳脩好，吳、蜀連合後，孫權與諸葛亮書，稱「丁厷掞張，陰化不盡；和合二國，唯有鄧芝」〔註27〕，「掞」有「發舒」之意，裴松之先於自注中解釋「掞音夷念反，或作豔」〔註28〕，註明「掞」字的切語和讀音後，始加上「臣松之案」的補充，根據《漢書・禮樂志》及左思《蜀都賦》的相關資料，判斷孫權認爲丁厷之言多浮豔，能說服蜀、吳兩國結盟的，只有鄧芝。

但「臣松之案」實不僅限於音義訓解的注釋或考證，也有補人敘事的校勘更訂，並針對存疑部分提出意見。

> 臣松之案本傳云康以景元中坐事誅，而干寶、孫盛、習鑿齒諸書，皆云正元二年，司馬文王反自樂嘉，殺嵇康、呂安。蓋緣《世語》云康欲舉兵應毌丘儉，故謂破儉便應殺康也。其實不然。山濤爲選官，欲舉康自代，康書告絕，事之明審者也。案《濤行狀》，濤始以景元二年除吏部郎耳。景元與正元相較七八年，以《濤行狀》檢之，如本傳爲審。又鍾會傳亦云會作司隸校尉時誅康；會作司隸，景元中也。干寶云呂安兄巽善於鍾會，巽爲相國掾，俱有寵於司馬文王，故遂抵安罪。尋文王以景元四年鍾、鄧平蜀後，始授相國位；若巽爲相國掾時陷安，焉得以破毌丘儉年殺嵇、呂？此又干寶之疏謬，自相違伐也。〔註29〕

顯而易見，此正是《三國志注》的「懲妄」體例，裴松之針對《三國志》稱嵇康「至景元中，坐事誅」〔註30〕，分別引《嵇氏譜》、虞預《晉書》、《魏氏春秋》、《康別

〔註25〕 《三國志・卷十二・崔毛徐何邢鮑司馬傳第十二》：「始琰與司馬朗善，晉宣王方壯，琰謂朗曰：『子之弟，聰哲明允，剛斷英跱，殆非子之所及也。』朗以爲不然，而琰每秉此論。」同註9，頁370。
〔註26〕 見裴松之注《三國志・卷四十五・鄧張宗楊傳第十五》，同前註，頁1072。
〔註27〕 見《三國志・卷四十五・鄧張宗楊傳第十五》，同前註。
〔註28〕 見裴松之注《三國志・卷四十五・鄧張宗楊傳第十五》，同前註。
〔註29〕 見裴松之注《三國志・卷二十一・王衛二劉傳傳第二十一》，同前註，頁607。
〔註30〕 見《三國志・卷二十一・王衛二劉傳傳第二十一》，同前註，頁605。

傳》、《晉陽秋》、《康集目錄》、《世語》諸書注補嵇康生平事蹟，考訂徵引材料的記載後，證明郭頒《魏晉世語》言「毌丘儉反，康有力，且欲起兵應之，以問山濤，濤曰：『不可。』儉亦已敗」〔註31〕的說法，影響干寶《晉紀》、孫盛《魏氏春秋》、習鑿齒《漢晉春秋》諸書對嵇康遭誅的陳述。

松之先對照陳壽《三國志》中〈卷二十一・王衛二劉傅傳〉和〈卷二十八・王毌丘諸葛鄧鍾傳〉有關嵇康的記載〔註32〕，確定嵇康遭誅是在景元中，鍾會遷為司隸校尉以後事，與干寶《晉紀》、孫盛《魏氏春秋》、習鑿齒《漢晉春秋》諸書所稱「正元二年」相隔達七、八年之久，再根據《濤行狀》知為選官舉嵇康自代，卻反遭嵇康告絕的山濤，直到景元二年方除吏部郎，且陷害弟弟呂安的呂巽，其受封為相國掾是在景元四年平蜀之後，而毌丘儉、文欽起兵作亂於正元二年間，因此，可以確定嵇康遭殺與呼應毌丘儉起兵無關，更絕非在正元二年即被陷害受誅，郭頒《魏晉世語》云嵇康欲舉兵應毌丘儉，或許為真，但就此論斷破毌丘儉便殺嵇康，則為不然，干寶《晉紀》、孫盛《魏氏春秋》、習鑿齒《漢晉春秋》諸書認定嵇康死於正元二年，係受郭頒《魏晉世語》的這段記載誤導，從而產生自相違伐的疏謬內容。

由此可知，對引述材料的考辨形式，正是藉由「臣松之案」所透露出來，最典型的「懲妄」體例，不僅是音義訓解，還包括補入敘事方面的考證，以參辨材料間的異同，來更訂謬誤，力求還原史書紀實的作用與功能。

（三）臣松之按

《三國志注》中，以「臣松之按」方式為注者共二十條，依照許慎《說文解字》的解釋，「按」有「以手抑之，使下也」〔註33〕的涵義，而「案」，則是指「所凭之几」〔註34〕，故知「按」有根據之意，「案」就只有在桌上攤開材料，以便閱讀的

〔註31〕見裴松之注《三國志・卷二十一・王衛二劉傅傳第二十一》引《世語》，裴注稱「《世語》」，亦即「郭頒《魏晉世語》」，同註9，頁607。

〔註32〕《三國志・卷二十一・王衛二劉傅傳第二十一》：「時又有譙郡嵇康，文辭壯麗，好言老、莊，而尚奇任俠。至景元中，坐事誅。」同前註，頁605；又《三國志・卷二十八・王毌丘諸葛鄧鍾傳第二十八》：「遷司隸校尉。雖在外司，時政損益，當世與奪，無不綜典。嵇康等見誅，皆會謀也。」註同前，頁787。

〔註33〕許慎《說文解字・第十二篇上》：「按，下也。」段玉裁注：「以手抑之，使下也，印部曰：抑者，按也。」許慎撰，段玉裁注，魯實先正補：《說文解字注》（臺北：黎明文化事業，民國63年9月初版），頁604。

〔註34〕許慎《說文解字・第六篇上》：「案，几屬。」段玉裁注：「如今方案，隋長局足高三寸，此以案承桌果，宜有四周。漢制小方案局足，此亦宜有足，按許云几屬，則有足明矣。……自關而東謂之案，後世謂所凭之几為案，古今之變也。」同前註，頁263。

可能性，不過，「臣松之按」與「臣松之案」在《三國志注》中的性質、用法均非常近似，或疑爲傳寫之誤，故併於「臣松之案」一類亦無不可。

所謂「按」，是指經過考查後的意見，意即裴松之在《三國志》本文與引用材料之間，以及引用材料與材料之間，互相對照，彼此參證，然後藉由「臣松之按」提出自己的看法，此和「臣松之以爲」的形式非常近似，但「臣松之以爲」多帶有評論色彩，至於「臣松之按」則僅是個人觀點的補充說明。

> 臣松之按《禮記・曾子問》子夏曰：「三年之喪，金革之事無避也者，禮與？初有司與？」孔子曰：「吾聞諸老聃曰，昔者魯公伯禽有爲爲之也。」鄭玄注曰：「周人卒哭而致事。時有徐戎作難，伯禽卒哭而征之，急王事也。」昭所云「伯禽不師」，蓋謂此也。〔註35〕

「按」有「根據」之意，建安五年，孫策薨，以事授孫權，孫權哭未及息，時長史張昭以「周公立法而伯禽不師，非欲違父，時不得行也」〔註36〕勸勉孫權，裴松之根據《禮記・曾子問》的記載，解釋伯禽在「三年之喪」的禮制，以及「王事」的急迫狀況之間，作出取捨的原由，並以鄭玄的注，和張昭之言相對照，藉以印證「伯禽不師」的眞正蘊意，此無評論「伯禽不師」的正當性，亦無探討張昭所言的深層涵義，僅是作爲補充、說明張昭觀點之用。

> 臣松之按《吳書》：孫權遣將潘璋逆斷羽走路，羽至即斬，且臨沮去江陵二三百里，豈容不時殺羽，方議其生死乎？又云「權欲活羽以敵劉、曹」，此之不然，可以絕智者之口。〔註37〕

《三國志・卷五十五・程黃韓蔣周陳董甘淩徐潘丁傳第十》記載「權征關羽，璋與朱然斷羽走道，到臨沮，住夾石。璋部下司馬馬忠禽羽，并羽子平、都督趙累等」〔註38〕，且《三國志・卷三十六・關張馬黃趙傳第六》亦言「權已據江陵，盡虜羽士眾妻子，羽軍遂散。權遣將逆擊羽，斬羽及子平于臨沮」〔註39〕，因此斷定《蜀記》稱「權遣將軍擊羽，獲羽及子平。權欲活羽以敵劉、曹，左右曰：『狼子不可養，後必爲害。曹公不即除之，自取大患，乃議徙都。今豈可生！』乃斬

〔註35〕見裴松之注《三國志・卷四十七・吳主傳第二》，同註9，頁1116。
〔註36〕《三國志・卷四十七・吳主傳第二》：「五年，策薨，以事授權，權哭未及息。策長史張昭謂權曰：『孝廉，此寧哭時邪？且周公立法而伯禽不師，非欲違父，時不得行也。況今姦宄競逐，豺狼滿道，乃欲哀親戚，顧禮制，是猶開門而揖盜，未可以爲仁也。』乃改易權服，扶令上馬，使出巡軍。」同前註，頁1115。
〔註37〕見裴松之注《三國志・卷三十六・關張馬黃趙傳第六》，同前註，頁942。
〔註38〕見《三國志・卷五十五・程黃韓蔣周陳董甘淩徐潘丁傳第十》，同前註，頁1299～1300。
〔註39〕見《三國志・卷三十六・關張馬黃趙傳第六》，同前註，頁941。

之」〔註40〕的內容有誤。

　　故知，「臣松之按」是裴松之相互參照《三國志》本文記載，以及引用材料內容之間的異同，經過考證、辨析，然後根據反覆驗證的結果提出說明，不過，「臣松之按」儘管深具考證、辨析的功能，但通常只是作爲資料補充用，並不像「臣松之以爲」帶有個人評論的意味。

（四）臣松之

　　《三國志注》中，僅「臣松之」三字，而無「以爲」、「案」、「按」等說解方式者有十五條，其中，尚包含「臣松之云」、「臣松之曰」各二條，故只稱「臣松之」者有十一條，而逯耀東《魏晉史學的思想與社會基礎》中另言有「臣松之檢之」、「臣松之訊之」〔註41〕，實皆屬於「臣松之」一類。

　　「臣松之」於下如有「以爲」、「案」、「按」等說解方式者，多爲闡明思想、解釋考證之用，而僅「臣松之」者，則通常是連接準備動作的敘述辭。

　　　　臣松之檢諸書都無此事。〔註42〕

此是針對郭頒《世語》稱「大將軍奉天子征儉，至項；儉既破，天子先還」〔註43〕的記載，奇閱其他史書相關內容，並加以比對後，發現竟無相同敘述，因此裴松之於後有「案張璠、虞溥、郭頒皆晉之令史，璠、頒出爲官兵，溥，鄱陽內史。璠撰《後漢紀》，雖似未成，辭藻可觀。溥著《江表傳》，亦粗有條貫。惟頒撰《魏晉世語》，蹇乏全無宮商，最爲鄙劣，以時有異事，故頗行於世。干寶、孫盛等多采其言以爲《晉書》，其中虛錯如此者，往往而有之」〔註44〕的主張。

　　非唯引書互證，裴松之亦時常於自注中敘述所見的人、事、物，以爲相關史實記載佐證。

　　　　臣松之昔從征西至洛陽，歷觀舊物，見《典論》石在太學者尚存，而廟門
　　　　外無之，問諸長老，云晉初受禪，即用魏廟，移此石于太學，非兩處立也。
　　　　竊謂此言爲不然。〔註45〕

〔註40〕見裴松之注《三國志・卷三十六・關張馬黃趙傳第六》引《蜀記》，同註9，頁942。

〔註41〕逯耀東《魏晉史學的思想與社會基礎》：「《三國志注》中的裴松之的自注，不論稱之爲『案』或『以爲』，甚至稱『檢之』，『訊之』或『曰』，其上必冠以『臣松之』三字。」同註5，頁385。

〔註42〕裴松之注《三國志・卷四・三少帝紀第四》：「臣松之檢諸書都無此事，至諸葛誕反，司馬文王始挾太后及帝與俱行耳。」同註9，頁133。

〔註43〕見裴松之注《三國志・卷四・三少帝紀第四》引《世語》，同前註。

〔註44〕見裴松之注《三國志・卷四・三少帝紀第四》，同前註。

〔註45〕同前註，頁118。

《宋書‧卷六十四‧裴松之傳》有「高祖北伐，領司州刺史，以松之為州主簿，轉治中從事史。既克洛陽，松之居州行事」〔註46〕的記載，可知裴松之於晉安帝義熙十二年時跟從劉裕，也就是後來的宋武帝征西，隔年平定洛陽，因此得以歷觀舊物，進而有《西征記》、《北征記》、《述征記》之作，《三國志》有關洛陽附近事物的裴松之自注，或即出於此。

至於「臣松之云」和「臣松之曰」，雖然是描述說話的動作，但其性質實與「臣松之以為」、「臣松之按」的體例接近，都有考證、辨析的作用，甚至還帶有裴松之個人評論的意味，陳壽《三國志‧卷四十二‧杜周杜許孟來尹李譙郤傳第十二》中有「齊隸拊髀以濟文」〔註47〕者，裴松之自注即以「雞鳴狗盜」的典故作進一步的解釋。

> 臣松之曰：按此謂孟嘗君田文下坐客，能作雞鳴以濟其厄者也。凡作雞鳴，
> 必先拊髀，以傲雞之拊翼也。〔註48〕

「臣松之曰」後接「按」，明顯與「臣松之按」的用法相似，皆是補充、說明原來內容之用，「臣松之云」和「臣松之曰」在《三國志注》中各有二條，觀《三國志‧卷十七‧張樂于張徐傳第十七》有「臣松之云：案晃于時未應稱臣，傳寫者誤也」〔註49〕，以及《三國志‧卷五十二‧張顧諸葛步傳第七》稱「臣松之云：以為劉后以庸蜀為關河，荊楚為維翰，關羽揚兵沔、漢，志陵上國，雖匡主定霸，功未可必，要為威聲遠震，有其經略」〔註50〕，於「臣松之云」後接「案」、「以為」，可知其性質和「臣松之案」、「臣松之以為」相同。

> 臣松之曰：貌寢，謂貌負其實也。通侻者，簡易也。〔註51〕

王粲到荊州欲依劉表，劉表認為其「貌寢而體弱通侻」〔註52〕，因此不太看重，

〔註46〕 見《宋書‧卷六十四‧裴松之傳》，同註15，頁1699。

〔註47〕 見《三國志‧卷四十二‧杜周杜許孟來尹李譙郤傳第十二》，同註9，頁1038。

〔註48〕 見裴松之注《三國志‧卷四十二‧杜周杜許孟來尹李譙郤傳第十二》，同前註，頁1039。

〔註49〕 見裴松之注《三國志‧卷十七‧張樂于張徐傳第十七》，同前註，頁529。

〔註50〕 裴松之注《三國志‧卷五十二‧張顧諸葛步傳第七》：「臣松之云：以為劉后以庸蜀為關河，荊楚為維翰，關羽揚兵沔、漢，志陵上國，雖匡主定霸，功未可必，要為威聲遠震，有其經略。孫權潛包禍心，助魏除害，是為翦宗子勤王之師，行曹公移都之計，拯漢之規，於茲而止。義旗所指，宜其在孫氏矣。瑾以大義責備，答之何患無辭；且備、羽相與，有若四體，股肱橫虧，憤痛已深，豈此奢闊之書所能迴駐哉？載之於篇，實為辭章之費。」同前註，頁1233。

〔註51〕 見裴松之注《三國志‧卷二十一‧王衛二劉傳傳第二十一》，同前註，頁598。

〔註52〕 《三國志‧卷二十一‧王衛二劉傳傳第二十一》：「年十七，司徒辟，詔除黃門侍郎，以西京擾亂，皆不就。乃之荊州依劉表。表以粲貌寢而體弱通侻，不甚重也。表卒。粲勸表子琮，令歸太祖。太祖辟為丞相掾，賜爵關內侯。」同前註，頁597～598。

裴松之於自注中解釋「貌寢」，就是指王粲的面貌與內在不符，「通侻」，簡易之意，則「體弱通侻」應是形容王粲的身形單薄、屛弱，故受劉表輕視，此處「臣松之曰」，後雖無「按」、「案」、「以爲」的接語，然從說明「貌寢」、「通侻」的意義來看，其作用、功能實與「臣松之按」、「臣松之案」，以及「臣松之以爲」的體例十分接近。

裴松之注《三國志》有「補闕」、「備異」、「懲妄」、「論辯」四種體例，「補闕」、「備異」僅止於材料的歸納與整理，應是由助手協力完成，而「懲妄」、「論辯」則是針對已經整理過的引用材料，加以考證、辨析，然後以「臣松之」的自注型態，論述己意。

「臣松之」的形式有「臣松之以爲」、「臣松之案」、「臣松之按」，以及「臣松之」四類，通常「臣松之案」是對陳壽《三國志》本文，或作注時所引用的魏晉材料進行考證、辨析，「臣松之以爲」則是以經過考證、辨析的材料爲基礎，對歷史事件、人物作出評價與議論，而「臣松之按」帶有「根據」其他記載提出個人想法的意思，與「臣松之案」可謂性質相同，至於僅言「臣松之」者，於後則連接動詞，以表示考證、辨析材料之際的一切動作與經過過程。

二、自注的意義

裴松之《三國志注》有自注二百三十二條，以「臣松之」的方式展現個人觀點，不過，自注不完全代表史評，以「臣松之以爲」、「臣松之案」、「臣松之按」、「臣松之」等方式陳述的自注，僅是史評的形式，而史評的眞正價值在於史學、史才、史識的呈現，以及裴松之對各材料、各史家的考辯、批評，如此可再進一步討論裴松之在不同自注型態下，所表現出來的史評思想，故其史評的意義，從「補闕」、「備異」、「懲妄」、「論辯」四種體例而發，配合吳士鑑《晉書斠注》自述的十種體例〔註53〕，即「溯源」、「捃逸」、「辨例」、「正誤」、「削繁」、「攷異」、「表微」、「補闕」、「廣證」、「存疑」，則裴松之史評亦可歸納出以下三種意義：

〔註53〕 見吳士鑑《晉書斠注・自序》房玄齡等撰，吳士鑑、劉承幹注：《晉書斠注》（臺北：成文出版社，民國 60 年 10 月初版），頁 4197～4199；楊家駱於〈晉書識語〉中載吳士鑑言：「史注之學，創於裴松之以一百五十六書注『三國志』，『元史』自錢大昕致力有得，洪鈞又自譯文成『證補』，新途既啟，友人柯紹忞乃有『新元史』之作，余以不如爲『元史』撰注相勸，即如歐陽修『唐書』、『五代史記』，亦何嘗使舊書終廢？紹忞不能從，下走因立溯源、捃逸、辨例、正誤、削繁、考異、表微、補闕、廣證、存疑十例注『晉書』。」房玄齡等撰：《晉書》（臺北：鼎文書局，民國 69 年8 月三版），頁 4；又：「然舊本既佚，余十例中特反溯其源，以捃逸爲主。」註同前。

（一）對材料的態度

「對材料的態度」建立在「補闕」、「備異」的基礎上，然此裴松之自注的意義，絕不在於純粹的資料提供，而是藉由對相關記載的論述，開展裴松之個人對材料處理的看法，因此，這一部份可再細別為「提供相關的材料」、「蒐輯佚失的遺編」、「追溯原始的史料」三方面來探究。

1. 提供相關的材料

裴松之《三國志注》既首重「補闕」、「備異」，必針對陳壽《三國志》內容不足處，或遺漏的部分進行補強，以使三國的歷史，以及陳壽《三國志》的記載更形完備。

《三國志‧卷二‧文帝紀第二》載延康之際，漢獻帝禪位給魏文帝曹丕，其於《三國志》本文僅有二百四十二字，然裴松之作注，援引袁宏《漢紀》、《獻帝傳》、《魏氏春秋》、干寶《搜神記》等相關內容，居然多達九千零六十二字，約莫是本文記載的三十七倍，是增補《三國志》最多，亦即注文和本文字數差距最大的部分，故其補闕之功不謂不大，不過，此乃裴松之注文方面的補闕，如論及史評，裴松之亦於自注中對材料有所增補。

> 臣松之案：暨字休先，滎陽人，事見〈劉曄傳〉。暨子肇，晉荊州刺史。
> 山濤《啟事》稱肇有才能。肇子潭字道元，次歆字公嗣，潭子或字長文，
> 次經字仲武，皆見《潘岳集》。〔註54〕

依據《潘岳集》，詳細增補了楊暨、楊肇、楊潭、楊歆、楊或、楊經等楊氏家族的資料，正是「補闕」功能的淋漓展現，事實上，「補闕」既為裴松之自訂作注的四種體例之一，則《三國志注》必然時時以彌補陳壽《三國志》過於簡略的弊病為首要條件。

2. 蒐輯佚失的遺編

陳壽《三國志》敘述既略，魏晉史書又亡佚頗眾，因此裴松之注《三國志》時，首重「補闕」、「備異」，將逸史、遺編所記，復以收錄，搜羅軼聞，以增加《三國志》的豐富性與生動性。

《三國志‧卷二十九‧方技傳第二十九》載管輅醫筮相卦事，內容雖然已算豐富，然管輅列於方技之類，民間相傳軼聞必多，故裴松之前後共徵引了《管輅別傳》一書中的十九段內容予以補充，並於最後的自注裡增述管輅逸事：

> 臣松之案：辰所稱鄉里劉太常者，謂劉寔也。辰撰輅傳，寔時為太常，潁

〔註54〕見裴松之注《三國志‧卷二十六‧滿田牽郭傳第二十六》，同註9，頁728。

川則寔弟智也。寔、智並以儒學爲名，無能言之。《世語》稱寔博辯，猶不足以並裴、何之流也。又案輅自說，云「本命在寅」，則建安十五年生也。至正始九年，應三十九，而傳云三十六，以正元三年卒，應四十七，傳云四十八，皆爲不相應也。近有閭綝伯者，名纘，該微通物，有良史風。爲天下補綴遺脫，敢以所聞列于篇左。皆從受之於大人先哲，足以取信者，冀免虛誣之譏云爾。嘗受辰傳所謂劉太常者曰：「輅始見聞，由於爲鄰婦卜亡牛，云當在西面窮牆中，縣頭上向。教婦人令視諸丘冢中，果得牛。婦人因以爲藏己牛，告官案驗，乃知以術知，故裴冀州遂聞焉。」又云：「路中小人失妻者，輅爲卜，教使明旦於東陽城門中伺擔豚人牽與共鬪。具如其言，豚逸走，即共追之。豚入人舍，突破主人甕，婦從甕中出。」劉侯云甚多此類，辰所載纔十一二耳。劉侯云：「辰，孝廉才也。」中書令史紀玄龍，輅鄉里人，云：「輅在田舍，嘗候遠鄰，主人患數失火。輅卜，教使明日於南陌上伺，當有一角巾諸生，駕黑牛故車，必引留，爲設賓主，此能消之。即從輅戒。諸生有急求去，不聽，遂留當宿，意大不安，以爲圖己。主人罷入，生乃把刀出門，倚兩薪積閒，側立假寐。欻有一小物直來過前，如獸，手中持火，以口吹之。生驚，舉刀斫，正斷要，視之則狐。自此主人不復有災。」前長廣太守陳承祐口受城門校尉華長駿語云：「昔其父爲清河太守時，召輅作吏，駿與少小，後以鄉里，遂加恩意，常與同載周旋，具知其事。云諸要驗，三倍於傳。辰既短才，又年縣小，又多在田舍，故益不詳。辰仕宦至州主簿、部從事，太康之初物故。」駿又云：「輅卜亦不悉中，十得七八，駿問其故，輅云：『理無差錯，來卜者或言不足以宣事實，故使爾。』華城門夫人者，魏故司空涿郡盧公女也，得疾，連年不差。華家時居西城下南纏里中，三廄在其東南。輅卜當有師從東方來，自言能治，便聽使之，必得其力。後無何，有南征廄騶，當充甲卒，來詣盧公，占能治女郎。公即表請留之，專使其子將詣華氏療疾，初用散藥，後復用丸治，尋有效，即奏除騶名，以補太醫。」又云：「隨輅父在利漕時，有治下屯民捕鹿者，其晨行還，見毛血，人取鹿處來詣廄告輅，輅爲卦語云：『此有盜者，是汝東巷中第三家也。汝徑往門前，伺無人時，取一瓦子，密發其碓屋東頭第七椽，以瓦著下，不過明日食時，自送還汝。』其夜，盜者父病頭痛，壯熱煩疼，然亦來詣輅卜。輅爲發祟，盜者具服。輅令擔皮肉藏還者故處，病當自愈。乃密教鹿主往取。又語使復往如前，舉椽棄瓦。盜父病差。又都尉治內史有失物者，輅使明晨於寺門外看，當逢一人，

使指天畫地，舉手四向，自當得之。暮果獲於故處矣。」〔註55〕

此段自注極長，牽涉範圍也頗多，裴松之於自注中徵引太常劉寔、中書令史紀玄龍等所云，以及前長廣太守陳承祐口受城門校尉華長駿語，詳盡介紹管輅逸事，甚至在自注前，裴松之已經徵引《管輅別傳》的十九段內容散見〈列傳〉注中進行增補，《管輅別傳》係管輅弟管辰所撰，早佚，故其書記載彌足珍貴，此段自注具有「捃逸」、「正誤」、「補闕」等功能，非僅「捃逸」之用，裴松之案管輅自說「本命在寅」，推斷管輅生於建安十五年，而到正始九年時應為三十九歲，非《三國志》所記三十六歲，且管輅卒於正元三年，年四十七，《三國志》云四十八，二處敘述不同，裴松之以為陳壽《三國志》內容有誤，應正。

至於「補闕」，陳壽《三國志》與管辰《管輅別傳》言管輅事已頗多，然裴松之徵引劉寔所語，認為「劉侯云甚多此類，辰所載纔十一二耳」，故於自注中又加以「捃逸」、「補闕」，以為完備。

3. 追溯原始的史料

魏晉史書，所存無幾，《三國志注》徵引魏晉史書達二百種之多，且多首尾俱全，保存史料功不可沒，然魏晉著作既多有散軼，則裴松之徵引繁博亦時有異同，故瑣語碎事以材料參互錯綜，冀求略得端緒，溯回原始記載，以符合三國歷史的真實。

溯源的用意在於，第一手資料往往最接近事實，且將史書記載溯源，則可知撰史者彼此間的影響，以及寫作手法的承襲，與敘述的重複率，裴松之注《三國志·卷二十八·王毌丘諸葛鄧鍾傳第二十八》言夏侯霸奔蜀，先引《世語》、《漢晉春秋》相關材料以為補充，再於自注中比較兩部史書的寫法和內容。

按習鑿齒此言，非出他書，故採用《世語》而附益也。〔註56〕

裴松之認為習鑿齒《漢晉春秋》對於夏侯霸奔蜀的這段記載，追溯撰作內容的源頭，可知係出自郭頒的《魏晉世語》，而《魏晉世語》即《世語》，異名實同，郭頒乃晉之令史，所著《世語》因「以時有異事，故頗行於世。干寶、孫盛等多采其言以為《晉書》」〔註57〕，皆源於郭頒《魏晉世語》一書。

〔註55〕見裴松之注《三國志·卷二十九·方技傳第二十九》，同註9，頁828～829。

〔註56〕見裴松之注《三國志·卷二十八·王毌丘諸葛鄧鍾傳第二十八》，同前註，頁791。

〔註57〕見裴松之注《三國志·卷四·三少帝紀第四》：「案張璠、虞溥、郭頒皆晉之令史，璠、頒出為官長，溥，鄱陽內史。璠撰《後漢紀》，雖似未成，辭藻可觀。溥著《江表傳》，亦粗有條貫。惟頒撰《魏晉世語》，蹇乏全無宮商，最為鄙劣，以時有異事，故頗行於世。干寶、孫盛等多采其言以為《晉書》，其中虛錯如此者，往往而有之。」同前註，頁133。

（二）對撰作的觀念

「對撰作的觀念」承襲著裴松之「對材料的態度」，繼續深入《三國志》及所有援引材料的體例和內容，逐步進行剖析，因此，這一部份可再細別為「考辨壽書的體例」、「擴大論證的範圍」、「崇尚懷疑的精神」、「備效眾說的異同」、「衡量篇幅的輕重」、「彰顯細微的敘述」、「更定記載的訛誤」七方面來探究。

1. 考辨壽書的體例

劉知幾《史通》嘗言「夫史之有例，猶國之有法。國無法，則上下靡定；史無例，則是非莫準」〔註58〕，裴松之《三國志注》亦自訂「補闕」、「備異」、「懲妄」、「論辯」四種體例，故其對於所徵引材料，與陳壽《三國志》各書的體例十分講究，同時並針對體例不明處提出考辨。

裴松之儘管對魏晉史書提出總結性的批評，然其作注，主要仍是把重心擺在陳壽《三國志》的內容、記載，對於《三國志》不足處加以「補闕」、「備異」，模糊、謬誤處則「懲妄」、「論辯」，至於陳壽撰《三國志》的方法和體裁，裴松之亦有所論述：

> 臣松之以為列傳之體，以事類相從。張子房青雲之士，誠非陳平之倫。然漢之謀臣，良、平而已。若不共列，則餘無所附，故前史合之，蓋其宜也。魏氏如詡之儔，其比幸多。詡不編程、郭之篇，而與二荀並列；失其類矣。且攸、詡之為人，其猶夜光之與蒸燭乎！其照雖均，質則異焉。今荀、賈之評，共同一稱，尤失區別之宜也。〔註59〕

裴松之以《漢書》為例，主張史書列傳之體，應以事類相從，而陳壽《三國志》把荀彧、荀攸、賈詡合傳，裴松之認為不僅無法看出賈詡與二荀的共通性，且賈詡的為人和二荀截然不同，勉強放在一起，將沒辦法訂立區別的標準，所以裴松之建議賈詡應跟程昱、郭嘉合傳，寫入《三國志・卷十四・程郭董劉蔣劉傳第十四》才是，由此可知裴松之對於史筆、體例的重視程度。

2. 擴大論證的範圍

史書記載難免出現詳略不均的狀況，此應該是相關材料過少所致，然裴松之作注，徵引資料頗豐，不僅書面典籍眾多，亦時以所見所聞，甚至參訪各地風土而為實錄，故可相互參校，以為廣證。

> 臣松之訊之蜀人，云麻降地名，去蜀二千餘里，時未有寧州，號為南中，

〔註58〕見劉知幾《史通・卷四・序例第十》，同註1，頁88。
〔註59〕見裴松之注《三國志・卷十・荀彧荀攸賈詡傳第十》，同註9，頁332。

立此職以總攝之。晉泰始中，始分爲寧州。〔註60〕

裴松之徵引史書以爲「補闕」、「備異」、「懲妄」、「論辯」陳壽《三國志》，所援著作達二百三十二部之繁，可知其立意已在「廣證」，不過，裴松之並未受限於學術領域的桎梏，遇到書無記載，而考之風俗可得者，必廣詢徵問，以求明證，如寧州、庲降、南中等地名的由來，就是裴松之詢問蜀人後所得到的結果。

裴松之亦常參諸眾史，考辨內文，故於歷史人物、事件雖多有廣泛引證，其對所徵引的著作也時有批評，如《三國志・卷六・董二袁劉傳》中關於審配的爭議，裴松之先注引樂資《山陽公載記》及袁暐《獻帝春秋》的記載作爲對照〔註61〕，又詳細比較《英雄記》、《漢晉春秋》、《典略》、《先賢行狀》等書對審配的敘述，重新還原歷史眞相，進而駁斥樂資《山陽公載記》、袁暐《獻帝春秋》內容的謬誤。此一過程兼及「攷異」、「廣證」，最後予以「正誤」，因此，若說裴松之《三國志注》得以總結魏晉史學，並對史學著作有所評論，實亦是「廣證」下方能呈現的成果。

3. 崇尚懷疑的精神

儘管史著的撰作宗旨在於求眞、求實，但其中謬誤在所難免，有紕繆處加以戡定，然如無相關證據顯示錯誤，則得以存疑，並舉列內容模糊和矛盾的部分，提出合理的懷疑。

裴松之《三國志注》引書既豐，各材料良莠不齊，所以會有記載模糊、前後矛盾處蓋勢之必然，因此裴松之在考察以前，須先針對不明部分保持懷疑。

臣松之以爲《魏末傳》所言，率皆鄙陋。疑誕表言曲，不至於此也。〔註62〕

此不僅質疑《魏末傳》載諸葛誕表的內容，同時也批評《魏末傳》的記載「率皆鄙陋」，故於「存疑」之外，尚兼及史學批評。

臣松之以爲荊、吳雖外睦，而內相猜防，故權之襲羽，潛師密發。按〈呂蒙傳〉云：「伏精兵於購轤之中，使白衣搖櫓，作商賈服。」以此言之，羽不求助於權，權必不語羽當往也。若許相援助，何故匿其形迹乎？〔註63〕

裴松之認爲蜀、吳雖然結盟，彼此卻猜忌甚深，因此關羽如未求助於孫權，則孫權

〔註60〕見裴松之注《三國志・卷四十三・黃李呂馬王張傳第十三》，同註9，頁1046。
〔註61〕《三國志・卷六・董二袁劉傳第六》：「配兄子榮守東門，夜開門內太祖兵，與配戰城中，生禽配。配聲氣壯烈，終無撓辭，見者莫不歎息。遂斬之。」同前註，頁202；而裴松之注：「樂資《山陽公載記》及袁暐《獻帝春秋》並云太祖兵入城，審配戰于門中，既敗，逃于井中，於井獲之。」註同前，頁206。
〔註62〕見裴松之注《三國志・卷二十八・王毌丘諸葛鄧鍾傳第二十八》，同前註，頁771。
〔註63〕見裴松之注《三國志・卷三十六・關張馬黃趙傳第六》，同前註，頁942。

自不會許相援救，而若孫權欲前往幫助，也不可能像〈呂蒙傳〉所形容的隱匿形跡，因此，裴松之對〈呂蒙傳〉的記載十分質疑。

論及「存疑」，裴松之注《三國志・卷三十五・諸葛亮傳第五》嘗言「臣松之以爲亮之異美，誠所願聞，然沖之所說，實皆可疑，謹隨事難之如左」〔註64〕，以郭沖《諸葛亮隱沒五事》針對諸葛亮其人其事，及《三國志》與眾史書記載諸葛亮的生平事蹟相互對照，作爲「存疑」。

4. 備攷眾說的異同

文史多有湮滅，所存者互有異同，考之別傳、雜史，往往與本書歧出，著作各有詳略，故須彼此參照，同者存之，異者考之，或以更定，或以備載，目的仍在於探求歷史的眞相，以及辨訂史書的內容。

裴松之《三國志注》於「攷異」方面，通常有「材料與本傳歧出」和「史傳間未詳孰是」兩種方式。

> 臣松之案《英雄記》：「陳溫字元悌，汝南人。先爲揚州刺史，自病死。袁紹遣袁遺領州，敗散，奔沛國，爲兵所殺。袁術更用陳瑀爲揚州。瑀字公瑋，下邳人。瑀既領州，而術敗于封丘，南向壽春，瑀拒術不納。術退保陰陵，更合軍攻瑀，瑀懼走歸下邳。」如此，則溫不爲術所殺，與本傳不同。〔註65〕

《三國志》稱袁術殺揚州刺史陳溫，裴松之徵引《英雄記》相關記載，以爲雖與本傳敘述不同，然無證據顯示何者爲是，故於考辨之餘，亦並錄以備異之。

再者，裴松之於徵引材料必詳加戡定，不過偶爾也會出現記載不同，卻無法分判的情況，裴松之則以「未詳孰是」一語帶過。

> 臣松之案：《魏書》云「紹，逢之庶子，出後伯父成」。如此記所言，則似實成所生。夫人追服所生，禮無其文，況於所後而可以行之！二書未詳孰是。〔註66〕

儘管質疑，卻有證據，而雖有材料以爲證據，竟又疑不可判，無法「正誤」，且非「存疑」，只得並列以爲備異，如《三國志・卷十・荀彧荀攸賈詡傳第十》中有「臣松之案諸書，韓莫或作韓猛，或云韓若，未詳孰是」〔註67〕，光是指稱韓莫一個人名，裴松之便羅列了三種不同的說法，既皆非謬誤，且互相無牴觸，遂皆載錄以爲互相參照。

〔註64〕見裴松之注《三國志・卷三十五・諸葛亮傳第五》，同註9，頁917～926。
〔註65〕見裴松之注《三國志・卷六・董二袁劉傳第六》，同前註，頁208。
〔註66〕同前註，頁188～189。
〔註67〕見裴松之注《三國志・卷十・荀彧荀攸賈詡傳第十》，同前註，頁324。

5. 衡量篇幅的輕重

史著編次〈列傳〉以記人物，然同一事件牽涉往往不只一人，故於所及人物的〈列傳〉記載裡均有羅舉，但兩傳悉錄，則累牘過繁，既可互見，難免複緟，因此宜削去繁錯，力求文省而事無漏。

本來，裴松之作注，目的即在補陳壽《三國志》的闕漏，而《三國志》的內容確實失之在略，因此，裴松之自注少有削除陳壽本文繁複者，僅能就其敘述的蕪雜部分提出說明，並試圖爲之剪裁。

> 臣松之云：以爲劉后以庸蜀爲關河，荊楚爲維翰，關羽揚兵沔、漢，志陵上國，雖匡主定霸，功未可必，要爲威聲遠震，有其經略。孫權潛包禍心，助魏除害，是爲翦宗子勤王之師，行曹公移都之計，拯漢之規，於茲而止。義旗所指，宜其在孫氏矣。瑾以大義責備，答之何患無辭；且備、羽相與，有若四體，股肱橫虧，憤痛已深，豈此奢闊之書所能迴駐哉？載之於篇，實爲辭章之費。〔註68〕

此係《三國志・卷五十二・張顧諸葛步傳第七》言諸葛瑾與劉備牋的記載，雖以大義責勸劉備，但裴松之卻認爲諸葛瑾這一篇牋文是「奢闊之書」，而陳壽《三國志》將其收錄，則爲「辭章之費」，言下之意，頗有抱怨諸葛瑾牋與陳壽史文繁複之意。

6. 彰顯細微的敘述

史臣撰史，常有疏漏，或受篇幅限制，或偶陷溺於自我觀點，造成「史無專傳」、「傳文闕如」的情形，故裴松之徵引材料擴及經、史、子、集等範圍，相互參照核定，使《三國志》忽略的細微處得以詳盡呈現。

丁儀、丁廙聞名於魏，然陳壽撰作《三國志》並未替二人立傳，僅於《三國志・卷二十一・王衛二劉傅傳第二十一》載「自潁川邯鄲淳、繁欽、陳留路粹、沛國丁儀、丁廙、弘農楊脩、河內荀緯等，亦有文采」〔註69〕，故歷來史家對此多有爭辯，或以爲陳壽嘗向其子索千斛米不成，遂不予立傳，或力辯陳壽索米的說法是誣妄之事，裴松之未針對此點說明，僅於自注中稱「儀、廙、脩事，並在〈陳思王傳〉」〔註70〕，作爲索引。

「表微」之意，在於使敘述的忽略處或細微處能夠呈現，此與「補闕」的功用不同，顧名思義，「補闕」是補其闕，而「表微」則是表其微，闕是缺漏、不足，微卻是已存在的記載，只是不明顯或不要緊，裴松之徵引《吳錄》中有一段記載，敘

〔註68〕見裴松之注《三國志・卷五十二・張顧諸葛步傳第七》，同註9，頁1233。
〔註69〕見《三國志・卷二十一・王衛二劉傅傳第二十一》，同前註，頁602。
〔註70〕見裴松之注《三國志・卷二十一・王衛二劉傅傳第二十一》，同前註，頁604。

述闞澤答孫權問與曹丕比較事〔註 71〕，《三國志注》儘管未針對此事加以評論，然裴松之於自注稱：

> 臣松之計孫權年大文帝五歲，其為長幼也微矣。〔註72〕

雖然參照〈文帝紀〉與〈吳主傳〉仍可知孫權年大曹丕五歲，但裴松之係根據孫權問群臣的說法，提出相關事證，而此自注並未評論此事，只是將孫權和曹丕的年齡差距與輩分權位加強提醒，使原本不會引起注意的部分受到重視。

7. 更定記載的訛誤

史書紀錄歷史真實，然撰史者心態、筆法不同，造成史書呈現各異，史書如有諱言、曲筆、漏略情事，不免會發生失真、紕繆的狀況，裴松之參諸眾史，詳加糾駁，以為正誤。

「正誤」的功能在裴松之自注中，佔有頗重的份量，一方面是裴松之於作注時必須留意陳壽《三國志》內容的謬誤，另一方面在徵引相關材料之際，又得校勘魏晉史書記載的紕漏，凡有稱敘錯失者，小自字句語辭，大到史實陳述，裴松之《三國志注》均須更正以合事實。

> 臣松之案：古「敷」字與「專」相似，寫書者多不能別。尋佗字元化，其名宜為甹也。〔註73〕

此字形相似而誤寫情形，裴松之校勘頗多，除訂正外，尚提出解釋以強固立論，至於撰寫之誤者，如《三國志・卷二十九・方技傳第二十九》，陳壽記載管輅生卒年的紕繆處，裴松之據管輅自說「本命在寅」予以求證，藉以得出確切的生卒年份，此亦一「正誤」之例也。

至於魏晉材料，裴松之也多有糾駁，《三國志・卷三十三・後主傳第三》中有裴松之注引魚豢《魏略》言蜀後主劉禪幼年時與劉備失散事，裴松之以《三國志》裡的相關記載加以考證得出：

> 臣松之案：〈二主妃子傳〉曰「後主生於荊州」，〈後主傳〉云「初即帝位，年十七」，則建安十二年生也。十三年敗於長阪，備棄妻子走，〈趙雲傳〉曰「雲身抱弱子以免」，即後主也。如此，備與禪未嘗相失也。又諸葛亮以

〔註71〕 裴松之注《三國志・卷五十三・張嚴程闞薛傳第八》引《吳錄》曰：「虞翻稱澤曰：『闞生矯傑，蓋蜀之揚雄。』又曰：『闞子儒術德行，亦今之仲舒也。』初，魏文帝即位，權嘗從容問群臣曰：『曹丕以盛年即位，恐孤不能及之，諸卿以為何如？』群臣未對，澤曰：『不及十年，丕其沒矣，大王勿憂也。』權曰：『何以知之？』澤曰：『以字言之，不十為丕，此其數也。』文帝果七年而崩。」同註9，頁1250。

〔註72〕 見裴松之注《三國志・卷五十三・張嚴程闞薛傳第八》，同前註。

〔註73〕 見裴松之注《三國志・卷二十九・方技傳第二十九》，同前註，頁799。

> 禪立之明年領益州牧，其年與主簿杜微書曰「朝廷今年十八」，與禪傳相應，
> 理當非虛。而魚豢云備敗於小沛，禪時年始生，及奔荊州，能識其父字玄
> 德，計當五六歲。備敗於小沛時，建安五年也，至禪初立，首尾二十四年，
> 禪應過三十矣。以事相驗，理不得然。此則《魏略》之妄說，乃至二百餘
> 言，異也！又案諸書記及《諸葛亮集》，亮亦不爲太子太傅。〔註74〕

裴松之運用《三國志》的〈二主妃子傳〉、〈後主傳〉、〈趙雲傳〉，以及諸書記載和《諸葛亮集》等，對魚豢《魏略》敘述劉禪失散、後主生年、能識父字、諸葛亮爲太子太傅等內容進行核驗，所得出來的結論是「以事相驗，理不得然。此則《魏略》之妄說，乃至二百餘言，異也」。

（三）對歷史的看法

「對歷史的看法」承襲著裴松之「對材料的態度」，繼續深入《三國志》及所有援引材料的體例和內容，逐步進行剖析，因此，這一部份可再細別爲「品論人物的觀點」及「針對事件的看法」二方面來探究。

1. 品論人物的觀點

裴松之不僅在注文中補充史實，同時也對歷史人物與歷史事件作出判斷，如《三國志・卷三十六・關張馬黃趙傳第六》記曹操放任關羽投奔劉備事，裴松之於自注中有所評價：

> 臣松之以爲曹公知羽不留而心嘉其志，去不遣追以成其義，自非有王霸之
> 度，孰能至於此乎？斯實曹公之休美。〔註75〕

此段論述，不但闡釋出裴松之對曹操放任關羽投奔劉備的看法，同時也對曹操其人作出讚美的評價。

2. 針對事件的看法

歷史事件與歷史人物之間，通常有著密不可分的關係，裴松之於《三國志・卷三十六・關張馬黃趙傳第六》自注中，不僅帶有讚美曹操的意味，同時也具備曹操放任關羽投奔劉備這一件事的敘述色彩，但此並未針對「事件」本身多加論述，主軸仍在「品論人物的觀點」上，至於「針對事件的看法」，裴松之注《三國志・卷十七・張樂于張徐傳第十七》便針對曹操遣于禁征昌豨，昌豨欲降，于禁主張「圍而後降者不赦」，堅持與昌豨對決的記載有所剖析：

> 臣松之以爲圍而後降，法雖不赦；囚而送之，未爲違命。禁曾不爲舊交希

〔註74〕見裴松之注《三國志・卷三十三・後主傳第三》，同註9，頁894。
〔註75〕見《三國志・卷三十六・關張馬黃趙傳第六》，同前註，頁940。

冀萬一，而肆其好殺之心，以戾眾人之議，所以卒爲降虜，死加惡諡，宜哉。〔註76〕

昌豨叛，曹操派遣于禁征之，在急攻中，昌豨因與于禁舊識，故轉達降意，于禁旗下諸將皆以爲昌豨既降，理應抓起來送給曹操，于禁以「圍而後降者不赦」爲由獨排眾議，堅持要與昌豨對決，最後更隕涕斬昌豨，曹操聞言，雖有感嘆，然往後益發重視于禁，不過，裴松之顯然抱持不同意見，其認爲「圍而後降，法雖不赦；囚而送之，未爲違命」，短短四句話道盡裴松之對此事的看法，甚至更進一步對于禁有所批評，由此可知，在《三國志注》提出史評思想的過程中，裴松之「品論人物的觀點」和「針對事件的看法」往往相伴而生，畢竟，歷史事件的主軸仍在於歷史人物，而歷史人物的作爲方能構成歷史事件。

再觀裴松之於《三國志·卷三十六·關張馬黃趙傳第六》注引《典略》言關羽圍樊城，孫權受曹操許割江南之封，遣將逆襲關羽一事，亦是以自注緊接在事件敘述後發表疑慮和評論，認爲「荊、吳雖外睦，而內相猜防，故權之襲羽，潛師密發」〔註77〕，此正可看出裴松之在處理歷史事件的發生上，確實擁有史評家必須具備的深入與實屬不同角度。

裴松之史評思想儘管有三個面向、十二種意義，然均非單獨不可通，彼此間仍有很大的聯繫，裴松之替陳壽《三國志》作注，先以「考辨壽書體例」訂定史書體例，接著進行「提供相關的材料」、「備攷眾說的異同」、「衡量篇幅的輕重」、「彰顯細微的敘述」等工作，再以「追溯原始的史料」、「蒐輯佚失的遺編」考察源流、增加軼聞，待內容已臻豐富，得以完整建構史實後，續抱持著「崇尚懷疑的精神」，提出敘述模糊和矛盾的部分，最末利用「擴大論證的範圍」以決定「更定記載的訛誤」方向，或就糾繆處加以勘改，或就疑不能定者予以備載，至於「品論人物的觀點」及「針對事件的看法」，更是裴松之與陳壽原書和各徵引材料間的價值論辯，此一部份表現出裴松之看待歷史的態度，從而衍生出《三國志注》對史學領域的掌握程度。

所以裴松之注《三國志》，絕非僅補陳壽本文之闕也，其以「臣松之」爲表現形式的二百三十二條自注，雖只佔全書二千三百八十九條注文的一小部份，但卻是裴松之《三國志注》的整個精義所在，其不僅對陳壽《三國志》和所引用之魏晉材料進行考證、辨析異同，並同時提出總結性的批評與論斷，其自注象徵中國史學已從以往單純對「義」的注疏型態，轉向對歷史事實眞相的探索，而所展現出來的史學

〔註76〕見裴松之注《三國志·卷十七·張樂于張徐傳第十七》，同註9，頁524。
〔註77〕見裴松之注《三國志·卷三十六·關張馬黃趙傳第六》，同前註，頁942。

思想，更總結魏晉史學，成為影響後世史家的先行者。

第二節　議論諸家的型態

　　裴松之不僅於增補《三國志》「簡略」、「脫漏」之際，偶以「臣松之以為」、「臣松之案」、「臣松之按」等自注方式表達個人觀點，同時也針對陳壽史評，實行監督、補充的工作，本來，陳壽史評的展現已可說是整部《三國志》精要意旨所在，而裴松之由此處著力，更可發揮總結三國史學的企圖，除此之外，《三國志注》尚徵引許多史評家的論述，順是又能接續魏晉史學的研究，故統計《三國志注》可得裴松之徵引諸家史評依序如下：

孫　盛　　何　休　　鄭　玄　　服　虔　　應　劭　　習鑿齒　　華　嶠
魚　豢　　袁　宏　　徐　眾　　高堂隆　　張　璠　　干　寶　　孫　綽

　　以上所引共計十四家，對於史料、史觀實具有補充、探討的價值，其牽涉頗為廣泛，除可佐證裴松之《三國志注》的史觀外，尚能窺知當時魏晉史學家治史、評史的態度。

　　因此，在「議論諸家的型態」方面，大致可分成「與陳壽史評的比較」、「與諸家史評的對照」兩部分來探討，「與陳壽史評的比較」主要是針對裴注和陳壽史評間的關係作論述，「與諸家史評的對照」則是把《三國志注》中所徵引的孫盛、何休、鄭玄、服虔、應劭、習鑿齒、華嶠、魚豢、袁宏、徐眾、高堂隆、張璠、干寶、孫綽等十四家史評，依其表現方式與援用意義的不同，分為「史學評論」和「音義訓解」二類進行研究。

一、與陳壽史評的比較

　　《三國志》原係陳壽私撰之史，書約成於晉武帝太康中左右，陳壽生於三國蜀漢後主建興十一年（233），西晉惠帝元康七年（297）因病逝，歲六十五，卒後，梁州大中正、尚書郎范頵等上表奏請「故治書侍御史陳壽作《三國志》，辭多勸誡，明乎得失，有益風化，雖文艷不若相如，而質直過之，願垂採錄」〔註78〕，帝准，《三

〔註78〕　《晉書·卷八十二·陳壽傳》：「元康七年，病卒，時年六十五。梁州大中正、尚書郎范頵等上表曰：『昔漢武帝詔曰：「司馬相如病甚，可遣悉取其書。」使者得其遺書，言封禪事，天子異焉。臣等案：故治書侍御史陳壽作《三國志》，辭多勸誡，明乎得失，有益風化，雖文艷不若相如，而質直過之，願垂採錄。』於是詔下河南尹、洛陽令，就家寫其書。」房玄齡等撰：《晉書》（臺北：鼎文書局，民國69年8月三版），頁2138。

國志》一書乃入於官。

　　儘管《三國志》是「廿五史」中，最簡潔的一本，宋文帝病其過略而詔命裴松之作注增補，然「辭多勸誡，明乎得失，有益風化」，裴松之於自作〈上三國志注表〉裡雖言壽書「失在於略，時有所脫漏」，但仍不免讚其「銓敘可觀，事多審正。誠游覽之苑囿，近世之嘉史」〔註79〕，可見陳壽《三國志》儘管有內容太過簡略的缺失，不過，陳壽撰寫史書的文筆陳述、觀點發抒，實已受到當時及後代史學研究者的肯定。

　　陳壽於《三國志》六十五卷中，每卷後必有議論，或品評人物、史事，或書寫質疑、感嘆，以「評曰」的形式呈現，敘述陳壽撰作、記載過程裡，對於三國歷史的個人意見，裴松之為《三國志》注，不過卻未必於每卷陳壽史評後有所建議、補充，以《三國志》六十五卷而言，陳壽史評，及壽評後的裴注史評，兩相比對下，可粗略分成三大類研究之：

（一）僅有陳壽史評而無裴注史評者

　　言於《三國志》六十五卷每卷後，僅有陳壽針對全篇人物、事件提出總結，裴松之注則無任何補充說明，這一部份佔全書最大比例，依序為卷一、卷三、卷四、卷五、卷七、卷八、卷九、卷十二、卷十四、卷十五、卷十六、卷十七、卷十八、卷二十二、卷二十三、卷二十四、卷二十五、卷二十六、卷二十七、卷二十九、卷三十二、卷三十四、卷三十六、卷三十七、卷三十九、卷四十、卷四十一、卷四十五、卷四十九、卷五十、卷五十一、卷五十二、卷五十三、卷五十四、卷五十五、卷五十六、卷五十七、卷五十八、卷五十九、卷六十、卷六十一、卷六十二、卷六十四、卷六十五，達四十四卷之多。

> 評曰：關羽、張飛皆稱萬人之敵，為世虎臣。羽報效曹公，飛義釋嚴顏，並有國士之風。然羽剛而自矜，飛暴而無恩，以短取敗，理數之常也。馬超阻戎負勇，以覆其族，惜哉！能因窮致泰，不猶愈乎！黃忠、趙雲彊摯壯猛，並作爪牙，其灌、滕之徒歟？〔註80〕

關羽、張飛、馬超、黃忠、趙雲並稱「蜀國五虎將」，陳壽於史評中品議五人，言其做人處世的優劣、得失，裴松之於後未特地加注以為補充，可知想法應與陳壽所述近似，觀《三國志·卷三十六·關張馬黃趙傳第六》全篇，有裴松之自注者，均只有質疑《蜀記》、《典略》、《山陽公載記》的增補內容，以及讚美曹操的部分，對五

〔註79〕見裴松之〈上三國志注表〉，同註8，頁2525。
〔註80〕見《三國志·卷三十六·關張馬黃趙傳第六》，同註9，頁951。

人皆無直接的實質評論，故能推知裴松之若非對陳壽在描述關羽、張飛、馬超、黃忠、趙雲五人的觀點上全然認同，就是沒有意見。

因此，通常這一類的史評，陳壽以「評曰」抒發自我觀點、總結全篇思想，而於陳壽史評後，裴松之注沒有徵引任何資料以爲補充，亦未提出個人意見以爲考辨，此正代表裴松之對於陳壽史評的內容毫無異議，完全站在贊同的立場，自然就不再另外有所表示。

不過值得特別注意的是，如以魏、蜀、吳三國詳細劃分，〈魏書〉僅有陳壽史評而無裴注史評者有二十卷，〈蜀書〉有八卷，〈吳書〉則有十六卷，純就比例上來說，《三國志·吳書》的比例最高，《三國志·蜀書》最低，此實與當時三國史書的完整程度有關。

陳壽撰作《三國志》皆有所因，魏黃初中，文帝曹丕命尚書衛覬、繆襲草創紀傳，又令侍中韋誕、應璩、王沈、阮籍、傅玄、孫該等人復共寫定，其後王沈獨就此業，撰成《魏書》四十四卷；而吳大帝季年，孫權亦命丁孚、項峻修《吳書》，少帝時，韋曜、周昭、薛瑩、梁廣、華覈等訪求遺事，相與記述，最後由韋曜、薛瑩共同完成〔註81〕，定爲《吳書》五十五卷；可知魏、吳二國在陳壽勒成六十五卷《三國志》前，均嘗修史。

> 評曰：後主任賢相則爲循理之君，惑閹豎則爲昏闇之后，傳曰「素絲無常，唯所染之」，信矣哉！禮，國君繼體，踰年改元，而章武之三年，則革稱建興，考之古義，體理爲違。又國不置史，注記無官，是以行事多遺，災異靡書。諸葛亮雖達於爲政，凡此之類，猶有未周焉。然經載十二而年名不易，軍旅屢興而赦不妄下，不亦卓乎！自亮沒後，茲制漸虧，優劣著矣。〔註82〕

魏、吳二國早有修史之舉，至於蜀書，陳壽明於《三國志·卷三十三·後主傳第

〔註81〕《三國志·卷五十三·張嚴程闞薛傳第八》：「右國史華覈上疏曰：『臣聞五帝三王皆立史官，敍錄功美，垂之無窮。漢時司馬遷、班固，咸命世大才，所撰精妙，與六經俱傳。大吳受命，建國南土。大皇帝末年，命太史令丁孚、郎中項峻始撰《吳書》。孚、峻俱非史才，其所撰作，不足紀錄。至少帝時，更差韋曜、周昭、薛瑩、梁廣及臣五人，訪求往事，所共撰立，備有本末。昭、廣先亡，曜負恩蹈罪，瑩出爲將，復以過徙，其書遂委滯，迄今未撰奏。臣愚淺才劣，適可爲瑩等記注而已，若使撰合，必襲孚、峻之跡，懼墜大皇帝之元功，損當世之盛美。瑩涉學既博，文章尤妙，同寮之中，瑩爲冠首。今者見吏，雖多經學，記述之才，如瑩者少，是以懷懷爲國惜之。實欲使卒垂成之功，編於前史之末。奏上之後，退填溝壑，無所復恨。』皓遂召瑩還，爲左國史。」同註9，頁1256。
〔註82〕見《三國志·卷三十三·後主傳第三》，同前註，頁902～903。

三》中直稱蜀國「國不置史，注記無官」，並認爲這是諸葛亮達政未周之處，因此陳壽《三國志》雖有〈魏書〉、〈蜀書〉、〈吳書〉三書並列，但取材、內容各有來源，〈魏書〉根據王沈《魏書》、魚豢《魏略》刪節而來，蜀無置史官，故〈蜀書〉記載，一皆陳壽自行採集，而〈吳書〉則是依循韋曜〔註83〕、薛瑩共撰的《吳書》修正寫定。

　　裴松之注《三國志》，徵引書目達二百三十二部之多，魏晉材料亦有二百本之繁，屬於魏國的著作有王沈《魏書》、孫盛《魏氏春秋》、陰澹《魏紀》、孔衍《漢魏春秋》、郭頒《魏晉世語》、陳壽《魏名臣奏事》、魚豢《魏略》、孫盛《魏世譜》，以及未註明撰人的《魏末傳》、《魏武故事》、《武帝百官名》、《褒賞令》等書，記述蜀國的有王隱《蜀記》、譙周《蜀本紀》、孫盛《蜀世譜》，至於吳國的史書則有韋曜《吳書》、環濟《吳紀》、張勃《吳錄》、胡沖《吳歷》共四部作品，由此可知，裴松之《三國志注》徵引史書，以魏國十二部最多，吳國四部次之，蜀國僅有三部，顯見其史料短缺難覓，而此尚不包含別傳、叢書、文章等其他方面的參考資料，對照陳壽撰寫《三國志》，〈魏書〉以王沈《魏書》、魚豢《魏略》爲根據，〈吳書〉以韋曜、薛瑩的《吳書》當底本，此三書同時也位處裴松之注徵引之列，因此，不難推知陳壽在編集〈魏書〉、〈吳書〉之際，以及裴松之在注〈魏書〉、〈吳書〉之餘，所依循的材料相去不遠，僅有〈蜀書〉因可參考的史料過少，難免衍生出迥異的看法，於是，陳壽每卷末史評後，裴松之往往有不同意見或質疑提出，而〈魏書〉、〈吳書〉沒有材料、版本、認知的差距，故於陳壽史評後，裴注並無太多補充、辨異。

（二）裴注徵引其他資料補壽評者

　　裴松之覽遍三國、魏、晉時期相關的史書、史料，於增補《三國志》不足的作用處，助益頗多，因此，在陳壽史評之後，若對其「評曰」的內容有所建議，裴松之亦未必直接就有個人想法，其他資料如有符合者，裴松之必徵引之以爲增補，而此類或可再細分爲三小類探究之：

1. 補充壽評內容者

　　陳壽史評雖是針對全篇內容做出總結，然其中亦不乏闕漏不明處，裴松之徵引他書以爲補充，計有卷二、卷十九、卷二十、卷三十、卷三十五、卷四十二、卷四十八，共七卷。

〔註83〕 逯耀東《魏晉史學的思想與社會基礎》：「〈吳書〉則據韋昭的《吳書》修正而成。」
　　　　　同註5，頁330；又裴松之《三國志注》：「曜本名昭，史爲晉諱，改之。」同註9，
　　　　　頁1460；故知韋昭即韋曜，然《吳書》非韋曜一人之作，尚有薛瑩共同撰集。

評曰：文帝天資文藻，下筆成章，博聞彊識，才藝兼該；若加之曠大之度，

勵以公平之誠，邁志存道，克廣德心，則古之賢主，何遠之有哉！〔註84〕

陳壽總結《三國志・卷二・文帝紀第二》的記載，評論魏文帝曹丕，此間雖述及曹丕文學、政治的貢獻與改進之道，不過卻未再詳加描繪，因此，裴松之於後注釋處徵引曹丕《典論・自敘》、張華《博物志》以爲補充，曹丕於《典論・自敘》裡自言生平所學和興趣所及，張華《博物志》則述「帝善彈棊，能用手巾角。時有一書生，又能低頭以所冠著葛巾角撇棊」〔註85〕的逸事，均無解釋、質疑陳壽史評的地方，純爲增補陳壽評論魏文帝曹丕的內容，以使記載更趨詳盡。

《三國志・卷二・文帝紀第二》是以增補陳壽品評曹丕的內容爲主，而《三國志・卷四十二・杜周杜許孟來尹李譙郤傳第十二》則延伸陳壽史評，不單限於對其人其事的補充，同時也有所議論。

評曰：杜微脩身隱靜，不役當世，庶幾夷、皓之概。周群占天有徵，杜瓊

沉默慎密，諸生之純也。許、孟、來、李，博涉多聞，尹默精于《左氏》，

雖不以德業爲稱，信皆一時之學士。譙周詞理淵通，爲世碩儒，有董、揚

之規，郤正文辭燦爛，有張、蔡之風，加其行止，君子有取焉。二子處晉

事少，在蜀事多，故著于篇。〔註86〕

裴松之於壽評後自注，曰「張璠以爲譙周所陳降魏之策，蓋素料劉禪懦弱，心無害戾，故得行也。如遇忿肆之人，雖無他算，然矜殉鄙恥，或發怒妄誅，以立一時之威，快其斯須之意者，此亦夷滅之禍云」〔註87〕，一方面藉由張璠對景耀六年譙周向後主獻計降魏的批評，延續陳壽的論斷，另一方面也同時說明譙周獻策成功背後的關鍵所在，此絲毫未有任何質疑或反對陳壽說法的性質存在，故雖有延伸史評的解釋，然仍屬補充方面的功用。

2. 解釋壽評內容者

有闕漏處，得增補之，有含糊不明的地方，亦須加註詳細解釋之，裴松之注於壽評後，徵引其他資料以解釋壽評內容者，計有卷二十八、卷三十八、卷四十三、卷四十七等四卷，其中多是針對陳壽史評中的專有名詞，或不清楚的部分，進一步提出說明。

評曰：王淩風節格尚，母丘儉才識拔幹，諸葛誕嚴毅威重，鍾會精練策數，

〔註84〕見《三國志・卷二・文帝紀第二》，同註9，頁89。
〔註85〕見裴松之注《三國志・卷二・文帝紀第二》引《博物志》，同前註，頁90。
〔註86〕見《三國志・卷四十二・杜周杜許孟來尹李譙郤傳第十二》，同前註，頁1042。
〔註87〕同前註。

咸以顯名，致茲榮任，而皆心大志迂，不慮禍難，變如發機，宗族塗地，
豈不謬惑邪！鄧艾矯然彊壯，立功立事，然闇于防患，咎敗旋至，豈遠知
乎諸葛恪而不能近自見，此蓋古人所謂目論者也。〔註88〕

陳壽依次評論了王淩、毌丘儉、諸葛誕、鍾會、鄧艾等人，並以諸葛恪比之，對於
五人的生平功過，裴松之於注並未另添補充、品議，僅替陳壽最後所言的「目論」
找出根源和定義。

《史記》曰：越王無彊與中國爭彊，當楚威王時，越北伐齊，齊威王使人
說越云，越王不納。齊使者曰：「幸也，越之不亡也。吾不貴其用智之如
目，目見毫毛而不自見其睫也。今王知晉之失計，不自知越之過，是目論
也。」〔註89〕

查《史記・卷四十一・越王句踐世家第十一》確有此事記載〔註90〕，儘管敘述有些
許差異，但「目論」之說同出一源殆無疑義，由此可知，裴松之注徵引《史記》補
充說明陳壽史評的內容，解釋意味十分濃厚。

卷三十八、卷四十三、卷四十七等其他三卷亦然，不是解釋字句，就是援引
出處，如《三國志・卷三十八・許麋孫簡伊秦傳第八》稱蔣濟以為許靖「大較廊
廟器」〔註91〕，裴松之即注引「《萬機論》論許子將曰：許文休者，大較廊廟器也，
而子將貶之。若實不貴之，是不明也；誠令知之，蓋善人也」〔註92〕，此是援引
蔣濟《萬機論》裡的說法，證明陳壽史評的出處，至於解釋字句方面，《三國志・
卷四十三・黃李呂馬王張傳第十三》與《三國志・卷四十七・吳主傳第二》兩部
分並有例證：

評曰：黃權弘雅思量，李恢公亮志業，呂凱守節不回，馬忠擾而能毅，王
平忠勇而嚴整，張嶷識斷明果，咸以所長，顯名發迹，遇其時也。〔註93〕

〔註88〕見《三國志・卷二十八・王毌丘諸葛鄧鍾傳第二十八》，同註9，頁796～797。
〔註89〕見裴松之注《三國志・卷二十八・王毌丘諸葛鄧鍾傳第二十八》引《史記》，同前註，
頁797。
〔註90〕見《史記・卷四十一・越王句踐世家第十一》司馬遷：《史記》（臺北：鼎文書局，
民國86年10月十版），頁1748。
〔註91〕《三國志・卷三十八・許麋孫簡伊秦傳第八》：「評曰：許靖夙有名譽，既以篤厚為
稱，又以人物為意，雖行事舉動，未悉允當，蔣濟以為『大較廊廟器』也。麋竺、
孫乾、簡雍、伊籍，皆雍容風議，見禮於世。秦宓始慕肥遯之高，而無若愚之實。
然專對有餘，文藻壯美，可謂一時之才士矣。」同註9，頁976～977。
〔註92〕見裴松之之注《三國志・卷三十八・許麋孫簡伊秦傳第八》引蔣濟《萬機論》，同前註，
頁977。
〔註93〕見《三國志・卷四十三・黃李呂馬王張傳第十三》，同前註，頁1055。

裴松之注引「《尚書》曰：擾而毅。鄭玄注曰：擾，馴也。致果曰毅」〔註94〕，不僅闡述陳壽所言「馬忠擾而能毅」的字辭出處，同時運用鄭玄注《尚書》的解釋說明「擾」、「毅」的意義，再觀《三國志·卷四十七·吳主傳第二》亦復如此，陳壽於史評中有「讒說殄行」〔註95〕一詞，裴松之同樣引「馬融注《尚書》曰：殄，絕也，絕君子之行」〔註96〕作為解釋，因為有這些裴松之徵引資料的註說，終得以使陳壽史評的意見更加詳實。

3. 質疑壽評內容者

　　陳壽的史評，既然有闕漏不全，以及模糊不明之處，自然也會有矛盾、謬誤的地方，裴松之於自注部分往往先徵引其他材料以為註解，陳壽的史評儘管偶出現爭議需要辯證者，裴注亦常先尋找相關資料進行考辨，若無可輔佐論述者，方提出個人意見，而裴注徵引其他資料以質疑陳壽史評內容者，可見《三國志》裡卷十三與卷四十六的敘述。

　　　評曰：鍾繇開達理幹，華歆清純德素，王朗文博富贍，誠皆一時之俊偉也。

　　　魏氏初祚，肇登三司，盛矣夫！王肅亮直多聞，能析薪哉！〔註97〕

　　陳壽於《三國志·卷十三·鍾繇華歆王朗傳第十三》評論鍾繇、華歆、王朗、王肅等人，並謂「王肅亮直多聞」，不過，裴注引「劉寔以為肅方於事上而好下佞己，此一反也。性嗜榮貴而不求苟合，此二反也。吝惜財物而治身不穢，此三反也」〔註98〕，顯見劉寔有不同意見，此間僅提出不同角度的記載以為參考，未若《三國志·卷四十六·孫破虜討逆傳第一》直接點明陳壽史評的不周全處。

　　《三國志·卷四十六·孫破虜討逆傳第一》末陳壽「評曰：孫堅勇摯剛毅，孤微發迹，導溫戮卓，山陵杜塞，有忠壯之烈。策英氣傑濟，猛銳冠世，覽奇取異，志陵中夏。然皆輕佻果躁，隕身致敗。且割據江東，策之基兆也，而權尊崇未至，子止侯爵，於義儉矣」〔註99〕，言孫堅、孫策二人的優劣、功過，裴松之於後則徵引孫盛史評有所補充並抒發疑慮：

〔註94〕見《三國志·卷四十三·黃李呂馬王張傳第十三》，同註9，頁1055。
〔註95〕《三國志·卷四十七·吳主傳第二》：「評曰：孫權屈身忍辱，任才尚計，有句踐之奇英，人之傑矣。故能自擅江表，成鼎峙之業。然性多嫌忌，果於殺戮，暨臻末年，彌以滋甚。至于讒說殄行，胤嗣廢斃，豈所謂貽厥孫謀以燕翼子者哉？其後葉陵遲，遂致覆國，未必不由此也。」同前註，頁1149。
〔註96〕見裴松之注《三國志·卷四十七·吳主傳第二》引馬融注《尚書》，同前註。
〔註97〕見《三國志·卷十三·鍾繇華歆王朗傳第十三》，同前註，頁422～423。
〔註98〕見裴松之注《三國志·卷十三·鍾繇華歆王朗傳第十三》引劉寔語，同前註，頁423。
〔註99〕見《三國志·卷四十六·孫破虜討逆傳第一》，同前註，頁1112～1113。

孫盛曰：孫氏兄弟皆明略絕群。創基立事，策之由也，自臨終之日，顧命委權。夫意氣之閒，猶有列頸，況天倫之篤愛，豪達之英鑒，豈吝名號於既往，違本情之至實哉？抑將遠思虛盈之數，而慎其名器者乎？夫正本定名，爲國之大防；杜絕疑貳，消釁之良謨。是故魯隱矜義，終致羽父之禍；宋宣懷仁，卒有殤公之哀。皆心存小善，而不達經綸之圖；求譽當年，而不思貽厥之謀。可謂輕千乘之國，蹈道則未也。孫氏因擾攘之際，得奮其縱橫之志，業非積德之基，邦無磐石之固，勢一則祿祚可終，情乖則禍亂塵起，安可不防微於未兆，慮難於將來？壯哉！策爲首事之君，有吳開國之主；將相在列，皆其舊也，而嗣子弱劣，析薪弗荷，奉之則魯桓、田市之難作，崇之則與夷、子馮之禍興。是以正名定本，使貴賤殊邈，然後國無陵肆之責，後嗣罔猜忌之嫌，群情絕異端之論，不逞杜覬覦之心；於情雖違，於事雖儉，至於括囊遠圖，永保維城，可謂爲之于其未有，治之于其未亂者也。陳氏之評，其未達乎！〔註100〕

孫盛以爲陳壽評議孫堅、孫策二人，並未深切，其提出「正名定本」的概念，輔以論析孫策的個性、政治思考，以及嗣子弱劣缺點的補強，且以魯隱、宋宣，和魯桓、田市、與夷、子馮等歷史人物爲例證，闡述孫策創基立事之功，雖然沒有直接反對陳壽對孫堅、孫策的批評，但於長篇敍述中隱藏有對孫策心思縝密的形容，最後以「陳氏之評，其未達乎」總結觀點，實猶是孫盛對陳壽史評內容的不夠深入，與未及中肯的質疑。

　　不過，他書反對、質疑壽評的陳述，與所呈現的兩造歧異方面，裴松之未必同樣也持反對、質疑陳壽的立場，很可能裴松之只是援引別書的不同想法，以方便作爲研讀時，能夠產生更多角度的思考和對照而已。

（三）裴注史評有相左者

　　其他史材、史家質疑陳壽史評的矛盾、謬誤、不夠深入處，裴松之雖然不一定抱持相同的立場，但多少仍帶有存疑的意味，僅徵引其他材料作爲質疑，或許代表兩種意義，一是裴松之也擁有一樣的疑問，而另一則是裴松之本人對此沒有任何想法，只列出不同觀點作爲對照之用，後者已於前述討論，至於前項，或可再細分成二類以詳盡研究之：

1. 與陳壽史評相左者

　　此係直接針對陳壽史評中，裴松之認爲不妥、不對的地方進行辯論，雖僅有卷

〔註100〕見裴松之注《三國志・卷四十六・孫破虜討逆傳第一》引孫盛語，同註9，頁1113。

六、卷十、卷十一、卷二十一、卷三十三、卷四十四、卷四十七等七卷可供參考，但這一部份卻是陳壽與裴松之二人史學思想比較的直接呈現，而依據兩相對照的深淺程度，尚猶可別爲三類詳細探究。

（1）字句形容的精準

陳壽史評以「評曰」帶出陳壽個人觀點，並總結對全卷歷史人物、歷史事件的批評，然敘述簡略，不免發生辭語書寫上的爭議，裴松之即有針對陳壽史評裡字句形容的精準程度提出議論者。

> 評曰：袁渙、邴原、張範躬履清蹈，進退以道，蓋是貢禹、兩龔之匹。〔註101〕

裴注云「臣松之以爲蹈猶履也，『躬履清蹈』，近非言乎」〔註102〕，此是針對陳壽史評用字遣句不夠精當的缺失提出糾正，並予以批評，而在《三國志・卷二十一・王衛二劉傳傳第二十一》中，裴松之亦對於陳壽稱「傅嘏用才達顯云」〔註103〕的描繪形式表現不滿：

> 臣松之以爲傅嘏識量名輩，寔當時高流。而此評但云「用才達顯」，既於題目爲拙，又不足以見嘏之美也。〔註104〕

裴松之認爲陳壽品議傅嘏「用才顯達」的敘述過於籠統，無法眞正看出傅嘏在當時展現的風範，由此可知，《三國志・卷十一・袁張涼國田王邴管傳第十一》與《三國志・卷二十一・王衛二劉傳傳第二十一》，裴松之均是針對陳壽史評的不適當、不深入處予以詳實說解，並稍加批評、建議。

（2）評議觀點的切入

字句形容的精準與否，多是因爲書寫手法的差異而產生，然裴松之史評和陳壽史評相左的部分，應出自評議觀點切入角度不同所導致，即裴松之針對陳壽史評的不公允處，或爭議處提出其他意見，通常是對歷史人物的評斷不一，如《三國志・卷四十四・蔣琬費禕姜維傳第十四》，陳壽認爲「蔣琬方整有威重，費禕寬濟而博愛，咸承諸葛之成規，因循而不革，是以邊境無虞，邦家和一，然猶未盡治小之宜，居靜之理也」，頗有先褒後貶之意，裴松之對此卻抱持著與陳壽迥異的看法：

〔註101〕見《三國志・卷十一・袁張涼國田王邴管傳第十一》，同註9，頁366。
〔註102〕同前註。
〔註103〕《三國志・卷二十一・王衛二劉傳傳第二十一》：「評曰：昔文帝、陳王以公子之尊，博好文采，同聲相應，才士並出，惟粲等六人最見名目。而粲特處常伯之官，興一代之制，然其沖虛德宇，未若徐幹之粹也。衛覬亦以多識典故，相時王之式。劉劭該覽學籍，文質周洽。劉廙以清鑒著，傅嘏用才達顯云。」同前註，頁629。
〔註104〕見《三國志・卷二十一・王衛二劉傳傳第二十一》，同前註。

臣松之以爲蔣、費爲相，克遵畫一，未嘗徇功妄動，有所虧喪，外卻駱谷
之師，內保寧緝之實，治小之宜，居靜之理，何以過於此哉！今譏其未盡
而不著其事，故使覽者不知所謂也。〔註105〕

裴松之主張蔣琬、費禕爲蜀相，「克遵畫一，未嘗徇功妄動，有所虧喪，外卻駱谷之
師，內保寧緝之實」，內外兼顧，雖無發揚之勳，然正符合「治小之宜，居靜之理」，
陳壽批評蔣、費二人未盡卻未提出明確事蹟予以佐證，裴松之認爲將使閱讀者不知
所謂，無法判斷，《三國志‧卷四十七‧吳主傳第二》亦然，同樣出現陳壽與裴松之
對吳主孫權不同品論的情況：

評曰：孫權屈身忍辱，任才尚計，有句踐之奇英，人之傑矣。故能自擅江
表，成鼎峙之業。然性多嫌忌，果於殺戮，暨臻末年，彌以滋甚。至于讒
說殄行，胤嗣廢斃，豈所謂貽厥孫謀以燕翼子者哉？其後葉陵遲，遂致覆
國，未必不由此也。〔註106〕

陳壽認爲孫權在政治上具奇英才傑，故能據江表、成霸業，然多嫌忌的個性是其一
大缺弊，聽信讒言，廢斃胤嗣的結果，終於導致「後葉陵遲」的覆國下場，不過這
種說法，裴松之深不以爲然。

臣松之以爲孫權橫廢無罪之子，雖爲兆亂，然國之傾覆，自由暴晧。若權
不廢和，晧爲世適，終至滅亡，有何異哉？此則喪國由於昏虐，不在於廢
黜也。設使亮保國祚，休不早死，則晧不得立。晧不得立，則炎不亡矣。
〔註107〕

魏黃初二年，孫權立長子孫登爲吳太子，立凡二十一年，年三十三歲卒，赤烏五年，
又立時年十九歲的孫和爲太子，後孫權女全公主譖太子和與王夫人子母，赤烏十三
年，和廢，孫權遂立少子孫亮爲太子，以全尚女全氏爲妃，太元二年，即魏嘉平四
年四月，孫權薨，太子亮即尊號，大赦，太平三年九月戊午，孫綝以兵取太常全尚，
遣弟孫恩於蒼龍門外攻殺將軍劉丞，召大臣會宮門，罷黜孫亮爲會稽王，孫亮時年
十六歲，己未，孫綝使宗正孫楷與中書郎董廟，共迎孫權第六子孫休即位，大赦，
改元永安元年，是歲，魏甘露三年也，永安七年癸未孫休薨，時年三十，謚曰景皇
帝，於時蜀初亡，丞相濮陽興、左將軍迎立孫晧，晧係孫權孫、孫和子，時年二十
三歲，是歲乃魏咸熙元年也。

這段風雲詭譎的內宮鬥爭，大傷吳國氣力，孫權以後，子嗣多早卒，故時有爭

〔註105〕見裴松之注《三國志‧卷四十四‧蔣琬費禕姜維傳第十四》，同註9，頁1069。
〔註106〕見《三國志‧卷四十七‧吳主傳第二》，同前註，頁1149。
〔註107〕見裴松之注《三國志‧卷四十七‧吳主傳第二》，同前註。

奪權位情事發生，陳壽認為，以孫權扮演主事者的角色而言，「讒說殄行，胤嗣廢斃」，正是「後葉陵遲，遂致覆國」的根本原因，然裴松之還原歷史，主張孫權橫廢無罪之子，僅為兆亂，吳國傾覆的主要罪責，仍應歸屬在孫晧的暴行，因為「喪國由於昏虐，不在於廢黜」，裴松之以為，如果孫亮能保國祚，孫休不要三十歲時早死，則孫晧就不可能被立為國君，晧不得立，吳國便不至於會走上敗亡，因此，裴松之斷定吳國覆滅的責任在於孫晧的昏虐，而非是孫權的廢黜導致，孫權聽信讒言罷立無罪之子，依陳壽看，是整部吳國歷史興亡的關鍵，但就裴松之言，只是引發爭亂的一小根源。

（3）證據敘述的充足

　　儘管有些時候，裴松之自注和陳壽史評出現相左的地方，但針對爭議不明之處，裴注也會有補充說明的部分，如《三國志・卷三十三・後主傳第三》，陳壽先批評蜀後主劉禪革稱建興，違反古義體理，「又國不置史，注記無官，是以行事多遺，災異靡書」，而「諸葛亮雖達於為政，凡此之類，猶有未周焉。然經載十二而年名不易，軍旅屢興而赦不妄下，不亦卓乎！自亮沒後，茲制漸虧，優劣著矣」〔註108〕，裴松之於後自注：〔註109〕

> 《華陽國志》曰：丞相亮時，有言公惜赦者，亮答曰：「治世以大德，不以小惠，故匡衡、吳漢不願為赦。先帝亦言吾周旋陳元方、鄭康成間，每見啟告，治亂之道悉矣，曾不語赦也。若劉景升、季玉父子，歲歲赦宥，何益於治！」
>
> 臣松之以為「赦不妄下」，誠為可稱，至於「年名不易」，猶所未達。案建武、建安之號，皆久而不改，未聞前史以為美談。「經載十二」，蓋何足云？豈別有他意，求之未至乎！亮歿後，延熙之號，數盈二十，「茲制漸虧」，事又不然也。

裴松之對於陳壽史評所稱「軍旅屢興而赦不妄下」，先引《華陽國志》載諸葛亮論「赦」逸事以為補充，其後又以「臣松之以為」提出個人意見，此段自注首有「臣松之以為」的論述，中亦有「案」的考證，以「臣松之以為」的表現方式為自注者，通常是裴松之考證、解釋所引用的材料後，作出的評論，而以「臣松之案」方式為注者，一般則是對引用材料所作的考證或解釋，前為「論辯」，後為「懲妄」，因此裴松之認為陳壽言「赦不妄下」誠為可稱，至於「年名不易」則還有可討論的空間，裴松

〔註108〕見《三國志・卷三十三・後主傳第三》，同註9，頁902～903。

〔註109〕以下引文均見於裴松之注《三國志・卷三十三・後主傳第三》引《華陽國志》及其自注，同前註，頁903；不另分別加註。

－152－

之又以建武、建安爲佐證，解釋「年名不易」及「經載十二」的錯誤溢美，最後以後主延熙年號，不僅止於十二年，甚至超過二十年，來駁斥陳壽主張自諸葛亮歿後「茲制漸虧」的批評。

同樣的情況亦見《三國志・卷六・董二袁劉傳第六》，陳壽「評曰：董卓狠戾賊忍，暴虐不仁，自書契已來，殆未之有也。袁術奢淫放肆，榮不終己，自取之也。袁紹、劉表，咸有威容、器觀，知名當世。表跨蹈漢南，紹鷹揚河朔，然皆外寬內忌，好謀無決，有才而不能用，聞善而不能納，廢嫡立庶，舍禮崇愛，至于後嗣顛蹙，社稷傾覆，非不幸也。昔項羽背范增之謀，以喪其王業；紹之殺田豐，乃甚於羽遠矣」〔註110〕，裴松之先徵引《英雄記》：

> 《英雄記》曰：昔大人見臨洮而銅人鑄，臨洮生卓而銅人毀；世有卓而大亂作，大亂作而卓身滅，抑有以也。〔註111〕

裴松之首先徵引王粲《英雄記》的記載，不僅增補史實內容，同時也呼應陳壽史評所言「董卓狠戾賊忍，暴虐不仁，自書契已來，殆未之有也」的說法，後再根據陳壽對董卓及「袁術奢淫放肆，榮不終己，自取之也」的敘述，於自注中有所考辨、批評：

> 臣松之以爲桀、紂無道，秦、莽縱虐，皆多歷年所，然後眾惡乃著。董卓自竊權柄，至于隕斃，計其日月，未盈三周，而禍崇山丘，毒流四海。其殘賊之性，寔豺狼不若。「書契未有」，斯言爲當。但評既口「賊忍」，又云「不仁」，賊忍、不仁，於辭爲重。袁術無毫芒之功，纖介之善，而猖狂于時，妄自尊立，固義夫之所扼腕，人鬼之所同疾。雖復恭儉節用，而猶必覆亡不暇，而評但云「奢淫不終」，未足見其大惡。〔註112〕

裴松之認爲夏桀、商紂、秦始皇、王莽的暴虐無道都是歷時多年，然後集眾惡於一身，可是董卓自竊漢帝權柄乃至隕斃，期間尙不滿三周，居然惡貫滿盈、遺毒深重，故陳壽說「自書契已來，殆未之有也」，可謂貼切，不過陳壽於史評中既然描述董卓「狠戾賊忍」且「暴虐不仁」，以其僅有三周期限來看，指責未免有些過重，至於袁術，裴松之以爲其人無功無善，竟猖狂妄自尊立，就算保持恭儉節用的態度，也勢必會走向滅亡之途，此一評論雖與陳壽看法相近，但裴松之仍然堅持陳壽史評只道袁術「奢淫不終」，實在無法眞正顯示出袁術的大惡，主張應多陳述袁術的惡行，方足以使人爲惕。

〔註110〕見《三國志・卷六・董二袁劉傳第六》，同註9，頁216～217。
〔註111〕見裴松之注《三國志・卷六・董二袁劉傳第六》引《英雄記》，同前註，頁217。
〔註112〕見裴松之注《三國志・卷六・董二袁劉傳第六》，同前註，頁217。

　　由此可知，二者無論是字句形容的精準程度有異，還是評議觀點的切入角度不同，裴松之對於陳壽史評值得討論的地方，巨細靡遺地詳加說明，有模糊不明處，再輔以其他證據充足敘述，因此，裴松之自注與陳壽史評發生相左時，或直接指陳「評曰」內容的謬誤，或援引不同資料提供相異的觀點，或批評陳壽史評的不公允說法，然非刻意和陳壽持相反意見，裴松之運用佐證來鞏固自我論述的方式，使其在批評陳壽史評的同時，更添許多令人信服的條件。

2. 與徵引史材相左者

　　非僅增補材料而與陳壽史評相左，裴松之亦有觀點同於陳壽，卻和徵引的材料發生相左者，此可見於卷三十一、卷六十三。

　　　　評曰：昔魏豹聞許負之言則納薄姬於室。〔註113〕

陳壽以此逸事為例，裴松之先引孔衍《漢魏春秋》言「許負，河內溫縣之婦人，漢高祖封為明雌亭侯」〔註114〕，稍加解釋，後則針對孔衍《漢魏春秋》的記載，提出質疑與批判：

　　　　臣松之以為今東人呼母為負，衍以許負為婦人，如為有似，然漢高祖時封

　　　　皆列侯，未有鄉亭之爵，疑此封為不然。〔註115〕

裴松之先以風土民情為例證，認為許負應是許母的異稱，雖不知名氏，然與孔衍所言可謂近似，不過，再遍查漢高祖冊封侯爵事後，裴松之發現漢高祖時卻無鄉亭之爵，進而懷疑孔衍的「明雌亭侯」敘述有誤，裴注於此並未針對陳壽史評提出反駁或議論，僅就「許負」的部分，徵引孔衍《漢魏春秋》裡的相關事蹟加以解釋，再就孔衍《漢魏春秋》中尚值得商榷的地方進行探討，經過考辨、論證的程序，最後提出裴松之個人的意見。

　　至於《三國志‧卷六十三‧吳範劉惇趙達傳第十八》牽涉更廣，吳範「以治曆數，知風氣，聞於郡中」〔註116〕，劉惇「以明天官達占數顯於南土」〔註117〕，趙達「治九宮一算之術，究其微旨，是以能應機立成，對問若神，至計飛蝗，射隱伏，無不中效」〔註118〕，三人均身懷奇技異術，故陳壽總論之：

　　　　評曰：三子各於其術精矣，其用思妙矣，然君子等役心神，宜於大者遠者，

〔註113〕見《三國志‧卷三十一‧劉二牧傳第一》，同註9，頁870。
〔註114〕見裴松之注《三國志‧卷三十一‧劉二牧傳第一》引孔衍《漢魏春秋》，同前註。
〔註115〕見裴松之注《三國志‧卷三十一‧劉二牧傳第一》，同前註，頁870。
〔註116〕見《三國志‧卷六十三‧吳範劉惇趙達傳第十八》，同前註，頁1421。
〔註117〕同前註，頁1423。
〔註118〕同前註，頁1424。

是以有識之士，舍彼而取此也。〔註119〕

方技神怪歷來在中國被視爲是邪說妖言，尤其在傳統儒家思維裡，陰陽術數總被看成是假託天命、怪力亂神的虛誕論述，雖有方士技藝之列舉，仍不免流於江湖術士的刻版印象，陳壽《三國志》先有〈卷二十九・方技傳〉的編寫，後又對吳範、劉惇、趙達三人抱持著「術精思妙」的肯定態度，不過，陳壽於史評中猶不諱言，認爲「君子等役心神，宜於大者遠者」，言下之意便隱含有三人心神思慮不夠遠大的評議，因此有識之士通常不會鑽研於方技術數之中，而其後裴松之注引孫盛的論述，在呼應陳壽史評的同時，顯然還帶有不同想法的批評：

> 孫盛曰：夫玄覽未然，逆鑒來事，雖裨竈、梓慎其猶病諸，況術之下此者乎？《吳史》書達知東南當有王氣，故輕舉濟江。魏承漢緒，受命中畿，達不能豫覩兆萌，而流竄吳越。又不知吝術之鄙，見薄於時，安在其能逆覩天道而審帝王之符瑞哉？昔聖王觀天地之文，以畫八卦之象，故疊疊成於著策，變化形乎六爻，是以三《易》雖殊，卦繇理一，安有迴轉一籌，可以鉤深測隱，意對逆占，而能遂知來物者乎？流俗好異，妄設神奇，不幸之中，仲尼所棄，是以君子志其大者，無所取諸。〔註120〕

孫盛認爲趙達「不能豫覩兆萌，而流竄吳越。又不知吝術之鄙，見薄於時」，因此絕不可能如《吳史》所言，知東南有王氣而輕舉濟江，能逆覩天道而審帝王之符瑞，故此類俗異神奇之事，孫盛斷定乃仲尼所棄，且「君子志其大者，無所取諸」，不過，裴松之並不全然贊同孫盛的論調，於是針對孫盛評議的內容，提出個人的質疑和進行考辨：

> 臣松之以爲盛云「君子志其大者，無所取諸」，故評家之旨，非新聲也。其餘所譏，則皆爲非理。自中原酷亂，至于建安，數十年閒，生民殆盡，比至小康，皆百死之餘耳。江左雖有兵革，不能如中國之甚也，焉知達不算其安危，知禍有多少，利在東南，以全其身乎？而責不知魏氏將興，流播吳越，在京房之籌，猶不能自免刑戮，況達但以祕術見薄，在悔吝之間乎！古之道術，蓋非一方，探賾之功，豈惟六爻，苟得其要，則可以易而知之矣，迴轉一籌，胡足怪哉？達之推算，窮其要妙以知幽測隱，何愧于古！而以裨、梓限之，謂達爲妄，非篤論也。〔註121〕

〔註119〕見《三國志・卷六十三・吳範劉惇趙達傳第十八》，同註9，頁1426。
〔註120〕見裴松之注《三國志・卷六十三・吳範劉惇趙達傳第十八》引孫盛語，同前註，頁1426。
〔註121〕見裴松之注《三國志・卷六十三・吳範劉惇趙達傳第十八》，同前註，頁1426～1427。

裴松之於自注言孫盛所裁斷的「君子志其大者，無所取諸」，是以往史評家、文評家曾有的論述，並不是孫盛首先提出來的創見，而其餘譏諷趙達的語辭，又毫無道理、沒有根據，裴松之以為，漢魏交際，戰亂頻仍，江左雖有兵革，但猶及不上中原的紛擾，所以若單就社會的觀察面而言，很容易便能判斷東南方比起中原的安定程度，故孫盛指責趙達不能豫覩魏氏將興的兆萌，而流竄到吳越，裴松之認為這是落入方技道術的陷阱，忽略對時局的敏感反應，不過，儘管裴松之肯定趙達「以祕術見薄，在悔吝之間」，其仍主張逆占來物、鉤深測隱皆是「蓋非一方」的道術，因此，裴松之於後雖又以葛洪《抱朴子》及《神仙傳》二書的記載增補陳壽史評，然意非反駁陳壽觀點，而旨在批判葛洪。

> 臣松之以為葛洪所記，近為惑眾，其書文頗行世，故攝取數事，載之篇末也。神仙之術，詎可測量，臣之臆斷，以為惑眾，所謂夏蟲不知冷冰耳。
> 〔註122〕

魏晉之際，志異作品大行其道，葛洪完成《抱朴子》內篇後，又續著《神仙傳》一書，故《神仙傳》可說是《抱朴子》內篇的續篇之作，不僅於東晉當朝非常流行，更是魏晉時期重要的志異作品，裴松之於批評孫盛史評後，緊接著徵引葛洪的《抱朴子》與《神仙傳》，分別敘寫葛仙公、姚光、介象等人的奇異事蹟，並在自注中抨擊葛洪所記近為惑眾，以為神仙方術無法明確釐清、測量，因此譏諷葛洪是「夏蟲不知冷冰」的惑眾之徒，由此可知，裴松之對於當時流行、充斥的志異材料，猶是抱持著存疑和批判的態度。

然而在裴松之《三國志注》裡，亦徵引頗多魏晉志異的材料，包括葛洪《神仙傳》、干寶《搜神記》、東方朔《神異經》、楊孚《異物志》、陸氏《異林》、張華《博物志》等著作均在引書之列，裴松之《三國志注》更是最早徵引魏晉志異材料的一部史書，此實與當時普遍的「志異入史」風氣有關，魏晉時代志異作品的撰者往往也是著名的史學家，如干寶、葛洪、張華等人都是同兼兩種身份，再加上史學、史注從傳統的經學、經注獨立出來，融合釋家注譯說解的型態，以及志異神怪的內容，發展出新的史學寫作方式，裴松之受時代風氣感染，不免也將志異材料納入範疇，不過，由其裁斷孫盛史評「非新聲」、「非篤論」，又批判葛洪的著作「近為惑眾」來看，裴松之始終秉持著史家的立場，審慎且仔細地考辨一切徵引過的志異材料，儘管取捨間還是有所引用，以符合「備異」的原則，但追求歷史真相、實事求是的精神，才是裴松之替陳壽《三國志》作注時，最優先也是最主要的意旨所在。

〔註122〕見裴松之注《三國志・卷六十三・吳範劉惇趙達傳第十八》，同註9，頁1428。

二、與諸家史評的對照

　　裴松之雖徵引包括孫盛、習鑿齒、華嶠、魚豢、袁宏、張璠、干寶、孫綽、何休、鄭玄、服虔、應劭、高堂隆、徐眾等十四家史評，然值得注意的是，此十四家史評非皆爲個人史觀的呈現，亦有解釋音義，或校勘字句者，依照徵引情況的不同，可分爲「史學評論」與「音義訓解」兩種類型，而「音義訓解」實等同於《三國志注》「解釋文字意義」的作用，隸屬於「補闕」體例，前已有詳細論述，此不贅言，故只就「史學評論」類探討裴松之徵引其他家史評的目的，以及各史評家之間所展現的史觀異同。

　　嚴格說來，裴松之注《三國志》時，眞正徵引其他家史論者，僅有孫盛、習鑿齒、華嶠、魚豢、袁宏、張璠、干寶、孫綽八家，此八家史評一如松之自注，雖無「臣松之」三字，然裴松之於徵引時，皆直言「某曰」、「某評」，而後裴松之或有提出更正、看法者，以茲對照，但不論松之於徵引後有無針對其他家史評提出意見，單就裴松之徵引他家的史評內容，亦可窺知各史評家對三國歷史的議論，以下便就此八家史評分別敘述。

（一）孫　盛

　　孫盛，字安國，太原中都人，祖孫楚，爲馮翊太守，父孫恂，乃潁川太守，在郡遇賊被害，亡，孫盛初仕任佐著作郎，以家貧親老爲由，求爲小邑，因而出補瀏陽令，時太守陶侃請爲參軍，後庾亮取代陶侃，亦引薦孫盛爲征西主簿，轉參軍，其後庾翼代亮，桓溫又代翼，孫盛仍歷仕安西諮議參軍，尋遷廷尉正，以及參軍等職，等到與桓溫俱伐蜀，而蜀平之後，賜爵安懷縣侯，累遷至桓溫從事中郎要職，又從入關平洛，以功進封吳昌縣侯，並出補長沙太守，累遷祕書監，加給事中，年七十二卒。

　　孫盛篤學不倦，自少至老，手不釋卷，且善言名理，當時殷浩擅名於世，能夠與之抗論者，唯有孫盛一人，孫盛曾經拜訪殷浩與其談論名理，到了用餐的時刻，還因辯議激烈，手中麈尾奮擲，致使拂塵的毛悉落飯中，兩人一直到黃昏之際都仍未用餐，食物因冷卻又復烹暖的次數高達四回，而激烈討論的名理竟還沒有確切的定論，其後，孫盛著醫卜和〈易象妙於見形論〉，殷浩等人居然無以難之，孫盛因此知名。〔註123〕

　　孫盛又有《魏氏春秋》與《晉陽秋》兩部史學著作，「并造詩賦論難復數十篇。

〔註123〕《晉書・卷八十二・孫盛傳》：「及長，博學，善言名理。于時殷浩擅名一時，與抗論者，惟盛而已。盛嘗詣浩談論，對食，奮擲麈尾，毛悉落飯中，食冷而復暖者數四，至暮忘餐，理竟不定。盛又著醫卜及《易象妙於見形論》，浩等竟無以難之，由是遂知名。」同註78，頁2147。

－157－

《晉陽秋》詞直而理正，咸稱良史焉」〔註124〕，後來孫盛將其寫成兩定本，寄於慕容儁〔註125〕，「太元中，孝武帝博求異聞，始於遼東得之，以相考校，多有不同，書遂兩存」〔註126〕。

在《三國志注》中，裴松之徵引孫盛的史評計有五十三條，其史評在裴松之《三國志注》裡，以「孫盛曰」、「孫盛《異同評》曰」與「孫盛《評》曰」三種方式呈現，「孫盛《評》曰」雖僅言「《評》」，然實際上就是孫盛的《異同評》一書，這一部份主要是考辨史材，和評論史學著作。

孫盛《異同評》曰：按〈吳志〉，劉備先破公軍，然後權攻合肥，而此記云權先攻合肥，後有赤壁之事。二者不同，〈吳志〉爲是。〔註127〕

孫盛《異同評》針對陳壽《三國志‧卷一‧武帝紀第一》所載建安十三年十二月事，「孫權爲備攻合肥。公自江陵征備，至巴丘，遣張憙救合肥。權聞憙至，乃走。公至赤壁，與備戰，不利」〔註128〕，對照《三國志‧卷四十七‧吳主傳第二》同年敘述，「瑜、普爲左右督，各領萬人，與備俱進，遇於赤壁，大破曹公軍。公燒其餘船引退，士卒飢疫，死者大半。備、瑜等復追至南郡，曹公遂北還，留曹仁、徐晃於江陵，使樂進守襄陽。時甘寧在夷陵，爲仁黨所圍，用呂蒙計，留淩統以拒仁，以其半救寧，軍以勝反。權自率眾圍合肥，使張昭攻九江之當塗。昭兵不利，權攻城踰月不能下。曹公自荊州還，遣張喜將騎赴合肥。未至，權退」〔註129〕，認爲《三國志‧卷一‧武帝紀第一》的內容有誤，非唯陳壽《三國志》，孫盛同時也針對相關史材記載的矛盾、謬誤做出判斷。

孫盛《評》曰：夏侯惇恥爲漢官，求受魏印，桓階方惇，有義直之節；考其傳記，《世語》爲妄矣。〔註130〕

建安二十四年冬十月，曹軍返回洛陽，孫權遣使上書稱臣，時魏侍中陳群與尚書桓階上奏勸曹操正位，而《曹瞞傳》和《世語》載夏侯惇主張宜先滅蜀，蜀亡則吳服，既定二國，方得循正統之軌，曹操亦以爲對，故聽從其建議，然隔年春正月庚子，曹操崩於洛陽，年六十六，夏侯惇追悔前言，竟發病卒，孫盛比較《世語》及其他

〔註124〕見《晉書‧卷八十二‧孫盛傳》，同註78，頁2148。
〔註125〕《晉書‧卷八十二‧孫盛傳》校勘記：「《考異》：枋頭之役在慕容暐時，儁已先死久矣。」同前註，頁2160。
〔註126〕見《晉書‧卷八十二‧孫盛傳》，同前註，頁2148。
〔註127〕見裴松之注《三國志‧卷一‧武帝紀第一》引孫盛《異同評》，同註9，頁31～32。
〔註128〕見《三國志‧卷一‧武帝紀第一》，同前註，頁30～31。
〔註129〕見《三國志‧卷四十七‧吳主傳第二》，同前註，頁1118。
〔註130〕見裴松之注《三國志‧卷一‧武帝紀第一》，同前註，頁53。

史書的同段記載，發現內容有異，詳加考證後，以爲夏侯惇恥爲漢官而求受魏印，不可能有如《世語》所言勸退曹操情事，因此斷定郭頒爲妄。

　　不過，此言裴松之《三國志注》徵引孫盛史評五十三條，並未包括上述「孫盛《異同評》曰」和「孫盛《評》曰」兩項，僅以「孫盛曰」爲主，「孫盛《異同評》曰」與「孫盛《評》曰」同出於《異同評》一書內容，多是考辨史材、評論史著之用，至於「孫盛曰」，則是對歷史事件或歷史人物的品議。

　　　　孫盛曰：魏武於是失政刑矣。《易》稱「明折庶獄」，《傳》有「舉直措枉」，
　　　　庶獄明則國無怨民，枉直當則民無不服，未有徵青蠅之浮聲，信浸潤之譖
　　　　訴，可以允釐四海，惟清緝熙者也。昔者漢高獄蕭何，出復相之，玠之一
　　　　責，永見擯放，二主度量，豈不殊哉！〔註131〕

孫盛徵引《易經》、《左傳》所言，批評魏武帝因謗收毛玠付獄事〔註132〕，並以漢高祖於蕭何出獄後，復迎爲相重用之，認爲曹操對待賢臣良相的度量，比之劉邦，實在過於狹隘。

　　除孫盛本人有針對歷史人物、歷史事件加以議論者，裴松之《三國志注》亦常徵引孫盛的意見，以爲裁斷陳壽《三國志》的體例或內容：

　　　　孫盛曰：蜀少人士，故慈、潛等並見載述。〔註133〕

此《三國志·卷四十二·杜周杜許孟來尹李譙郤傳第十二》孫盛之言，明顯是替陳壽把許慈、胡潛兩人合傳的做法提出說明，裴松之於後並無自注，知其應是認同孫盛的解釋，至少不會是持反對意見的。

　　若裴松之欲駁斥孫盛，必在其史評後有所自注，以爲質疑，如有關郤正著論論姜維者，其讚譽姜維「樂學不倦，清素節約，自一時之儀表也」〔註134〕，到了孫盛則有不同看法：

〔註131〕見裴松之注《三國志·卷十二·崔毛徐何邢鮑司馬傳第十二》，同註9，頁377。
〔註132〕《三國志·卷十二·崔毛徐何邢鮑司馬傳第十二》：「崔琰既死，玠內不悅。後有白玠者：『出見黥面反者，其妻子沒爲官奴婢，玠言曰「使天不雨者蓋此也」。』太祖大怒，收玠付獄。」同前註，頁376。
〔註133〕見裴松之注《三國志·卷四十二·杜周杜許孟來尹李譙郤傳第十二》，同前註，頁1023。
〔註134〕《三國志·卷四十四·蔣琬費禕姜維傳第十四》：「郤正著論論維曰：『姜伯約據上將之重，處群臣之右，宅舍弊薄，資財無餘，側室無妾媵之褻，後庭無聲樂之娛，衣服取供，輿馬取備，飲食節制，不奢不約，官給費用，隨手消盡；察其所以然者，非以激貪屬濁，抑情自割也，直謂如是爲足，不在多求。凡人之談，常譽成毀敗，扶高抑下，咸以姜維投厝無所，身死宗滅，以是貶削，不復料擿，異乎《春秋》褒貶之義矣。如姜維之樂學不倦，清素節約，自一時之儀表也。』」同前註，頁1068。

孫盛曰：異哉郤氏之論也！夫士雖百行，操業萬殊，至於忠孝義節，百行
之冠冕也。姜維策名魏室，而外奔蜀朝，違君徇利，不可謂忠；捐親苟免，
不可謂孝；害加舊邦，不可謂義；敗不死難，不可謂節；且德政未敷而疲
民以逞，居禦侮之任而致敵喪守，於夫智勇，莫可云也：凡斯六者，維無
一焉。實有魏之逋臣，亡國之亂相，而云人之儀表，斯亦惑矣。縱維好書
而微自藻潔，豈異夫盜者分財之義，而程、鄭降階之善也？〔註135〕

孫盛以忠、孝、義、節，檢視姜維的行爲，又輔以智、勇的標準，判斷姜維在政治
上、軍事上的表現，認爲六者姜維無一合格，因此連帶批評郤正所論，有惑眾之嫌，
不過，裴松之對此亦提出己見：

臣松之以爲郤正此論，取其可稱，不謂維始終行事皆可準則也。所云「一
時儀表」，止在好學與儉素耳。本傳及《魏略》皆云維本無叛心，以急逼
歸蜀。盛相譏貶，惟可責其背母。餘既過苦，又非所以難郤正也。〔註136〕

姜維少孤，與母居，馬謖敗於街亭之後，諸葛亮拔將西縣千餘家及姜維等還，造成
姜維和母相失，孫盛《雜記》有云，「初，姜維詣亮，與母相失，復得母書，令求當
歸。維曰：『良田百頃，不在一畝，但有遠志，不在當歸也』」〔註137〕，因論姜維「捐
親苟免」，裴松之雖亦認同姜維有背母的嫌疑，然以爲孫盛批評姜維六行皆無的主張
過於牽強、尖刻，郤正著論讚譽姜維，是純粹站在姜維好學和儉素的立場來談，況
且《三國志》姜維本傳及《魏略》都說姜維本無叛心，所以裴松之駁斥孫盛史評所
言，認爲孫盛不僅譏貶姜維過苦，甚至以此延伸批判郤正著論惑眾的說法也沒有立
足根據。

「孫盛曰」的形式，僅是針對歷史事件或歷史人物做出品議，而「孫盛《異同
評》曰」與「孫盛《評》曰」雖同出於《異同評》內容，多爲考辨史材、評論史著，
不過，這才是眞正涉及史學評論的部分，所謂「異同」，就是在鈔錄史書的過程中，
因爲並列相關材料所遭遇到的選擇問題，在辨析眾家異同之際，隨即產生論斷得失
的比較思考，而論斷眾史、眾家得失即是史學評論的範疇，儘管裴松之《三國志注》
引「孫盛曰」無法確切全面了解孫盛的史學評論，但藉由孫盛品議歷史人物與歷史
事件的過程，仍不難發現陳壽、裴松之和孫盛三人之間，彼此的史學思想。

〔註135〕見裴松之注《三國志·卷四十四·蔣琬費禕姜維傳第十四》引孫盛語，同註9，頁
1068～1069。
〔註136〕見裴松之注《三國志·卷四十四·蔣琬費禕姜維傳第十四》，同前註，頁1069。
〔註137〕見裴松之注《三國志·卷四十四·蔣琬費禕姜維傳第十四》引孫盛《雜記》，同前
註，頁1063。

　　裴松之《三國志注》於徵引孫盛史評，以爲備異、考辨，雖有贊同孫盛論點者，同時亦有駁斥孫盛敘述者，非唯如此，裴松之更進一步針對孫盛的著作，以及撰寫手法加以批評：

　　　　臣松之以爲史之記言，既多潤色，故前載所述有非實者矣，後之作者又生
　　　　意改之，于失實也，不亦彌遠乎！凡孫盛製書，多用《左氏》以易舊文，
　　　　如此者非一。嗟乎，後之學者將何取信哉？〔註138〕

裴松之對於孫盛在章句、文字方面盲目模仿古人，一併提出針貶，此即劉知幾所謂的「貌同心異」〔註139〕，因此批評孫盛《魏氏春秋》改易舊史，文辭雖然優美，卻已失去史書該具備的眞實性。

（二）習鑿齒

　　習鑿齒，字彥威，襄陽人，「鑿齒少有志氣，博學洽聞，以文筆著稱。荆州刺史桓溫辟爲從事，江夏相袁喬深器之，數稱其才於溫」〔註140〕，鑿齒於是轉任西曹主簿，與袁喬親遇隆密，而桓溫每出征伐，鑿齒或從或守，所在任職，皆位處機要，且莅事有績，善於尺牘論議，桓溫因此對其甚爲器遇。

　　習鑿齒著有《漢晉春秋》五十四卷，起東漢光武帝，終于晉愍帝，三國時，蜀漢以劉姓宗室爲正統繼承，魏武雖然受漢禪晉，仍被視爲是篡逆的政權，直到晉文帝司馬昭平蜀，乃爲漢亡而晉始興，並引晉世祖司馬炎爲禪受，因此習鑿齒略魏之名，書稱《漢晉春秋》，直接以晉接襲漢統，後因爲腳疾，隱匿於里巷之間，等到符堅攻陷襄陽，素聞習鑿齒之名，而與道安一同乘車拜訪，三人相見對談，大悅，符堅於是賜遺甚厚，然習鑿齒又以蹇疾爲由，不久便回到襄陽，「尋而襄鄧反正，朝廷欲徵鑿齒，使典國史，會卒，不果」〔註141〕。

　　在《三國志注》中，裴松之徵引習鑿齒的史評共有十六條，通常有品議歷史人物與歷史事件，以及個人觀點的陳述兩種方式，在品議人物和事件方面，亦同於徵引其他家說法，僅爲裴松之於列傳、敘事後，羅列眾家相關論述以爲備異，並同時針對人事提出批判：

　　　　習鑿齒曰：司馬大將軍引二敗以爲己過，過消而業隆，可謂智矣。夫民忘

〔註138〕見裴松之注《三國志・卷一・武帝紀第一》，參見註16，頁19。
〔註139〕劉知幾《史通・卷八・模擬第二十八》：「當春秋之世，列國甚多，每書他邦，皆顯其號，至於魯國，直云我而已。如金行握紀，海內大同，君靡客主之殊，臣無彼此之異。而干寶撰《晉紀》，至天子之葬，必云『葬我某皇帝』。且無二君，何我之有？以此而擬《春秋》，又所謂貌同而心異也。」同註1，頁220。
〔註140〕見《晉書・卷八十二・習鑿齒傳》，同註78，頁2152。
〔註141〕同前註，頁2154。

其敗，而下思其報，雖欲不康，其可得邪？若乃諱敗推過，歸咎萬物，常執其功而隱其喪，上下離心，賢愚解體，是楚再敗而晉再克也，謬之甚矣！君人者，苟統斯理而以御國，則朝無秕政，身靡留愆，行失而名揚，兵挫而戰勝，雖百敗可也，況於再乎！〔註142〕

嘉平四年十二月，王昶、胡遵、毌丘儉等奉詔征吳，吳大將軍諸葛恪拒戰，大破眾軍于東關，王昶、毌丘儉聞東軍敗，各燒屯走，不利而還，朝議欲貶黜諸將，司馬師以為己過，悉原之，是歲，雍州刺史陳泰求敕并州併力討胡，司馬師順應請求，卻未料到還沒集結，雁門、新興二郡以為將遠役，遂驚反，司馬師又謝朝士承擔責任，故習鑿齒認為司馬景王引二敗以為己過，使人民忘其敗，而屬下思其報，不諱敗推過，歸咎萬物，雖有失敗、過錯，卻使統馭上下更為同心，功業因此更形繁盛，確是智舉。

習鑿齒於《三國志注》中，儘管多是品評人物、事件的議論，然亦有抒發對政治、歷史等思想者：

習鑿齒曰：夫賢人者，外身虛己，內以下物，嫌忌之名，何由而生乎？有嫌忌之名者，必與物為對，存勝負於己身者也。若以其私憾敗國殄民，彼雖傾覆，於我何利？我苟無利，乘之曷為？以是稱說，臧獲之心耳。今忍其私忿而急彼之憂，冒難犯危而免之於害，使功顯於明君，惠施於百姓，身登於君子之塗，義愧於敵人之心，雖豺虎猶將不覺所復，而況於曹休乎？然則濟彼之危，所以成我之勝，不計宿憾，所以服彼之心，公義既成，私利亦弘，可謂善爭矣。在於未能忘勝之流，不由於此而能濟勝者，未之有也。〔註143〕

此述《三國志·卷十五·劉司馬梁張溫賈傳第十五》言賈逵與曹休不善事，《魏略》、《魏書》均有相關記載，習鑿齒對此有所感嘆，其主張賢人應以己身修養為重，不以嫌忌對物為先，因小利而損大利，則無所利焉，故習鑿齒倡議忍私忿、急彼憂，方可免於害，服彼之心，才能成我之勝，公義既成，私利亦弘，如此便可締造雙贏，自也無須流於嫌忌之爭。

也因為習鑿齒的評論中肯，故裴松之於徵引習鑿齒的著作，《漢晉春秋》與《襄陽記》之餘，不論對習鑿齒所撰史書的內容、手法，還是習鑿齒對史事、人物的品議，都頗有好評：

臣松之以為習鑿齒書，雖最後出，然述此事差有次第。故先載習語，以其

〔註142〕見裴松之注《三國志·卷四·三少帝紀第四》引習鑿齒語，同註9，頁125。
〔註143〕見裴松之注《三國志·卷十五·劉司馬梁張溫賈傳第十五》引習鑿齒語，同前註，頁484。

餘所言微異者次其後。〔註144〕

甘露五年夏四月,大將軍司馬昭受詔位爲相國,封晉公,加九錫,後高貴鄉公召侍中王沈、尚書王經、散騎常侍王業,共商討司馬文王事,至五月己丑,高貴鄉公曹髦卒,年二十,裴松之《三國志注》先後徵引《漢晉春秋》、《世語》、《晉諸公贊》、干寶《晉紀》、《魏氏春秋》、《魏末傳》諸書,補充討司馬昭事,松之以爲,習鑿齒《漢晉春秋》雖然晚出於眾史書,但敘述此事件諸書有不同次第,且習鑿齒書與《三國志》本文較有相關性,所以先載《漢晉春秋》的內容,儘管裴松之只是說明徵引前後的順序,不過從其自注中所言,不難看出裴松之對習鑿齒及《漢晉春秋》的肯定。

然而,《漢晉春秋》仍有描寫失實的部分,因此裴松之以推理的方式,針對習鑿齒《漢晉春秋》的敘述提出質疑:

> 《漢晉春秋》曰:丁卯,葬高貴鄉公于洛陽西北三十里瀍澗之濱。下車數乘,不設旌旅,百姓相聚而觀之,曰:「是前日所殺天子也。」或掩面而泣,悲不自勝。
>
> 臣松之以爲若但下車數乘,不設旌旅,何以爲王禮葬乎?斯蓋惡之過言,所謂不如是之甚者。〔註145〕

甘露五年五月己丑,高貴鄉公曹髦卒,庚寅,太后聽從司馬孚、司馬昭、高柔、鄭沖的建議,加恩將曹髦以王禮葬之,裴松之認爲《漢晉春秋》敘述的場景,並非以王禮葬的情形,所以主張與其記載過言,不如詳實撰寫。

裴松之認爲習鑿齒著作的內容,尚猶有可質疑與能探討的空間,如同裴松之注《三國志・卷三十九・董劉馬陳董呂傳第九》引《襄陽記》載董恢教費禕對孫權語,裴松之於自注中便有所考證、評論。

> 臣松之案:《漢晉春秋》亦載此語,不云董恢所教,辭亦小異,此二書俱出習氏而不同若此。本傳云「恢年少官微」,若已爲丞相府屬,出作巴郡,則官不微矣。以此疑習氏之言爲不審的也。〔註146〕

裴松之以《襄陽記》跟《漢晉春秋》的記載互相校比,發現《襄陽記》與《漢晉春秋》皆習鑿齒的撰作,但在同一事件的處理上,不僅彼此敘述各異,甚至出現訛誤的情形,故裴松之批評習鑿齒於撰作《襄陽記》跟《漢晉春秋》二部史書時所言不

〔註144〕見裴松之注《三國志・卷四・三少帝紀第四》,同註9,頁144。

〔註145〕上二則引文均見於裴松之注《三國志・卷四・三少帝紀第四》引《漢晉春秋》及其自注,同前註,頁146;不另分別加註。

〔註146〕見裴松之注《三國志・卷三十九・董劉馬陳董呂傳第九》,同前註,頁987。

審，此亦不難想見裴松之秉持的史學批評態度，對於品論魏晉眾史家、史書始終不遺餘力。

（三）華嶠

華嶠，字叔駿，平原高唐人，祖華歆，字子魚，爲魏太尉，太和五年薨，諡曰敬侯，父華表，字偉容，咸熙中爲尚書，以苦節垂名，咸寧元年八月卒，年七十二，諡曰康，詔賜朝服，有六子華廙、華岑、華嶠、華鑒、華澹、華簡，嶠排行第三，爲中書通事郎華廙弟，晉文帝時任大將軍，「辟爲掾屬，補尚書郎，轉車騎從事中郎。泰始初，賜爵關內侯。遷太子中庶子，出爲安平太守。辭親老不行，更拜散騎常侍，典中書著作，領國子博士，遷侍中」〔註147〕，元康初，受封宣昌亭侯，因誅楊駿，又改封樂鄉侯，並遷爲尚書，後轉祕書監，加散騎常侍，班同中書。

華嶠才學深博、廣聞多識，有良史之志，曾以《漢紀》煩穢而生改作之意，直到任職臺郎，得以遍觀祕籍，於是能夠準備就緒，改寫《漢紀》，易其外戚傳爲皇后紀，以次帝紀，又改志爲典，書起於東漢光武，終於孝獻帝，凡一百九十五年，分帝紀十二卷、皇后紀二卷、十典十卷、傳七十卷，以及三譜、序傳、目錄，共九十七卷，改名《漢後書》奏之，不過，華嶠卒于元康三年，追贈少府，諡曰簡，其時所撰書十典未成，祕書監何劭於是奏請華嶠中子華徹爲佐著作郎，使踵成之，華徹亦未竟而終，後監繆徵又奏請華嶠少子華暢任佐著作郎，克成十典，除《漢後書》外，華嶠另有論議難駁詩賦之屬數十萬言，「其所奏官制、太子宜還宮及安邊、雩祭、明堂辟雍、浚導河渠，巡禹之舊跡置都水官，修蠱宮之禮置長秋，事多施行」〔註148〕，然永嘉喪亂以後，經籍多所遺沒，而華嶠所著書作尚存者，僅剩三十餘卷。

在《三國志注》中，裴松之徵引華嶠的史評僅有一條，見於陳壽《三國志·卷六·董二袁劉傳第六》載李傕尸王允于市：

> 華嶠曰：夫士以正立，以謀濟，以義成，若王允之推董卓而分其權，伺其間而弊其罪。當此之時，天下之難解矣，本之皆主於忠義也，故推卓不爲失正，分權不爲不義，伺間不爲狙詐，是以謀濟義成，而歸於正也。
>
> 〔註149〕

初平三年四月，呂布殺董卓，並夷三族，司徒王允、尚書僕射士孫瑞、郡騎都尉李肅、主簿田景皆在共謀之列，後李傕與董卓故部曲樊稠、李蒙、王方等合圍長安，十日長安城陷，呂布敗走，王允遭曝屍于市，華嶠以「士」的標準評議王允之行，

〔註147〕見《晉書·卷四十四·華表傳·華嶠別傳》，同註78，頁1263～1264。
〔註148〕同前註，頁1265。
〔註149〕見裴松之注《三國志·卷六·董二袁劉傳第六》引華嶠語，同註9，頁182。

認為王允深受董卓推信，卻伺閒而弊罪謀誅，本屬失正、不義，然當時天下紛亂，秩序難解，故以主於忠義來判斷，則王允實是謀濟義成，終歸於正，關於王允的事蹟，裴松之嘗引述謝承《後漢書》、張璠《漢紀》及《九州春秋》等書的內容作為補充，然僅在謝承《後漢書》記載之後加以自注，批評謝承《後漢書》所稱有誤，卻未對王允進行品議，只徵引華嶠之說以為價值判斷，可知裴松之對王允其人其事，應與華嶠立場一致，即便沒有意見，至少還能夠證明對華嶠此說裴松之並沒有表達反對的異議。

（四）魚豢

魚豢，京兆人，魏時私撰《魏略》一書，事止魏明帝，共三十八卷，有紀、志、列傳，為正史之體。

在《三國志注》中，裴松之徵引魚豢的史評共有七條，所言不外針對人物與事件作出價值判斷或質疑、批評。

> 魚豢曰：古人有言曰：「得鳥者，羅之一目也，然張一目之羅，終不得鳥矣。鳥能遠飛，遠飛者，六翮之力也，然無眾毛之助，則飛不遠矣。」以此推之，大魏之作，雖有功臣，亦未必非茲輦胥附之由也。〔註150〕

魚豢舉例論述婁圭與曹操之間的關係，認為曹操建立大魏，非一人之功，乃眾臣之力也，且吸納賢士，絕不能只依靠勢力龐大來寄望賢士歸附，否則賢士不得不說，還會招致許多不肖之徒前來胥附，魚豢雖無直接品議婁圭的詞語，但在言談間已透露出其對君、臣相處的看法，關於曹操，魚豢尚有其他評述：

> 魚豢曰：諺言「貧不學儉，卑不學恭」，非人性分也，勢使然耳。此實然之勢，信不虛矣。假令太祖防遏植等，在於疇昔，此賢之心，何緣有窺望乎？彰之挾恨，尚無所至。至於植者，〔豈能興難？〕乃令楊脩以倚注遇害，丁儀以希意族滅，哀夫！余每覽植之華采，思若有神。以此推之，太祖之動心，亦良有以也。〔註151〕

魚豢以「勢」解釋曹植原備為立嗣，後寵日衰的結果，感嘆楊脩、丁儀等羽翼植者死於非命，又深深佩服於曹植的文采，推論這一點正是曹植受到曹操寵愛的最大原因，綜合魚豢的史評，可知魚豢慣用典故作為例證，藉以加強自我論述的可信度，《三國志·卷二十三·和常楊杜趙裴傳第二十三》中，魚豢更引敘街談巷語的故事

〔註150〕見裴松之注《三國志·卷十二·崔毛徐何邢鮑司馬傳第十二》引魚豢語，同註9，頁374。

〔註151〕見裴松之注《三國志·卷十九·任城陳蕭王傳第十九》引魚豢語，同前註，頁577～578。

以爲立論：

> 魚豢曰：世稱君子之德其猶龍乎，蓋以其善變也。昔長安市僧有劉仲始
> 者，一爲市吏所辱，乃感激，蹋其尺折之，遂行學問，經明行脩，流名
> 海內。後以有道徵，不肯就，眾人歸其高。余以爲前世偶有此耳，而今
> 徐、嚴復參之，若皆非似龍之志也，其何能至於此哉？李推至道，張工
> 度主，韓見識異，黃能拔萃，各著根於石上，而垂陰乎千里，亦未爲易
> 也。游翁慷慨，展布腹心，全軀保郡，見延帝王，又放陸生，優游宴戲，
> 亦一實也。梁、趙及裴，雖張楊不足，至於檢己，老而益明，亦難能也。
> 〔註152〕

魚豢先以「龍」形容君子之德善變，又以長安市僧劉仲始事爲例，稱譽徐福、嚴幹、李義、張旣、韓宣、黃朗，且兼及游楚、梁習、趙儼、裴潛等人，這一部份實係針對《魏略列傳》中此十人共卷所作的敘述，魚豢運用典故式的史學批評，品議歷史人物、事件的方式，不僅寓意明確，立論亦可謂善矣。

（五）袁 宏

袁宏，字彥伯，陳郡陽夏人，祖袁猷〔註153〕，字申甫，歷位侍中、衛尉卿，父袁勖，爲臨汝令，袁宏少孤貧，以運租自業，然其逸才深具，文章絕美，嘗作詠史詩，時謝尚鎮守牛渚，曾於秋夜與左右微服泛江，聽得袁宏在舫中諷誦詠史詩，大受感動，於是立刻登船拜訪，和袁宏對談，申旦不寐，袁宏因此名譽漸茂，後謝尚爲安西將軍、豫州刺史，引薦袁宏參其軍事，累遷大司馬桓溫府記室，而桓溫十分看重袁宏的文筆，於是令其專綜書記。

袁宏撰有《後漢紀》三十卷，以及《竹林名士傳》三卷、詩賦誄表等雜文凡三百首，流傳於世，因見漢時傅毅〈顯宗頌〉辭句典雅，乃作頌九章，以此歌詠簡文帝之德，並上之於孝武帝，又有〈東征賦〉、〈三國名臣頌〉，後「從桓溫北征，作〈北征賦〉，皆其文之高者」〔註154〕。

〔註152〕見裴松之注《三國志・卷二十三・和常楊杜趙裴傳第二十三》引魚豢語，同註9，頁676。

〔註153〕《晉書・卷八十三・袁瓌傳・袁猷別傳》：「猷字申甫，少與瓌齊名。代瓌爲呂令，復相繼爲江都，由是俱渡江。瓌爲丹楊，猷爲武康，兄弟列宰名邑，論者美之。歷位侍中、衛尉卿。猷孫宏，見《文苑傳》。」同註78，頁2169～2170；又《晉書・卷八十三・袁瓌傳》：「袁瓌字山甫，陳郡陽夏人，魏郎中令渙之曾孫也。祖、父並早辛。瓌與弟猷欲奉母避亂，求爲江淮間縣，拜呂令，轉江都，因南渡。元帝以爲丹楊令。中興建，拜奉朝請，遷治書御史。」註同前，頁2166。

〔註154〕見《晉書・卷九十二・文苑傳》，同前註，頁2398。

在《三國志注》中，裴松之徵引袁宏的史評僅有一條，此條敘述曹操下令使平
議死刑可宮割者，鍾繇主張恢復肉刑以代死刑，王朗則認爲科律自有減死一等之法，
不死即爲減，且肉刑慘酷，數百年來已廢而不用，故雙方引發辯論，袁宏因此針對
此事提出看法：

袁宏曰：夫民心樂全而不能常全，蓋利用之物懸於外，而嗜慾之情動於
內也。於是有進取貪競之行，希求放肆之事。進取不已，不能充其嗜慾，
則苟且僥倖之所生也；希求無厭，無以愜其慾，則姦偽忿怒之所興也。
先王知其如此，而欲救其弊，或先德化以陶其心；其心不化，然後加以
刑辟。《書》曰：「百姓不親，五品不遜。汝作司徒而敬敷五教。蠻夷猾
夏，寇賊姦宄。汝作士，五刑有服。」然則德、刑之設，參而用之者也。
三代相因，其義詳焉。《周禮》：「使墨者守門，劓者守關，宮者守內，刖
者守囿。」此肉刑之制可得而論者也。荀卿亦云，殺人者死，傷人者刑，
百王之所同，未有知其所由來者也。夫殺人者死，而相殺者不已，是大
辟可以懲未殺，不能使天下無殺也。傷人者刑，而害物者不息，是黥、
劓可以懼未刑，不能使天下無刑也。故將欲止之，莫若先以德化。夫罪
過彰著，然後入于刑辟，是將殺人者不必死，欲傷人者不必刑。縱而弗
化，則陷於刑辟。故刑之所制，在於不可移之地。禮教則不然，明其善
惡，所以潛勸其情，消之於未殺也；示之恥辱，所以內愧其心，治之於
未傷也。故過微而不至於著，罪薄而不及於刑。終入罪辟者，非教化之
所得也，故雖殘一物之生，刑一人之體，是除天下之害，夫何傷哉！率
斯道也，風化可以漸淳，刑罰可以漸少，其理然也。苟不能化其心，而
專任刑罰，民失義方，動罹刑網，求世休和，焉可得哉？周之成、康，
豈按三千之文而致刑錯之美乎？蓋德化漸漬，致斯有由也。漢初懲酷刑
之弊，務寬厚之論，公卿大夫，相與恥言人過。文帝登朝，加以玄默。
張武受略，賜金以愧其心；吳王不朝，崇禮以訓其失。是以吏民樂業，
風流篤厚，斷獄四百，幾致刑措，豈非德刑兼用已然之效哉？世之欲言
刑罰之用，不先德教之益，失之遠矣。今大辟之罪，與古同制。免死已
下，不過五歲，既釋鉗鎖，復得齒于人倫。是以民無恥惡，數爲姦盜，
故刑徒多而亂不治也。苟教之所去，罰當其罪，一離刀鋸，沒身不齒，
鄰里且猶恥之，而況于鄉黨乎？而況朝廷乎？如此，則夙沙、趙高之儔，
無施其惡矣。古者察其言，觀其行，而善惡彰焉。然則君子之去刑辟，
固已遠矣。過誤不幸，則八議之所宥也。若夫卞和、史遷之冤，淫刑之

所及也。苟失其道，或不免於大辟，而況肉刑哉！《漢書》：「斬右趾及殺人先自言告，吏坐受賕，守官物而即盜之，皆棄市。」此班固所謂當生而令死者也。今不忍刻截之慘，而安劓絕之悲，此最治體之所先，有國所宜改者也。〔註155〕

此條評論雖長，實則緊扣「德」、「刑」兩項基準爲表述目的，袁宏秉持著儒家立場，倡議德化，不過其想法應較接近荀子思想，首先言及人有嗜慾、姦僞、忿怒之情，情慾產生則弊害亦隨之而起，故先王以德化救弊，德化無法化其心，方加以刑辟，因此德化爲優先，刑辟只是彌補德化不足的一項手段。

再者，袁宏贊同刑罰存在的意義，德化爲先，但不表示刑罰就不需存在，因爲刑罰是爲彌補德化不足的手段，所以入于刑辟者，皆非教化之所得者，殘一物之生、刑一人之體，目的在於除天下之害，並不爲過！不過，袁宏仍然強調，風化可以漸淳、刑罰可以漸少，絕不能專任刑罰而不以德化，否則將使人民陷入動輒得咎、風聲鶴唳的恐慌之中。

袁宏徵引《尚書》、《周禮》詳盡說明「德」、「刑」並行的重要性，又以漢初文帝面對「張武受賂」、「吳王不朝」的處置爲例，證明「德化漸漬」必使「德刑兼用已然之效」，故「世之欲言刑罰之用，不先德教之益，失之遠矣」，而德教施於己身，將生恥惡之心，袁宏在此又以儒家提倡「恥」的觀念，來作爲己身修養的依據，認爲無恥者，數爲姦盜，即使有刑罰亦紛亂而不治，反之，有恥者，一人領罪受罰，且罰當其罪，則鄰里恥之、鄉黨恥之、朝廷恥之，社會風氣一片德化之氣，個人必然會跟著謹言慎行，免陷於恥，由此可知，袁宏初秉儒家德治的觀念，主張先以德化，陶冶民心嗜慾、姦僞、忿怒可能導致的弊害，若其心不化方加以刑罰，論及刑辟，袁宏則偏向法家法治的思想，然其雖贊同刑罰存在，卻不全然是法家的嚴苛態度，袁宏猶一再強調德教、風化的優先性與重要性，儘管所述近於荀子，但其透露出來的儒家思維絕對是顯而易見的。

（六）張 璠

張璠，國史無傳，《隋書・卷三十三・經籍二》收有張璠所撰《後漢紀》三十卷，然裴松之《三國志注》則稱張璠《漢紀》，同，今存有汪文臺輯張璠《漢記》收於鼎文書局出版的《後漢書》附編中。〔註156〕

〔註155〕見裴松之注《三國志・卷十三・鍾繇華歆王朗傳第十三》引袁宏語，同註9，頁398～399。

〔註156〕見楊家駱主編《新校本後漢書并附編十三種》（臺北：鼎文書局，民國63年10月初版），頁171～182。

在《三國志注》中，裴松之徵引張璠的史評只有二條，首見於《三國志‧卷三十一‧劉二牧傳第一》。

> 張璠曰：劉璋愚弱而守善言，斯亦宋襄公、徐偃王之徒，未爲無道之主也。
> 張松、法正，雖君臣之義不正，然固以委名附質，進不顯陳事勢，若韓嵩、
> （劉光）〔劉先〕之說劉表，退不告絕奔亡，若陳平、韓信之去項羽，而
> 兩端攜貳，爲謀不忠，罪之次也。〔註157〕

張璠以爲劉璋雖然愚弱，卻守善言，並非無道之主，反而張松、法正身爲人臣，居然「進不顯陳事勢」且「退不告絕奔亡」，張璠批評兩人爲謀不忠，其辭頗爲犀利，對於蜀主孱懦而臣下失正的情形，張璠尚有嚴苛批評。

> 張璠以爲譙周所陳降魏之策，蓋素料劉禪懦弱，心無害戾，故得行也。如
> 遇忿肆之人，雖無他算，然矜殉鄙恥，或發怒妄誅，以立一時之威，快其
> 斯須之意者，此亦夷滅之禍云。〔註158〕

譙周主張魏大之勢明矣，大能吞小，實屬自然，蜀若降魏，則魏必裂土以封，又勸服後主南征不妥之理，且以堯舜爲例，以其子不肖，因知天有授而求授人，於禍尚未萌時，不傳不肖之子，依此上疏獻策降魏，陳壽《三國志》載後主聽從譙周策，所以能保劉氏無虞，一邦蒙賴，蓋皆譙周謀策之功也，不過張璠卻抱持著不同的意見，以爲譙周所陳降魏之策，係因料見蜀後主劉禪的懦弱無能，方得以成功，如果君王易爲忿肆之主，必發怒妄誅，以立天子一時之威，絕不可能讓譙周的計謀得逞，這一部份孫綽同時也有所評議，主張與張璠近似，皆批評譙周獻策降魏爲夷滅之禍云，兩造或可相互參照。

（七）干　寶

干寶，字令升，新蔡人，祖干統，歷仕孫吳奮武將軍、都亭侯，父干瑩爲丹楊丞，干寶少即勤學不倦，博覽群書，以才器得朝廷召爲著作郎，後因平定杜弢有功，而受封賜爵關內侯。

初，晉中興草創，未置史官，中書監王導上疏請備史官，敕佐著作郎干寶等漸就撰集帝紀，晉元帝因以納之，於是干寶始領國史一職，「以家貧，求補山陰令，遷始安太守。王導請爲司徒右長史，遷散騎常侍。著《晉紀》」〔註159〕，另又撰集古今神祇靈異人物變化，作《搜神記》三十卷，且爲《春秋左氏義外傳》，並注

〔註157〕見裴松之注《三國志‧卷三十一‧劉二牧傳第一》引張璠語，同註9，頁870。
〔註158〕見裴松之注《三國志‧卷四十二‧杜周杜許孟來尹李譙郤傳第十二》引張璠語，同前註，頁1042。
〔註159〕見《晉書‧卷八十二‧干寶傳》，同註78，頁2150。

《周易》、《周官》凡數十篇，以及雜文集，皆行於世。

在《三國志注》中，裴松之徵引干寶的史評只有二條，猶不失爲品議歷史人物之說：

> 干寶曰：瞻雖智不足以扶危，勇不足以拒敵，而能外不負國，內不改父之志，忠孝存焉。〔註160〕

諸葛瞻，字思遠，諸葛亮子也，景耀六年冬，和魏征西將軍鄧艾戰，大敗，臨陣死，時年三十七，其長子諸葛尚與之俱沒，干寶評論其人，先抨擊諸葛瞻以智、勇不足，無法扶危、拒敵，但隨即又主張其外不負國、內不改父志，認爲諸葛瞻可謂忠、孝兼存。

另外，從裴松之注《三國志·卷四十四·蔣琬費禕姜維傳第十四》引干寶的評論中，可知干寶亦對蜀相姜維的死感到惋惜：

> 干寶曰：姜維爲蜀相，國亡主辱弗之死，而死於鍾會之亂，惜哉！非死之難，處死之難也。是以古之烈士，見危授命，投節如歸，非不愛死也，固知命之不長而懼不得其所也。〔註161〕

綜觀張璠、干寶等人所言，頗有替蜀臣喟嘆之意，干寶以古之烈士比喻姜維，認爲死得其所才是烈士見危授命、投節如歸的真正考量，干寶史評雖然在裴松之的《三國志注》裡，僅被引用區區兩條，但其在魏晉當時實已是位知名的史學家，干寶曾以才器得朝廷召爲著作郎，至晉元帝時始領國史一職，並仿效《左傳》形式，撰成《晉紀》一書。

> 著《晉紀》，自宣帝迄于愍帝五十三年，凡二十卷，奏之。其書簡略，直而能婉，咸稱良史。〔註162〕

干寶《晉紀》有「良史」之謂，由此可知干寶本身的史學、史才亦堪稱卓越，不過，《舊唐書·經籍志》、《新唐書·藝文志》均錄有二十二卷，較《晉書》本傳記載多出二卷，而《隋書·經籍志》更稱有二十三卷，此二十三卷本應是另多包含一卷〈史議〉所致，而此〈史議〉，是干寶自述撰作《晉紀》的體例，以及針對魏晉當時的史學，所發的評論。

干寶撰作《晉紀》，釋立典書事者有五，即「體國經野之言則書之，用兵征伐之權則書之，忠臣烈士孝子貞婦之節則書之，文誥專對之辭則書之，才力技藝殊異則

〔註160〕見裴松之注《三國志·卷三十五·諸葛亮傳第五》引干寶語，同註9，頁932。
〔註161〕見裴松之注《三國志·卷四十四·蔣琬費禕姜維傳第十四》引干寶語，同前註，頁1069。
〔註162〕見《晉書·卷八十二·干寶傳》，同註78，頁2150。

書之」〔註163〕，撰作準則十分清楚，因此連嚴苛批判魏晉史學著作的劉知幾，對干寶《晉紀》都頗有好評，主張「夫史之有例，猶國之有法。國無法，則上下靡定；史無例，則是非莫準。昔夫子修經，始發凡例；左氏立傳，顯其區域。科條一辨，彪炳可觀。降及戰國，迄乎有晉，年逾五百，史不乏才，雖其體屢變，而斯文終絕。唯令升先覺，遠述丘明，重立凡例，勒成《晉紀》。鄧、孫已下，遂躡其蹤。史例中興，於斯爲盛。」〔註164〕，認爲干寶《晉紀》是發揚《春秋》意識的另一個重要里程碑。

干寶嘗任著作郎，又曾領國史一職，參與國史編修的工作，所著《晉紀》亦有「良史」之譽，而另一部著作《搜神記》不僅是魏晉時代有名的志異作品，更是流傳至今內容最爲豐富、保存較爲完整的一部，因此，其擁有的豐富材料對裴松之注《三國志》而言，自是不可忽視的徵引來源。

（八）孫 綽

孫綽，歷仕晉尚書郎、車騎參軍等職，以文義冠世，和王羲之同好，嘗參與蘭亭之會。

在《三國志注》中，裴松之徵引孫綽的史評僅有一條，見於《三國志・卷四十二・杜周杜許孟來尹李譙郤傳第十二》。

> 孫綽評曰：譙周說後主降魏，可乎？曰：自爲天子而乞降請命，何恥之深乎！夫爲社稷死則死之，爲社稷亡則亡之。先君正魏之篡，不與同天矣。
> 推過於其父，俛首而事讎，可謂苟存，豈大居正之道哉！〔註165〕

孫綽此評主要係針對譙周說服後主降魏事所發，然孫綽認爲天下之恥，莫大於身爲天子，竟乞降請命，故抨擊譙周所言，僅爲推過以爲苟活，非大居正之道也。

以上八家，裴松之所引史評達八十二條，其中孫盛五十三條，接近總數的三分之二，可知裴松之注《三國志》時，十分借重孫盛的議論，不過，裴松之雖徵引眾家之說，以爲補充，然在考異、論辯的過程中，裴松之對各史、各家，也同時提出了不同的評價：

〔註163〕劉知幾《史通・卷八・書事第二十九》：「昔荀悅有云：『立典有五志焉：一曰達道義，二曰彰法式，三曰通古今，四曰著功勳，五曰表賢能。』干寶之釋五志也，『體國經野之言則書之，用兵征伐之權則書之，忠臣烈士孝子貞婦之節則書之，文誥專對之辭則書之，才力技藝殊異則書之。』於是採二家之所議，徵五志之所取，蓋記言之所網羅，書事之所總括，粗得於茲矣。」同註1，頁229。
〔註164〕見劉知幾《史通・卷四・序例第十》，同前註，頁88。
〔註165〕見裴松之注《三國志・卷四十二・杜周杜許孟來尹李譙郤傳第十二》引孫綽語，同註9，頁1031。

案張璠、虞溥、郭頒皆晉之令史，璠、頒出爲官長，溥，鄱陽內史。璠撰
《後漢紀》，雖似未成，辭藻可觀。溥著《江表傳》，亦粗有條貫。惟頒撰
《魏晉世語》，蹇乏全無宮商，最爲鄙劣，以時有異事，故頗行於世。干
寶、孫盛等多采其言以爲《晉書》，其中虛錯如此者，往往而有之。〔註166〕
裴松之認爲張璠《後漢紀》「辭藻可觀」，虞溥《江表傳》「粗有條貫」，而極力批
評郭頒《魏晉世語》，抨擊其書「蹇乏全無宮商，最爲鄙劣」，但「以時有異事，
故頗行於世」，因此干寶撰作《晉紀》、《晉書》，孫盛敘寫《晉陽秋》，甚至連習鑿
齒的《漢晉春秋》〔註167〕，皆亦多采其言，所以虛錯之處，往往同出於郭頒《魏
晉世語》一源。

　　裴松之又抨擊孫盛著作「皆非別有異聞，率更自以意制」〔註168〕，本來，對於
孫盛仿《左傳》而寫《魏氏春秋》，裴松之就認爲不當〔註169〕，對於孫盛注重文辭，
改易記載的做法更是不以爲然，因此主張「辭勝而違實，固君子所不取」，不過，裴
松之非僅著力於批評，其於《三國志‧卷三十五‧諸葛亮傳第五》自注就嘗言「孫
盛、習鑿齒搜求異同，罔有所遺」〔註170〕，稱譽孫盛《晉陽秋》與習鑿齒《漢晉春
秋》對材料蒐集的不遺餘力。

　　由此可知，裴松之十分重視史書記載符合事實的程度，對於敘述失實，批評最
爲激烈，其運用推理、考證的形式，析辨材料內容的眞實性，並以此爲基礎，對魏
晉史書進行評議，以求在論辯、訂正所有徵引材料後，所撰《三國志注》得以更明
確符合三國時代的史實。

　　除以上八家史評外，又有高堂隆一家，高堂隆，字升平，泰山平陽人，其傳見
於陳壽《三國志‧卷二十五‧辛毗楊阜高堂隆傳第二十五》，是魯人高堂生之後，歷
仕督郵、丞相軍議掾、歷城侯文學、歷城侯相、堂陽長、平原王傅、給事中、博士、
駙馬都尉、陳留太守等職，年七十餘，尚舉爲計曹掾，後除郎中，徵爲散騎常侍，
賜爵關內侯。

　　裴松之《三國志注》徵引高堂隆所言，不同於稱述音義訓解家，甚至史學評論

〔註166〕見裴松之注《三國志‧卷四‧三少帝紀第四》，同註9，頁133。
〔註167〕裴松之注《三國志‧卷二十八‧王毋丘諸葛鄧鍾傳第二十八》夏侯霸降蜀事，先引
　　　　《世語》，再引《漢晉春秋》，於後自注曰：「按習鑿齒此言，非出他書，故採用《世
　　　　語》而附益也。」同前註，頁791。
〔註168〕裴松之注《三國志‧卷二十二‧桓二陳徐衛盧傳第二十二》：「孫盛改易泰言，雖爲
　　　　小勝。然檢盛言諸所改易，皆非別有異聞，率更自以意制，多不如舊。」同前註，
　　　　頁642。
〔註169〕參見註16與註138。
〔註170〕見裴松之注《三國志‧卷三十五‧諸葛亮傳第五》，同註9，頁926。

家說法的形式，其論述並未被獨立出來，而是依附在裴松之的自注中：

> 臣松之案：魏臺訪「物故」之義，高堂隆答曰：「聞之先師：物，無也；
> 故，事也；言無復所能於事也。」〔註171〕

很明顯地，裴松之原欲說明《三國志·卷三十一·劉二牧傳第一》劉璋「狂疾物故」的敘述，於是前往魏臺訪求「物故」之意，高堂隆向裴松之解釋道：「聞之先師：物，無也；故，事也；言無復所能於事也。」意即形容劉璋性情狂疾，但卻無復所能於事，高堂隆的說法，並未針對劉璋有所評論，論述方式也與「音義訓解」類先引經典、古書以為輔證，再援經史注釋家作為解釋的型態稍異。

此外尚有「徐眾」一家未列其中，《三國志注》中，裴松之徵引徐眾的史評共有八條，分別散見於《三國志》的卷十四、卷四十三、卷五十二、卷六十、卷六十二等五卷裡，以下便就徐眾其中一條史評予以分析說明：

> 徐眾《評》曰：古之建姓，或以所生，或以官號，或以祖名，皆有義體，
> 以明氏族。故曰胙之以土而命之氏，此先王之典也，所以明本重始，彰示
> 功德，子孫不忘也。今離文析字，橫生忌諱，使儀易姓，忘本誣祖，不亦
> 謬哉！教人易姓，從人改族，融既失之，儀又不得也。〔註172〕

陳壽《三國志·卷六十二·是儀胡綜傳第十七》記載「是儀字子羽，北海營陵人也。本姓氏，初為縣吏，後仕郡，郡相孔融嘲儀，言『氏』字『民』無上，可改為『是』，乃遂改焉」〔註173〕，徐眾認為「姓」乃是欲明氏族的先王之典，絕不能輕率改易，是儀本姓「氏」，因孔融戲言而更為「是」，徐眾不僅抨擊是儀荒謬的行為，同時也批評孔融的失體，由此可知，裴松之徵引徐眾的論述，仍多是涉及對人物、事件的品議。

徐眾的史評，無論是對象、範圍，或是方式、類型，都與孫盛、習鑿齒等人相似，然於此並未將徐眾史評列入第一類「史學評論」之中，蓋徐眾史評在裴松之《三國志注》的徵引下，均以「徐眾《評》曰」的型態出現，儘管裴松之徵引眾史家史評嘗有「魚豢議曰」、「張璠以為」、「孫綽評曰」等稱述格式，但「徐眾《評》曰」和「孫綽評曰」不同，「徐眾《評》曰」的「評」是指「《三國評》」，非只為「評論」的意義，查裴松之注《三國志·卷七·呂布臧洪傳第七》有徵引徐眾《三國評》一書，而綜觀《三國志注》全書，僅有此處徵引全稱「徐眾《三國評》」，餘皆只載「徐

〔註171〕見裴松之注《三國志·卷三十一·劉二牧傳第一》，同註9，頁869。
〔註172〕見裴松之注《三國志·卷六十二·是儀胡綜傳第十七》引徐眾《評》，同前註，頁
　　　　1411。
〔註173〕見《三國志·卷六十二·是儀胡綜傳第十七》，同前註。

眾《評》」，可知此「《評》」即《三國評》，指的是徐眾的著作，非如「孫綽評曰」的「評」是「評論」之意。

「徐眾《評》曰」既是「徐眾《三國評》」的指稱，且《三國志注》中並無僅言「徐眾曰」者，因此，儘管「徐眾《評》曰」的方式與干寶、袁宏等史評家的品議型態相似，然此屬於《三國志注》的引書方面，而非裴松之徵引眾史家史評的部分。

> 除眾史家的史學評論外，裴松之《三國志注》亦偶有徵引他家解釋之說，
> 此中包括何休、鄭玄、服虔、應劭四家，這一部份並未牽涉對歷史事件、
> 歷史人物的評議，或各材料間的考辨和論斷，僅是裴松之於徵引材料後，
> 參諸經注、史注等眾家的解釋，以爲說明。

綜合裴松之《三國志注》徵引何休、鄭玄、服虔、應劭的記載，均是屬於音義訓解式的注釋，而無涉及史學評論的部分，這類訓解式的注釋，裴松之通常用來說明陳壽《三國志》所收錄的詔令表奏和個人論著，儘管並非史學評論，但藉由眾家經注之說，以明音義訓解的功能確爲《三國志注》的一大特色。

裴松之《三國志注》徵引經書、子書，或漢代以前的典籍，多是針對《三國志》中的詔令表奏，及個人論著，藉以訓解之用，不過，這並不意味著裴松之所有的訓解式注釋，僅存在於詔令表奏和個人論著裡，裴松之亦有運用史家評議以爲訓解注釋者，如《三國志・卷一・武帝紀第一》即引「孫盛曰：朴音浮。瀵音戶」〔註174〕標記巴七姓夷王朴胡、賨邑侯杜瀵的「朴」、「瀵」讀音，又《三國志・卷二・文帝紀第二》亦載「孫盛曰：在禮，天子哭同姓於宗廟門之外。哭於城門，失其所也」〔註175〕，解釋魏文帝延康元年夏四月庚午，大將軍夏侯惇薨，《魏書》稱曹丕素服幸鄴東城門發哀事，由此可知裴松之也有引諸家史評以爲訓解注釋者，實非僅限於詔令表奏和個人論著之用，但只要援引經、子、漢前典籍者，必是訓解詔令表奏與個人論著，彼此間用途稍有差異，或可於是有所區分。

裴松之《三國志注》徵引眾家史評，主要爲藉助各史家的史學評論，以對歷史人物、事件，甚至陳壽《三國志》的內容、體例提出質疑、考辨和品議，而關於記載字句、語義模糊處，裴松之通常先引述古書、經典，或漢代以前的著作輔助說明，再以經注、史注家的解釋作進一步釐清，此多見於《三國志》收錄的詔令表奏及個人論著的部分，然除開先引述經、子著作外，裴松之尚有單獨徵引他家說法以爲「音義訓解」者，也同時歸於此類之下。

〔註174〕見裴松之注《三國志・卷一・武帝紀第一》引孫盛語，同註9，頁46。
〔註175〕同前註，頁59。

　　因此，裴松之透過「臣松之以爲」、「臣松之案」、「臣松之按」和「臣松之」等四種自注方式，以及徵引孫盛、習鑿齒、華嶠、魚豢、袁宏、張璠、干寶、孫綽、何休、鄭玄、服虔、應劭、高堂隆等十三家史評，對陳壽《三國志》的內容與體例進行各類型的品議，終於創造出「對材料的態度」、「對撰作的觀念」、「對歷史的看法」三個面向，以及「提供相關的材料」、「蒐輯佚失的遺編」、「追溯原始的史料」、「考辨壽書的體例」、「擴大論證的範圍」、「崇尙懷疑的精神」、「備攷衆說的異同」、「衡量篇幅的輕重」、「彰顯細微的敘述」、「更定記載的訛誤」、「品論人物的觀點」、「針對事件的看法」等十二種意義，此亦是裴松之《三國志注》的史評價值所在。

第七章　《三國志注》的價值與影響

第一節　《三國志注》的價值

　　自裴松之《三國志注》出，凡研究陳壽《三國志》者，必連同裴注一併加以討論，本文、注文之間的關係已是密不可分，如此現象，部分係起因於陳壽《三國志》內容的簡略，部分則歸功於裴松之引書豐富，以及補充史實的詳盡，觀之《隋書‧經籍志》，著錄有「《三國志》六十五卷，敘錄一卷，晉太子中庶子陳壽撰，宋太中大夫裴松之注」〔註1〕，又稱「《論三國志》九卷，何常侍撰」與「《三國志評》三卷，徐眾撰。梁有《三國志序評》三卷，晉著作佐郎王濤撰，亡」；而《舊唐書‧經籍志》，則把陳壽《三國志》一書拆開，各分別記載爲「《魏國志》三十卷，陳壽撰，裴松之注」〔註2〕、「《蜀國志》十五卷，陳壽撰」〔註3〕，與「《吳國志》二十一卷，陳壽撰，裴松之注」〔註4〕三個部分，《新唐書‧藝文志》亦沿襲其法，收有「陳壽《魏國志》三十卷、《蜀國志》十五卷、《吳國志》二十一卷，並裴松之注」〔註5〕，至於晁公武《郡齋讀書志》，也編輯謂「《三國志》十五卷，右晉陳壽撰，魏四紀二十六列傳，蜀十五列傳，吳二十列傳，宋文帝嫌其略，命裴松之補注，博采群說，

〔註1〕見《隋書‧卷三十三‧經籍二》魏徵等撰：《隋書》（臺北：鼎文書局，民國64年3月初版），頁955。

〔註2〕見《舊唐書‧卷四十六‧經籍上》劉昫等撰：《舊唐書》（臺北：鼎文書局，民國65年10月初版），頁1989。

〔註3〕同前註，頁1992。

〔註4〕同前註。

〔註5〕見《新唐書‧卷五十八‧藝文二》歐陽修、宋祁撰：《新唐書》（臺北：鼎文書局，民國65年10月初版），頁1455。

分入書中，其多過本書數倍」〔註6〕。

由此可知，於時雖亦有何休《論三國志》、徐眾《三國志評》、王濤《三國志序評》等書，然地位皆不及裴松之《三國志注》，自《隋書・經籍志》始，已將裴松之《三國志注》與陳壽《三國志》等同視之，著錄陳壽《三國志》者，其下無不兼記裴松之《三國志注》，儘管猶是陳壽《三國志》的輔助，但在史學價值上，實已具備和陳壽《三國志》對等的地位，非僅為附庸。

> 夫世期引據博洽，其才實能會通諸書，別成畦町，若依後世《新唐書》、
> 《五代史》之例，可自作一史，與承祚方軌並駕。乃不自為而為之注者，
> 謙也。〔註7〕

錢大昭甚至認為裴松之《三國志注》可依《新唐書》、《五代史》之例，自成單獨一史，非僅限於注體。

裴松之《三國志注》本為補充《三國志》之作，然其豐富的內容、獨立的格式使《三國志注》創鑄出中國「史注」的新類型，其價值、地位，或可從以下五方面闡述之：

一、勘補三國史實

《三國志注》的撰作，起因於宋文帝病陳壽《三國志》太過簡略，遂詔命裴松之補注而成，故裴松之《三國志注》原就是為了增加《三國志》的內容所寫，其首要目的自然在於勘補三國史與《三國志》的記載。

綜覽《三國志》全書，陳壽本文共計三十六萬六千七百五十七字，而裴松之注文則有三十二萬一千三百六十一字，雖略少於陳壽原書的篇幅，但單就注書來說已是十分可觀，所徵引作「補闕」、「備異」、「懲妄」、「論辯」陳壽《三國志》之用的著作，更多達二百三十二部，材料、內容越發豐富，《三國志》和三國史的事實記載就越完備、真切，顯見裴松之注《三國志》所下工夫極大。

裴松之《三國志注》於勘補三國史實方面，可從其考辨陳壽《三國志》的內容入手，大抵而言，裴松之注對於《三國志》的作用，約可分為「解釋文字的意義」、「增強敘述的簡略」、「彌補記載的闕漏」、「考辨傳寫的訛誤」、「備列史家的異見」、「品論人物與事件」、「評議陳壽與本文」、「批判引書與史家」等八個撰作方向，而此八部分亦可說是裴松之《三國志注》的主要內容。

〔註6〕見《郡齋讀書志・卷二上》晁公武：《郡齋讀書志》（臺北：臺灣商務印書館，民國67年1月臺一版），頁101。

〔註7〕見錢大昭《三國志辨疑・自序》（臺北：弘道文化事業有限公司，民國62年元月初版），頁4～5。

「解釋文字的意義」又可別成「校勘文字」、「標明字音」、「解釋字義」、「箋注名物」、「訓解典故」、「闡釋地理」等六類，如「沮音葅」〔註8〕、「掞音夷念反，或作豓」〔註9〕、「禦兒，吳界邊戍之地名」〔註10〕、「簿，手版也」〔註11〕之類是也，這一類注釋是一般注書的內容，在裴松之《三國志注》中佔有相當重的份量，不過，裴氏作注主要目的在增廣史實，因此這一類的注解儘管是基本工夫，但卻只是《三國志注》附帶的撰務而已。

「增強敘述的簡略」、「彌補記載的闕漏」、「考辨傳寫的訛誤」、「備列史家的異見」四類是裴松之《三國志注》的主要工作，本來，裴松之作注即爲增補陳壽原書的不足，因此「增強敘述的簡略」、「彌補記載的闕漏」正是《三國志注》的首要之務，然後在增補的過程中，「考辨傳寫的訛誤」、「備列史家的異見」以求敘述更加完備，而「考辨傳寫的訛誤」又可分成「對陳壽原書的考辨」，和「對史家材料的考辨」兩類，「備列史家的異見」也能別爲「陳壽爲是，他家爲非」、「陳壽爲非，他家爲是」，以及「記載各異，無法斷定」三類。

以「考辨傳寫的訛誤」言，裴松之《三國志注》的考辨方式有二，即「對陳壽原書的考辨」、「對史家材料的考辨」，「對陳壽原書的考辨」可參《三國志‧卷五十六‧朱然朱治呂範朱桓傳第十一》載赤烏五年朱然征柤中事，裴松之援引孫盛《異同評》的說明，與〈魏少帝紀〉及〈孫權傳〉的考證予以辨明，認爲「當是陳壽誤以吳嘉禾六年爲赤烏五年耳」〔註12〕。

而「對史家材料的考辨」裴松之改定更多，如《三國志‧卷五十一‧宗室傳第六》注引《江表傳》言孫匡事，裴松之即針對謬誤處加以考定並提出更正：

> 臣松之案本傳曰：「匡未試用卒，時年二十餘。」而《江表傳》云呂範在洞口，匡爲定武中郎將。既爲定武，非爲未試用。且孫堅以初平二年卒，

〔註8〕《三國志‧卷一‧武帝紀第一》：「尚將沮鵠守邯鄲，又擊拔之。」裴松之注：「沮音葅，河朔閒今猶有此姓。鵠，沮授子也。」陳壽撰，裴松之注：《三國志》（臺北：鼎文書局，民國86年5月九版），頁25；《三國志‧卷六‧董二袁劉傳第六》：「從事沮授說紹曰：……。」裴松之於句下注：「沮音葅。」註同前，頁192；「葅」同「菹」，二字讀音亦相同，讀如「居」。

〔註9〕《三國志‧卷四十五‧鄧張宗楊傳第十五》載孫權與諸葛亮書曰：「丁厷掞張，陰化不盡；和合二國，唯有鄧芝。」裴松之注：「掞音夷念反，或作豓。臣松之案《漢書禮樂志》曰『長離前掞光耀明』。左思《蜀都賦》『摛藻掞天庭』。孫權蓋謂丁厷之言多浮豓也。」同前註，頁1072。

〔註10〕見裴松之注《三國志‧卷十三‧鍾繇華歆王朗傳第十三》，同前註，頁413。

〔註11〕見裴松之注《三國志‧卷三十八‧許麋孫簡伊秦傳第八》，同前註，頁975。

〔註12〕見裴松之注《三國志‧卷五十六‧朱然朱治呂範朱桓傳第十一》，同前註，頁1307。

洞口之役在黃初三年，堅卒至此合三十一年，匡時若尚在，本傳不得云卒
時年二十餘也。此蓋權別生弟朗，《江表傳》誤以為匡也。朗之名位見《三
朝錄》及虞喜《志林》也。〔註13〕

考證仔細，辨明徵引材料之誤，以免造成裴松之《三國志注》以錯誤的記載，撰入
《三國志》的史實中。

再以「備列史家的異見」論，三國紛亂的史跡，各家編寫往往不同，裴松之對
於這些相異的內容，先經過一番研究、比較，得出自己的意見，然後再加以更正、
備列，若「陳壽為是，他家為非」者，據陳壽《三國志》的敘述進行校驗，如「陳
壽為非，他家為是」，則依眾史家著作相互參照，以為正誤，而「記載各異，無法斷
定」者，一皆以「未詳」、「未詳孰是」、「未知何者為誤」等案語〔註14〕予以並載，
此係因為各家史書的記載不同，其或有與本傳歧出者，或有彼此觀點迥異者，但是
卻無法判斷真偽的情況，故裴松之以「未詳孰是」一語帶過，內容雖不能判，然作
注的過程，實已涉及裴松之《三國志注》訂立的「備異」、「攷異」、「正誤」體例。

至於「品論人物與事件」、「評議陳壽與本文」、「批判引書與史家」，已屬史學批
評的範圍，非勘補三國史實之用，於後有詳盡說明。

二、創新史注形態

中國傳統的「注」，按照許慎《說文解字》認為「注，灌也，從水主聲」〔註15〕
的字面解釋，有「以水灌注」之意，段玉裁注引《詩經‧大雅》將「注」字引伸為
「傳注」〔註16〕，即許慎「六書」〔註17〕中的「轉注」，因為「注」具「引之有所

〔註13〕見裴松之注《三國志‧卷五十一‧宗室傳第六》，同註8，頁1213。

〔註14〕如裴松之注《三國志‧卷十‧荀彧荀攸賈詡傳第十》：「臣松之案諸書，韓莫或作韓
猛，或云韓若，未詳孰是。」同前註，頁324。

〔註15〕見許慎《說文解字‧第十一篇上》，許慎撰，段玉裁注，魯實先正補：《說文解字注》
（臺北：黎明文化事業，民國63年9月初版），頁560。

〔註16〕段玉裁注：「《大雅》曰：把彼注茲。引伸為傳注，為六書轉注。注之云者，引之有
所適也，故釋經以明其義曰注，交互之而其義相輸曰轉注也。釋故、釋言、釋訓皆轉
注也。」同註15。

〔註17〕《說文解字‧第十五卷上》：「《周禮》：八歲入小學，保氏教國子，先以六書。一曰
指事：指事者，視而可識，察而見意，上下是也。二曰象形：象形者，畫成其物，
隨體詰詘，日月是也。三曰形聲：形聲者，以事為名，取譬相成，江河是也。四曰
會意：會意者，比類合誼，以見指撝，武信是也。五曰轉注：轉注者，建類一首，
同意相受，考老是也。六曰假借：假借者，本無其字，依聲託事，令長是也。」同
前註，頁762～764；《說文解字》有十四篇，第十五卷內容即《說文解字敘》，從其
記載可知，許慎說明「六書」，係以《周禮》為根據。

適」〔註18〕的功能，於是解釋經文以明其義就稱爲「注」，而釋故、釋言、釋訓亦歸屬在字交互且義相輸的「轉注」一類。

其先儒釋經之書，或曰傳、或曰箋、或曰解、或曰學，今通謂之注。〔註19〕

顧炎武《日知錄》先釐清「注」的名稱與功用，於下又緊接著說明「其後儒辨釋之書，名曰正義，今通謂之疏」〔註20〕，可知「注」與「疏」不同，「注」是解釋經文之書，而「疏」則是用來辨正解釋，名稱、用途雖異，但申明經義、訓解章句的目的卻是一致，因此注疏的最初形式，便是以訓詁爲主，訓詁成爲注疏的基本工作，然後才能更進一步針對經文析其微旨、闡其大義。

值得注意的是，漢、唐、宋三代言經注皆作「注」，無有作「註」之字者，明代始改「注」爲「註」，「註」原是當成「記註」、「記物」、「認識」之用，後來取代「注」成爲「註解」、「註記」的意思，「註」即「注」也。

不過，「注」有「經注」、「史注」的不同，「經注」始自西漢，強調闡釋字句並重視訓詁，因爲經書都是以古代文字、語言記載的，爲配合當時環境與需要，所以必須用當代文字、語言解釋，故解經、訓詁之作紛紛出現，漢晉之際，史學逐漸擺脫經學的桎梏，邁向獨立，不僅提升到和經學並稱的同等地位，甚至也像經學一樣列爲教學的對象，因此，大批類似經注的訓解式史注問世，但這種訓解式的史注，既非經注，亦不同於裴松之《三國志注》的形式，其尚未轉變爲成熟的史注，只能視爲史注從經注中獨立發展的演化現象，所以，要了解裴松之《三國志注》的史注形式，必須先區別「經注」、「史注」的差異。

注史與注經不同，注經以明理爲宗，理寓于訓詁，訓詁明而理自見。注史以達事爲主，事不明，訓詁雖精，無益也。〔註21〕

錢大昭認爲「明理」與「達事」，是「經注」和「史注」的基本劃分方法，中國自古經、史不分，史學始終是依附在經學下的一門支流學術，直到漢、晉之間，史學才逐漸脫離經學走向獨立，而史注亦同時從經注的影響中發展出來，成爲專家之學，

〔註18〕同註16。

〔註19〕見顧炎武《日知錄集釋·卷十八》「十三經注疏」條（臺北：臺灣商務印書館，民國67年6月臺一版），頁96；又劉知幾《史通·卷五·補注第十七》：「昔《詩》、《書》既成，而毛、孔立傳。傳之時義，以訓詁爲主，亦猶《春秋》之傳，配經而行也。降及中古，始名傳曰注。蓋傳者轉也，轉授於無窮；注者流也，流通而靡絕。進此二名，其歸一揆。」劉知幾撰，浦起龍釋：《史通通釋》（臺北：九思出版有限公司，民國67年10月臺一版），頁131；可知「傳」、「注」僅是時代名稱有異，其作用實爲相同。

〔註20〕見顧炎武《日知錄集釋·卷十八》，同前註，頁96。

〔註21〕見錢大昭《三國志辨疑·自序》，同註7，頁5。

但經、史不分由來已久，且於時史學剛成爲獨立的學術，也同樣發生讀音及釋義的困難，因此，在演變過程中出現的訓解式史注，仍然採用經注傳統的形式，可說絕非偶然之事，此亦即劉知幾《史通》裡所稱的「儒宗訓解」。

> 如韓、戴、服、鄭，鑽仰《六經》，裴、李、應、晉，訓解《三史》，開導後學，發明先義，古今傳授，是曰儒宗。既而史傳小書，人物雜記，若摯虞之《三輔決錄》，陳壽之《季漢輔臣》，周處之《陽羨風土》，常璩之《華陽士女》，文言美辭列於章句，委曲敘事存於細書。此之注釋，異夫儒士者矣。次有好事之子，思廣異聞，而才短力微，不能自達，庶憑驥尾，千里絕群，遂乃掇眾史之異辭，補前書之所闕。若裴松之《三國志》，陸澄、劉昭《兩漢書》，劉彤《晉紀》，劉孝標《世說》之類是也。亦有躬爲史臣，手自刊補，雖志存該博，而才闕倫敘，除煩則意有所吝，畢載則言有所妨，遂乃定彼榛楛，列爲子注。若蕭大圜《淮海亂離志》，羊衒之《洛陽伽藍記》，宋孝王《關東風俗傳》，王劭《齊志》之類是也。〔註22〕

劉知幾把「注」的形式分爲四類，並將裴駰《史記集解》、章懷太子李賢《後漢書注》、應劭《漢書集解音義》、晉灼《漢書集注》歸爲「儒宗訓解」一類，與韓康伯注《周易》、戴德及戴聖兩人傳大小戴《禮記》、服虔《春秋左氏傳解》、鄭玄箋《尚書》與《毛詩》，又注《三禮》，視成等同，皆是「儒宗訓解」，然韓、戴、服、鄭等人之作實爲「經注」，故裴、李、應、晉一類的「史注」，可知是承繼「經注」的形式而來，亦即是在史學獨立過渡時期所衍生的「訓解式史注」，以音義、訓詁爲基礎，釋明章句、制度、字義等，非純爲「史注」。

　　至於其他三類，「文言美辭列於章句，委曲敘事存於細書」和「掇眾史之異辭，補前書之所闕」，以及「定彼榛楛，列爲子注」，因其最終目的均爲「達事」，且「達事」是「史注」的基本形式，故此三類皆爲「史注」殆無疑義，尤其是後二類，更是運用魏晉以來所盛行的「合本子注」爲注法的「史注」。

　　所謂「合本子注」，就是把幾種不同的說法，與來源的材料，分別注解在一個比較完整的內容、記載之下，「亦即將不同來源材料，選擇一種比較完善的材料作爲母本，其他的材料作爲子注，不加剪裁及參與個人意見，排列於後」〔註23〕，此原是魏晉時代釋氏講經、注經的方法，盛行以後，不僅影響了儒家的講經、注經，甚至也影響到當時史注的形式，裴松之深通經、史之學，因此具有足夠的能力轉移「合

〔註22〕見劉知幾《史通‧卷五‧補注第十七》，同註19，頁131～132。
〔註23〕見逯耀東《魏晉史學的思想與社會基礎》（臺北：東大圖書公司，民國89年2月初版），頁417。

本子注」的形式，應用到史注方面，其注《三國志》就幾乎完全採用這種形式，〈上三國志注表〉中，裴松之自述作注旨意有「或同說一事，而辭有乖雜，或出事本異，疑不能判，並皆鈔內，以備異聞」〔註24〕一條，其所用的方法正是「合本子注」的典型形式。

　　裴松之《三國志注》從傳統的「經注」蛻變出來，將釋氏講經、注經的「合本子注」形式應用到「史注」身上，並融合了魏晉史學蓬勃發展的新內容，開展出中國史學上「史注」的新型態。

三、保存魏晉著作

　　東晉以後，史料漸多，裴松之利用許多來源不同的史料，注成《三國志》，總字數達三十二萬一千三百六十一字，與陳壽《三國志》共三十六萬六千七百五十七字的份量十分接近，其所引用書目更多達二百三十二種，而屬於魏晉時代的史料、作品亦有二百部之繁。

> 此群經傳注、倉雅訓詁、方言土語、諸子百家之說，無與史事，而引以詮
> 釋字句者，又不下數十種。〔註25〕

由此可知，裴松之《三國志注》引用書目遍及經、史、子、集等各學術領域，非只限於史學方面，取材可說非常豐富，不過，其所引用魏晉以前的經傳和史書著作，功用多在於音義注釋上，即「引之詮釋字句者」，與史事、史實並無直接絕對的關聯，至於補陳壽《三國志》內容之不足，則集中在魏晉時代史書與史料的引用處。

　　以裴松之引用魏晉材料注補《三國志》而言，不僅所引用的魏晉材料多首尾俱全，且這些著作在隋、唐以後散軼者眾，考之《四庫全書總目提要》，二百三十二種引書有著錄者僅剩三十九部，亡佚可謂十分嚴重，因此，反觀裴松之《三國志注》對魏晉史料的保存，實確有不可磨滅的功績。

四、首引志異材料

　　在現存的史學著作中，裴松之《三國志注》是最先徵引魏晉志異材料的一部史書，共引用了葛洪《神仙傳》、干寶《搜神記》、東方朔《神異經》、楊孚《異物志》、陸氏《異林》、張華《博物志》，以及未著撰人姓氏的《列異傳》、《博物記》等八部

〔註24〕見《全上古三代秦漢三國六朝文・全宋文・卷十七》嚴可均校輯：《全上古三代秦漢三國六朝文》（北京：中華書局，民國74年11月三刷），頁2525。

〔註25〕見錢大昭《三國志辨疑・自序》，同註7，頁4。

著作，另外，顧愷之《啓蒙注》與傅玄《傅子》亦有部分內容收納志異材料，因此也在徵引之列。

裴松之注《三國志》引用最多的志異著作是干寶《搜神記》，前後共計十二次〔註26〕，再來是張華《博物志》達五次，葛洪《神仙傳》和未著撰人的《博物記》亦各有三次，《列異傳》兩次，而東方朔《神異經》、楊孚《異物志》、陸氏《異林》則皆僅有一次。

干寶《搜神記》不僅是裴松之《三國志注》中被引用最多的志異作品，事實上，在魏晉當朝及其後的史學著作，對干寶《搜神記》亦時有徵引，逯耀東〈志異小說與魏晉史學〉即以《搜神記》和現存的魏晉史書相互核校，進一步獲得詳細的統計數據。

> 其中包括范曄的《後漢書》四十一次，司馬彪的《續漢志》二十五次，王隱的《晉書》十四次，臧榮緒〔註27〕《晉書》六次，唐修《晉書》九十一次，干寶《晉紀》三次。袁宏《後漢紀》、謝承《後漢書》、袁山松《後漢書》、何法盛《晉中興書》、孫盛《晉陽秋》、習鑿齒《漢晉春秋》、樂資《春秋後傳》等各引用一次。他如裴松之的《三國志注》引用十四次，沈約的《宋書》也引用了八十二次。〔註28〕

由此可知，魏晉時期以志異入史的現象非常普遍，這與當時的社會風氣有著極大的關聯，以干寶而言，其不只撰作《搜神記》，於裴松之《三國志注》中被引用的，還有《晉紀》〔註29〕、《晉書》二書。

除了干寶之外，葛洪、張華二人亦是當時著名的史學家，葛洪有《史記鈔》十四卷、《漢書鈔》與《後漢書鈔》均各三十卷等史學著作，並開後世史鈔之先河，非唯如此，葛洪又嘗將班固《漢書》，與其所藏劉歆未完成之《漢書》稿互相對照，發現班固《漢書》的內容，多取自於劉歆的舊稿，因此把班固未取的部分集結成冊，編爲現行的《西京雜記》一書；至於張華，不僅曾領佐著作郎，主持修史工作，甚至陳壽《三國志》完成之際，張華亦深善之，並「謂壽曰：當以《晉書》

〔註26〕逯耀東《魏晉史學的思想與社會基礎》認爲裴松之《三國志注》引用干寶《搜神記》「前後凡十四次」，亦足供備查，同註23，頁376。

〔註27〕應爲「臧榮緒」，而非「藏榮緒」，「藏」爲「臧」之誤，應正。

〔註28〕見逯耀東《魏晉史學的思想與社會基礎》，同註23，頁234。

〔註29〕《晉書・卷八十二・干寶傳》：「著《晉紀》，自宣帝迄于愍帝五十三年，凡二十卷，奏之。其書簡略，直而能婉，咸稱良史。」房玄齡等撰：《晉書》（臺北：鼎文書局，民國69年8月三版），頁2150；不過，《舊唐書・經籍志》、《新唐書・藝文志》均錄二十二卷，較《晉書》本傳記載多出二卷，而《隋書・經籍志》更稱有二十三卷，此二十三卷本應是包含〈史議〉一卷所致。

相付耳」〔註30〕，足見其對史學工作的重視。

魏晉二朝處於兩漢與隋唐盛世前後的過渡時期，因為政治紛亂及社會動盪的影響，許多新生發展跟矛盾現象，隨著價值的解構和重組而頻仍出現，在思想轉變的過程裡，傳統儒家思想開始慢慢喪失其原有的權威地位，其他思想相繼湧現，當時逐漸抬頭的史學意識，以及從「經注」中蛻變走向獨立的「史注」，因為儒家體系與非儒家價值的解構和重組，造成魏晉史學獨特的雙重性格，同時也促使魏晉史學趨向多元發展，萌芽出新的史學寫作形式。

再則，魏晉志異作品係繼承兩漢小說的傳統而形成，早在阮孝緒《七錄‧紀傳錄》中已有〈鬼神部〉一類，著錄有大量魏晉志異作品；而《隋書‧經籍志》更進一步把《七錄‧紀傳錄》裡的〈鬼神部〉、〈雜傳部〉合併，編輯為《隋書‧經籍志‧史部‧雜傳類》；可知魏晉志異原是被視為史學雜傳類的作品，因此魏晉時代著名的史學家，如干寶、葛洪、張華、郭璞等均同時有志異之作，可知其看待鬼物怪奇之事，皆抱持著相信的態度，認為這些怪異情況應是真實存在的現象，故志異入史於時已是非常普遍的發展趨向。

張華《博物志》是西晉時代重要的志異作品，東晉時期則有葛洪《神仙傳》與干寶《搜神記》二書流行，干寶《搜神記》甚至可說是現今魏晉志異著作中內容最為豐富、完整的一部，也因為如此，所以在最先引用魏晉志異著作的裴松之《三國志注》中，《搜神記》是被引用次數最多的作品，前後總計達十二次；而各書所引葛洪的《神仙傳》，以及《隋書‧經籍志》稱曹丕所撰的《列異傳》〔註31〕，同樣也都是以裴松之《三國志注》中的徵引為最早，足見裴松之《三國志注》受當時時代風氣感染，已將志異著作這類新興的作品，納入史學的領域，志異入史的做法，更成為魏晉以後從事史學普遍的風氣。

〔註30〕 《晉書‧卷八十一‧陳壽傳》：「撰《魏吳蜀三國志》，凡六十五篇。時人稱其善敘事，有良史之才。夏侯湛時著《魏書》，見壽所作，便壞己書而罷。張華深善之，謂壽曰：『當以《晉書》相付耳。』其為時所重如此。」同註29，頁2137。

〔註31〕 《隋書‧經籍志》錄有魏文帝《列異傳》三卷，魏徵等撰：《隋書》（二）（臺北：鼎文書局，民國64年3月初版），頁975；而《新舊唐書合鈔》則以為是「張華撰」，沈炳震：《新舊唐書合鈔》（三）（臺北：鼎文書局，民國61年4月初版），頁1099；逯耀東《魏晉史學的思想與社會基礎》：「案裴松之注《三國志》的體例，首次引用某書時，必先敘該書作者之名。但其最初於〈華歆傳〉引《列異》，僅稱『《列異》曰』，不言作者之名。而且〈蔣濟傳〉引《列異》，稱蔣濟為領軍。蔣濟在齊王時為領軍，時間已在曹丕之後。另外《太平御覽》曾兩引《列異》，事情發生一在甘露時，一在景初年間，都是曹丕以後的事。因此，《列異》可能是在魏文帝曹丕時代編纂的，但卻不是親撰。……兩晉書鈔風氣盛行，而《列異》又經張華鈔錄輯補，是非常可能的。」同註23，頁224～225。

五、開展史學批評

　　歷來論及裴松之《三國志注》者，多著眼於《三國志》注保存豐富魏晉材料之功，而忽略了裴松之自注的價值，裴松之注《三國志》，體例有「補闕」、「備異」、「懲妄」、「論辯」四類，其中「補闕」、「備異」屬於材料方面的增補，至於「懲妄」、「論辯」則是針對引用材料進行考證、批評，而「懲妄」、「論辯」這兩方面即是裴松之的自注，也就是《三國志注》中「臣松之案」、「臣松之按」、「臣松之以為」和僅言「臣松之」，以及未列舉書名之注等部分。

　　不過，各式自注之間，仍有一定程度的區別，以「臣松之以為」方式為注者通常是裴松之考證、解釋所引用的材料後，所作的評論，即《三國志注》的「論辯」體例，而以「臣松之案」方式為注者，一般為裴松之對引用材料所作的考證或解釋，此是《三國志注》的「懲妄」體例，「臣松之按」則是裴松之先相互參照《三國志》記載與引用材料內容之間的異同，再經過考證、辨析的過程，然後根據反覆驗證的結果提出說明，通常只是作為資料補充之用，至於「臣松之」或「臣松之云」、「臣松之曰」，大多是連接後續準備動作的敘述辭用法。

　　因此這些自注，都是裴松之在彙整相關材料後，經過考證和分析，所提出的個人見解，如依內容的性質來劃分，可歸納成「品論人物與事件」、「評議陳壽與本文」、「批判引書與史家」三類，而透過這些見解，可以得出《三國志注》史評的「溯源」、「捃逸」、「辨例」、「正誤」、「削繁」、「攷異」、「表微」、「補闕」、「廣證」、「存疑」十種價值，據此直接探究裴松之的史學思想，必然能夠明白魏晉時期在史學脫離經學的轉變中，中國史學評論演化的過程。

> 　　裴松之的《三國志注》突破了經注訓解的形式，由義理的解釋，轉向歷史事實的探索。《三國志注》不僅補陳壽之闕，而裴松之並對所選用的材料與魏晉史學著作，加以考辨與評析，這是中國史學脫離經學發展過程中，重要的轉變關鍵。〔註32〕

從逯耀東〈經史分途與史學評論的萌芽〉文中這段話可以得知，裴松之將釋氏講經、注經所用「合本子注」的形式，轉移應用到「史注」上，並且融合魏晉史學蓬勃發展的多元化內容，然後突破傳統「經注」侷限，創鑄出中國「史注」的新型態，又藉由「史注」方式補充史實，進一步考辨、評析引用材料，提出個人對史事與歷史人物的觀點，作為議論和批評，因而使史學評論得以更加發揚光大，成為中國史學批評萌芽及發展的關鍵。

〔註32〕見逯耀東《魏晉史學的思想與社會基礎》，同註23，頁258。

　　裴松之《三國志注》無論是形式、內容，或是見解、目的，皆是史書注疏方面極爲重要的突破，魏晉兩代本是中國史學脫離經學走向專業的關鍵時期，而史學評論亦在此時開始有所萌芽、發展，裴松之《三國志注》不僅保存眾多魏晉史書的記載，且受當時風氣影響以志異入史，其議論史事、品評人物的自注，更帶有總結魏晉史學的批判性觀點，替中國史學評論開創出新途徑，成爲影響後世史學家與史學批評家的先行者。

第二節　《三國志注》的影響

　　南朝劉宋文帝元嘉十五年，「玄」、「儒」、「文」、「史」四館設立，分別集徒教授，不僅肯定玄、儒、文、史四種學術的並存價值，也同時意味著四種學術的獨立意義，亦即傳統儒家中儒、文、史不分的概念，已逐漸開始脫離羈絆，各自邁向專門的範疇。

　　裴松之奉詔爲陳壽《三國志》所作的注，完成於宋文帝元嘉六年，猶在「玄」、「儒」、「文」、「史」四館設立以前，由此可知於時儒、文、史正逐漸走向分途獨立，而裴松之《三國志注》一出，不僅象徵「經注」與「史注」兩種型態的眞正分野，同時創鑄出中國「史注」的新形式，進而重新審視正史之學，以及「正史」和「史注」之間等多面向的探究。

　　因此，裴松之《三國志注》無論是作注動機、撰著方式、史學評論等編纂體例，都具有總結性和先導性的關鍵地位，對於後代史學的發展，均產生直接或間接的影響。

一、受裴注動機影響者

　　裴松之《三國志注》旨在補充陳壽《三國志》記載之不足，以從「史注」回歸「正史」而言，陳壽《三國志》雖有「良史」之稱，然內容過於簡略，裴松之作注以爲「補闕」、「備異」、「懲妄」、「論辯」，後世史家儘管也有增補裴注缺失，或仿松之作注般再重新集解《三國志》者，不過，對於陳壽《三國志》在形式、內容上未臻完整的部分，紛紛再行有所歸納整理者，仍屬多數，其動機一如裴松之注《三國志》，用意皆在彌補相關材料，使陳壽《三國志》的內容，和三國史實的記載得以更加周延。

　　首先，是針對陳壽《三國志》未有撰作的部分，江淹有言：「修史之難，無出乎

志。」〔註33〕《三國志》雖名爲「志」，實無一志，故後世補志者有：

洪亮吉《三國疆域志》二卷　　　　　金兆豐《三國志疆域校補》一冊不分卷

錢大昭《三國藝文志》四卷　　　　　侯康《補三國藝文志》四卷

陶元珍《補三國食貨志》一冊不分卷

所補計有「疆域志」、「藝文志」、「食貨志」三類，另外，劉公任亦撰《三國世系志》、《三國政治志》、《三國經濟志》、《三國學術志》、《三國職官志》、《三國軍備志》、《三國地理志》各一卷，合稱《三國新志》七卷，今附刊於鼎文書局出版的新校本《三國志》後，爲附編之一；而《三國志》亦無「表」，因此後世也有不少補表者：

黃大華《三國三公宰輔表》三卷　　　洪飴孫《三國職官表》三卷

謝鍾英《三國大事年表》　　　　　　謝鍾英《三國疆域表》

吳增植《三國郡縣表》附考證　　　　楊守敬《三國郡縣表補正》

周嘉猷《三國紀年表》一卷　　　　　周明泰《三國世系表》一卷

陶元珍《三國世系表補遺》一卷　　　吳廷燮《漢季方鎮年表》

吳廷燮《魏方鎮年表》　　　　　　　吳廷燮《蜀方鎮年表》

吳廷燮《吳方鎮年表》　　　　　　　萬季野《歷代史表》

所補計有「三公宰輔表」、「職官表」、「大事年表」、「疆域表」、「郡縣表」、「紀年表」、「世系表」，以及「方鎮年表」等共八類，其中萬季野《歷代史表》關於三國者更有〈漢季方鎮年表〉、〈大事年表〉、〈魏將相大臣年表〉、〈魏國將相大臣年表〉、〈魏方鎮年表〉、〈漢將相大臣年表〉、〈吳將相大臣年表〉、〈三國諸王世表〉等八表，可知補《三國志》表者家數之眾。

至於針對裴松之《三國志注》內容缺失者，後世史家亦有所增補，雖無如裴松之注陳壽《三國志》般全面性，但對裴松之《三國志注》本身不足處，以及陳壽《三國志》猶有闕漏處，實有補充、參考的輔助價值，因此，補注《三國志》的史家約有以下數作：

〔註33〕劉公任《三國新志・序》：「江淹謂：『修史之難，無出乎志。』意在斯乎？竊以爲作志之難，不難於博，而難於要，不難於述，而難於思。博者擬拾之多，要者概括之宜。述者記敘之常，思者論辨之深。善於爲之，輔依不背。若憚事之煩難，務爲簡易，或支離不約，或華文寡斷。……史有闕文，事無考信。陳壽《三國志》，首爲之失。繼之者姚思廉《梁書》、《陳書》，李百藥《北齊書》，令狐德棻《周書》，李延壽《南史》、《北史》皆不作志。」楊家駱主編：《三國志附編》（臺北：鼎文書局，民國68年5月初版），頁2。

杭世駿《三國志補注》六卷　　　趙一清《三國志注補》六十五卷

侯康《三國志補注續》一卷　　　周壽昌《三國志注證遺》四卷

林國贊《三國志裴注述》二卷　　易培基《三國志補注》六十五卷

盧弼《三國志集解》六十五卷

所補計有「增補裴注」與「重注壽文」二類，雖是如此，然「重注壽文」一類，實僅有盧弼《三國志集解》一書，餘皆為針對裴松之《三國志注》的缺失和不足部分加以廣徵博聞、整理增補。

除以上補「志」、補「表」、補「注」三類外，另有清代沈欽韓所撰《三國志補訓詁》及《三國志釋地理》各八卷，此是針對陳壽《三國志》訓詁、地理方面進行考證補佚，雖不在上述之補「志」、補「表」、補「注」三類範圍內，但提供《三國志》與三國史實相關材料研究的動機，則與後代史家增補者無所差異，因此參考諸書總結可知，壽書、裴注並行於世後，其帶動三國史書撰作，以及三國史實研究的風氣，的確發揮了關鍵性的影響。

二、受裴注方式影響者

裴松之《三國志注》影響後世史家的注釋方式主要集中在「合本子注」、「志異入史」兩方面，此均是魏晉時代風氣下的特殊產物，「合本子注」原是釋氏疏解的形式，後來影響了儒家的講經、注經行為，而裴松之本人融通經、史，因此很自然地便將「合本子注」的方法轉移至史注方面，並且連貫當時史學發展的新內容，創鑄出嶄新的中國史注形式，直接影響了後世史學家，如劉孝標的《世說新語注》、劉彤的《晉紀注》，以及劉昭、陸澄二人的《續漢書注》，今以劉孝標注劉義慶《世說新語・任誕第二十三》步兵校尉阮籍事為例：

> 《文士傳》曰：「籍放誕有傲世情，不樂仕宦。晉文帝親愛籍，恆與談戲，任其所欲，不迫以職事。籍常從容曰：『平生曾遊東平，樂其土風，願得為東平太守。』文帝說，從其意。籍便騎驢徑到郡，皆壞府舍諸壁障，使內外相望，然後教令清寧。十餘日，便復騎驢去。後聞步兵廚中有酒三百石，忻然求為校尉。於是入府舍，與劉伶酤飲。」《竹林七賢論》又云：「籍與伶共飲步兵廚中，竝醉而死。」此好事者為之言。籍景元中卒，而劉伶太始中猶在。〔註34〕

〔註34〕見劉孝標注《世說新語・任誕第二十三》劉義慶撰，劉孝標注，余嘉錫箋疏：《世說新語箋疏》（臺北：華正書局，民國 82 年 10 月版），頁 730。

《世說新語・任誕第二十三》條 5，劉義慶僅云「步兵校尉缺，廚中有貯酒數百斛，阮籍乃求爲步兵校尉」〔註35〕，短短二十二字，劉孝標先後引《文士傳》與《竹林七賢論》爲注，最後再添個人意見，其形態即裴松之《三國志注》所用「合本子注」的方式。

至於「志異入史」，裴松之《三國志注》是最早引用魏晉志異作品的史書，單就志異而言，不僅魏晉之際的史學家相信這些怪異現象，且當時著名的志異作品，亦大多出於著名史學家之手，志異著作被視爲是史學的一類，唐代魏徵等人撰編《隋書・經籍志》，在處理志異部分，就將其納入史部的雜傳類中，足見魏晉志異小說確實是被看待成史籍方面的著作。

裴松之引志異作品注《三國志》後，「志異入史」的現象開始普遍，何法盛《晉中興書》、王隱《晉書》便保存了大量的志異記載。

> 元帝渡江，歲、鎮、辰、太白等四星聚于牛女之閒。〔註36〕

何法盛《晉中興書》卷二爲〈懸象說〉，一作〈垂象記〉，此卷通常記天象異變，以明人事遷化，今何法盛《晉中興書》雖已亡佚，然清代湯球從《占經》、《太平御覽》、《藝文類聚》、《玉海》等書中輯佚搜羅編成《九家舊晉書輯本》一書，查何法盛《晉中興書・卷二・懸象說》內容所載，皆天文與人事相核驗的現象，像「穆宗升平三年十月丙午，日中有黑子如卵，少時〔註37〕而孝宗崩」〔註38〕，「隆安五年二月甲寅，有流星赤色眾多，西行歷牽牛、虛危、天津、閣道，貫太微紫宮，桓玄篡位之應」〔註39〕，均帶有濃厚的瑞應色彩。

何法盛《晉中興書・卷二・懸象說》具有天象遷演的符應意識，而《晉中興書・卷三・徵祥說》則以動物的棲息習性，或現身隱含的徵兆，作爲吉凶、禍福的判斷依據：

> 咸和初，鷗集太極殿，殿非鷗所處，鷗，湖澤鳥也。時蘇峻作逆，宮室被焚。〔註40〕

鷗鳥乃湖澤之鳥，棲息地自當於湖澤，絕非是以殿宇爲聚居，何法盛認爲湖澤之

〔註35〕見劉義慶《世說新語・任誕第二十三》條 5，同前註。
〔註36〕見何法盛《晉中興書・卷二・懸象說》湯球輯：《九家舊晉書輯本》（上海：上海商務印書館，民國 25 年 6 月初版），頁 393；此條據《御覽・七》輯錄。
〔註37〕二字似有脫誤。
〔註38〕見何法盛《晉中興書・卷二・懸象說》，同註 36，頁 394；湯球據《占經・六》輯錄。
〔註39〕同前註，頁 395；湯球據《占經・七十四》輯錄。
〔註40〕見何法盛《晉中興書・卷三・徵祥說》，同前註，頁 400；湯球據《御覽・九百二十五》輯錄。

鳥不居湖澤，反棲息於殿宇、宮室，這是異象的兆頭，爾後果有蘇峻作逆、宮室被焚之情事發生，除此之外，《晉中興書‧卷三‧徵祥說》亦標榜奇珍異獸所具備的意義：

> 嘉禾者仁草也，夏時異本同穎，殷時同本異秀，周時三穎同秀。〔註41〕

> 麟一角爲天祿，兩角爲辟邪，無角爲符拔。〔註42〕

> 白鹿者仁獸也，王者明惠下及則見，色若霜雪白，牝牡不與紫鹿爲群。〔註43〕

何法盛於《晉中興書‧卷三‧徵祥說》中詳細說解嘉禾、麒麟、白鹿的外形，以及各珍禽異獸所代表的寓意，何法盛書更言「王者明惠下及則見」，其揉合儒家仁政、法家災異、陰陽家徵驗等思想，可知志異材料於魏晉之際，實與政治、文學、史學等範疇脫離不了干係，王隱的《晉書‧卷十‧方技傳》，甚至直接在人物的列傳裡陳述志怪內容，將奇異神鬼之事納入生平事蹟的介紹，可知史學家於時是把志異當成眞實發生的事件看待。

> 韓友字景先，廬江舒人也，善卜占，行京費、厭勝之術，龍舒長鄧子林婦病積年，垂死，醫巫皆息，友爲筮之，使畫作野猪象，著臥處屏風上，一宿覺佳，于是遂差。舒縣廷掾王睦卒，病死已復呼魄，家人就友卜，令以丹書板作日月，置尸頭前，又臥以虎皮馬障泥，登時大愈。〔註44〕劉世則女病鬼魅積年，巫爲祈禱，伐空冢故城間，得鼉〔註45〕數十，猶不差，友筮之，令作布囊，女發時，張囊著窗牖間，友閉戶作氣，若有所驅逐，斯須之間，囊大脹如吹蒬葉，因便敗，女仍大發，友乃更作皮囊二枚沓張之，施如前，囊復脹滿，因急縛囊口，懸著樹間，二十許日漸消，下開視，有一二斤毛，狀如狐毛，女遂大差。〔註46〕

王隱《晉書‧卷十‧方技傳‧韓友傳》記韓友以筮法醫治鄧子林婦、王睦、劉世則女等事，內容已全然等同於志異小說的描繪手法，而《晉書‧卷十‧方技傳‧戴洋傳》更敘述「毛寶據邾，城陷，寶屍沉江不出，戴洋移告河伯諸神，使出寶屍，十

〔註41〕 見何法盛《晉中興書‧卷三‧徵祥說》，同註36，頁403；湯球據《玉海‧百九十七》輯錄。

〔註42〕 同前註，頁404；湯球據《古微書‧十》輯錄。

〔註43〕 同前註，頁405；湯球據《占經‧百十六》輯錄。

〔註44〕 此節亦見《御覽‧三百五十九》。

〔註45〕 「鼉」音「駝」，一名「鼉龍」，俗名又叫「猪婆龍」，爬蟲類動物，形似鱷魚，有四足，長約二丈，背尾鱗甲，性貪睡，皮可製鼓。

〔註46〕 見王隱《晉書‧卷十‧方技傳‧韓友傳》，同註36，頁351～352；湯球據《御覽‧七百二十七》輯錄。

餘日乃出」〔註47〕，且「戴洋病亡，天神使爲酒藏吏，授符持幡麾，將上蓬萊諸山，五日更生」〔註48〕，不僅強調戴洋具有與神祇溝通的能力，死後還擔任神職，出現起死回生的奇蹟，王隱雖將韓友、戴洋置於「方技」一類，然把奇聞軼事和鬼神怪力之說收錄在強調「眞實」的史書裡，除開魏晉當時志異盛行的風氣影響因素，其適合度與史書的方向必然同遭質疑。

不過，儘管「志異入史」在裴松之《三國志注》後成爲流行現象，而志異被當成史籍看待在魏晉時期也是普遍的觀點，但後世史學家對此仍有不同意見，劉知幾的《史通》就曾批評「王隱、何法盛之徒所撰晉史，乃專訪州閭細事，委巷瑣言，聚而編之，目爲鬼神傳錄，其事非要，其言不經。異乎《三史》之所書，《五經》之所載也」〔註49〕，從「物異徵驗」的觀點，討論何法盛、王隱二史在書事上的缺失。

值得注意的是，儘管裴松之《三國志注》是最早引用志異作品的史書，並開啓了「志異入史」的風氣，但裴松之對志異材料仍是抱持著批判的立場，認爲逆占來事、神仙玄覽是「蓋非一方」〔註50〕的道術，注《三國志》徵引志異材料，僅是受當代風氣影響所及，且爲作注「備異」體例之用，而採取的方式，裴松之本人對於史書撰作，依舊秉持著眞實面向的描寫。

三、受裴注評論影響者

裴松之的自注，在《三國志注》中總計有二百三十二條，在整部《三國志》二千三百八十九條注文裡所佔份量並不多，不過卻是裴松之《三國志注》的精旨深義所在。

裴松之自注是魏晉時代史學脫離經學，「史注」從「經注」中獨立的轉變過程裡，一個重要的轉捩點，包含裴松之個人對史事的議論、人物的評價等，不僅針對魏晉史學有批判性的總結意見，且爲中國史學評論開創出新的途徑，更是劉勰《文心雕龍・史傳篇》和劉知幾《史通》等史學批評的先行影響者。

〔註47〕見王隱《晉書・卷十・方技傳・戴洋傳》，同註36，頁351；湯球據《類聚・五十二》、《御覽・五百九十七》輯錄。

〔註48〕同前註，頁351；湯球據《御覽・三百四十一》輯錄。

〔註49〕見劉知幾《史通・卷八・書事第二十九》，同註19，頁230；又《史通・卷七・鑒識第二十六》：「劉祥撰《宋書序錄》，歷說諸家晉史，其略云：『法盛《中興》，荒莊少氣，王隱、徐廣，淪溺罕華。』夫史之敘事也，當辯而不華，質而不俚，其文直，其事核，若斯而已可也。」註同前，頁205。

〔註50〕裴松之注《三國志・卷六十三・吳範劉惇趙達傳第十八》：「古之道術，蓋非一方，探賾之功，豈惟六爻，苟得其要，則可以易而知之矣，迴轉一籌，胡足怪哉？」同註8，頁1426～1427。

范曄博採眾書，裁成漢典，觀其所取，頗有奇工。至於〈方術〉篇及諸蠻
夷傳，乃錄王喬、左慈、廩君、槃瓠，言唯迂誕，事多詭越。可謂美玉之
瑕，白圭之玷。惜哉！無是可也。又自魏、晉已降，著述多門，《語林》、
《笑林》，《世說》、《俗說》，皆喜載調謔小辯，嗤鄙異聞，雖為有識所譏，
頗為無知所說。而斯風一扇，國史多同。至如王思狂躁，起驅蠅而踐筆，
畢卓沉湎，左持螯而右杯，劉邕榜吏以膳痂，齡石戲舅而傷贅，其事蕪穢，
其辭猥雜。而歷代正史，持為雅言。苟使讀之者為之解頤，聞之者為之撫
掌。固異乎記功書過，彰善癉惡者也。〔註51〕

劉知幾論史筆敘事，先後批評了范曄、王思、畢卓、劉邕、齡石等人撰史之弊，另
外亦主張「若王沈、孫盛之伍，伯起、德棻之流，論王業則黨悖逆而誣忠義，敘國
家則抑正順而褒篡奪，述風俗則矜夷狄而陋華夏」〔註52〕，認為何法盛《晉中興書》、
王隱《晉書》「其事非要，其言不經」〔註53〕，而於各史書的論贊部分，劉知幾也
有所議斷：

仲豫〔註54〕義理雖長，失在繁富。自茲以降，流宕忘返，大抵皆華多於實，
理少於文，鼓其雄辭，誇其儷事。必擇其善者，則干寶、范曄、裴子野是
其最也，沈約、臧榮緒、蕭子顯抑其次也，孫安國都無足採，習鑿齒時有
可觀。若袁彥伯之務飾玄言，謝靈運之虛張高論，玉卮無當，曾何足云！
王劭志在簡直，言兼鄙野，苟得其理，遂忘其文。觀過知仁，斯之謂矣。
大唐修《晉書》，作者皆當代詞人，遠棄史、班，近宗徐、庾。夫以飾彼輕
薄之句，而編為史籍之文，無異加粉黛於壯夫，服綺紈於高士者矣。〔註55〕

劉知幾分別品論荀悅《漢紀》、干寶《晉紀》、范曄《後漢書》、裴子野《宋略》、沈
約《宋書》、臧榮緒《晉書》、蕭子顯《南齊書》、孫盛《魏氏春秋》和《晉陽秋》、
習鑿齒《漢晉春秋》、袁宏《後漢紀》、謝靈運《晉書》、王劭《隋書》與《北齊志》，
以及唐房玄齡等人所修《晉書》，各史書論贊的高下、利弊，其他如〈序例〉、〈採撰〉、
〈載文〉、〈補注〉等篇，《史通》亦針對各史書的編寫、各史家的撰作提出褒貶意見，
此實直接受裴注影響所致。

至於劉勰《文心雕龍‧卷四‧史傳篇》，更是專章批評軒轅以來諸史家、史書的

〔註51〕見劉知幾《史通‧卷八‧書事第二十九》，同註19，頁230～231。
〔註52〕同前註，頁230。
〔註53〕參見註49。
〔註54〕荀悅字。
〔註55〕見劉知幾《史通‧卷四‧論贊第九》，同註19，頁82。

優劣：

> 至於後漢紀傳，發源東觀。袁張所製，偏駁不倫。薛謝之作，疎謬少信。
> 若司馬彪之詳實，華嶠之準當，則其冠也。及魏代三雄，記傳互出。陽秋
> 魏略之屬，江表吳錄之類，或激抗難徵，或疎闊寡要。唯陳壽三志，文質
> 辨洽，荀張比之於遷固，非妄譽也。〔註56〕

劉勰認爲後漢的紀傳體史書，一皆自劉珍等撰的《東觀漢記》演變而來，《東觀漢記》
起於光武帝記注，終至靈帝，共一百四十三卷，接著劉勰批評袁山松《後漢書》、張
瑩《後漢南記》、薛瑩《後漢記》、謝承《後漢書》〔註57〕等史書內容的偏駁疎謬，
又讚譽司馬彪《續漢書》的詳實，與華嶠《漢後書》的準當，爲當代紀傳體史書之
冠，及三國鼎立，紀傳體史書並出，孫盛《晉陽秋》、魚豢《魏略》、虞溥《江表傳》、
張勃《吳錄》等作，不是激抗難徵，就是疎闊寡要，劉勰只推崇陳壽《三國志》，主
張其書文質辨洽，裴松之《三國志注》亦對各史各家，提出不同批判：

> 孫盛改易泰言，雖爲小勝。然檢盛言諸所改易，皆非別有異聞，率更自以
> 意制，多不如舊。〔註58〕

又認爲張璠《後漢紀》「辭藻可觀」，虞溥《江表傳》「粗有條貫」，而極力批評郭頒
《魏晉世語》，抨擊其書「蹇乏全無宮商，最爲鄙劣」〔註59〕，以及袁暐的《獻帝
春秋》乃「虛罔之類」〔註60〕等，故劉勰《文心雕龍・史傳篇》和劉知幾《史通》
等史學批評，實完全承襲裴松之《三國志注》史評的影響，對史家、史事、史書提
出個人觀點的批判。

「史注」起初仍然承繼「經注」的形式，到了裴松之爲《三國志》作注，才擺
脫「經注」只探索和訓解義理的傳統，開始轉向對所注釋的史書，以及所引用的材
料提出質疑與批評，從此分割出「史注」和「經注」的界線，成爲史學脫離經學附

〔註56〕 見劉勰《文心雕龍・卷四・史傳第十六》（臺北：民主出版社，民國72年9月初版），
頁285。

〔註57〕 除吳武陵太守謝承有《後漢書》一百三十卷外，尚有晉祠部郎謝沈撰《後漢書》八
十五卷，未知劉勰《文心雕龍・卷四・史傳第十六》所指「薛謝之作」的「謝」，是
謝承？還是謝沈？

〔註58〕 見裴松之注《三國志・卷二十二・桓二陳徐衛盧傳第二十二》，同註8，頁642。

〔註59〕 皆見裴松之注《三國志・卷四・三少帝紀第四》，同前註，頁133。

〔註60〕 裴松之注《三國志・卷十・荀彧荀攸賈詡傳第十》：「臣松之案《獻帝春秋》云彧欲
發伏后事而求使至鄴，而方誣太祖云『昔已嘗言』。言既無徵，迴託以官渡之虞，倪
仰之閒，辭情頓屈，雖在庸人，猶不至此，何以玷累賢哲哉！凡諸云云，皆出自鄙
俚，可謂以吾儕之言而厚誣君子者矣。袁暐虛罔之類，此最爲甚也。」同前註，頁
319。

庸，走向獨立發展的關鍵，裴松之《三國志注》所展現的議論史事、評價人物等，
皆個人史學思想的延伸，其品議魏晉眾史家著作的謬誤、繁雜，更總結出對魏晉史
學的批判性意見，且在中國史學評論上，開創出新的途徑，成為直接影響劉勰《文
心雕龍・史傳篇》和劉知幾《史通》等史學批評的先行者，因此自裴松之《三國志
注》始，中國史學已然邁入一個獨立而新穎的領域。

第八章　結　論

　　《隋書‧經籍志》於「經部」之後，續標「史部」，「史部」因此正式被標立出來成為獨立學術，若依據編撰的體例劃分，可列舉出「紀傳」、「編年」、「紀事本末」三類，如按照記載的內容，亦能區別為「國別史」、「專史」、「雜史」三種型態，唐代劉知幾《史通》將史書分成「六家二體」〔註1〕，所謂「六家」係指「尚書家」、「春秋家」、「左傳家」、「國語家」、「史記家」、「漢書家」六種不同文筆，而「二體」則是指「編年」、「紀傳」兩類迥異的體例，至清朝《四庫全書》，更擴大範圍把史書隔成十五類，即「正史」、「編年」、「紀事本末」、「別史」、「雜史」、「詔令奏議」、「傳記」、「史鈔」、「載記」、「時令」、「地理」、「職官」、「政書」、「目錄」、「史評」，但無論如何劃分，實皆僅是寫作形式、記載內容上的差異，對於求眞、探實的撰史意義，各類史書的目標與基礎應是一致。

　　史籍既多，於是注釋、考證因而蹴起，不過，「史注」原是承襲「經注」發展而來，而「訓詁」和「義理」是「經注」的雙軌，因此，「史注」最早也有所謂的「訓解式」史注，此即以音義、訓詁為基礎，去注釋說明史書中有關字句、制度、事件等記載，然「史注」與「經注」終有不同，其間的差異絕不只是注解對象一為經書，一為史書而已，錢大昭嘗言「明理」和「達事」即是「經注」與「史注」的初步區分〔註2〕，「達事」便是敘述歷史的眞相，中國自古經、史不分，所以「史

〔註 1〕劉知幾《史通‧卷一‧六家第一》：「古往今來，質文遞變，諸史之作，不恆厥體。權而爲論，其流有六：一曰《尚書》家，二曰《春秋》家，三曰《左傳》家，四曰《國語》家，五曰《史記》家，六曰《漢書》家。」劉知幾撰，浦起龍釋：《史通通釋》（臺北：九思出版有限公司，民國 67 年 10 月臺一版），頁 1。
〔註 2〕錢大昭《三國志辨疑‧自序》：「注史與注經不同，注經以明理為宗，理寓于訓詁，訓詁明而理自見。注史以達事為主，事不明，訓詁雖精，無益也。」（臺北：弘道文化事業有限公司，民國 62 年元月初版），頁 5。

注」採取「經注」的形式亦不足爲奇，但從魏晉二朝開始，史學逐漸脫離經學邁
向獨立，成爲一門專家之學，因此「史注」不再拘泥於「經注」的傳統，加上魏
晉以後史書、史料的急速增多，「史注」終於發展出旺盛的生命力，在學術的領域
裡佔有一席之地。

魏晉南北朝史學意識抬頭，史家的首要任務，就是撰修本朝或前朝歷史，與此
相關的，便產生「爲史書作注」和「極初步的史事考訂」〔註3〕，均帶動了魏晉史
學的興盛風氣，而「史注」發展到最後，已融合「爲史書作注」、「極初步的史事考
訂」兩種較單純的方式，成爲與「撰史」並列的專門學術。

「史注」如果依照注釋、考證的方法，可以大致區分成「注史」和「論史」兩
類，而「注史」又有「注訓詁」與「注事實」的不同，「論史」也出現「論史事」及
「論史例」的差異，「史注」的重要，在於彌補原記載的不足，藉以探求歷史事實的
眞相，「注事實」的「注史」能補充本書之未盡，因此可與史書並行相輔，而「注訓
詁」的「注史」負有解釋字音、字義重任，故能令史書文章得以明白流暢，至於「論
史」，「論史事」者乃是透過古事抒發現實的議論，亦即先舉史實，後加己意加以評
論，「論史例」者則是考辨史體。

裴松之《三國志注》是屬於「注事實」類的「注史」名著，引據博洽，多補正
事跡，然劉知幾《史通》以爲「少期集注《國志》，以廣承祚所遺，而喜聚異同，不
加刊定，恣其擊難，坐長煩蕪。觀其書成表獻，自比蜜蜂兼採，但甘苦不分，難以
味同萍實者矣」〔註4〕，此係因「其意初欲如應劭之注《漢書》，考究訓詁，引證故
實」〔註5〕，而「注事實」的「注史」本不重「注訓詁」，所以才會造成後世認爲裴
松之《三國志注》詳略不定的印象。

唐代以前，《史記》、《漢書》、《東觀漢記》並稱三史，其後《東觀漢記》軼失，
遂易《東觀漢記》，而以《後漢書》替之，更《史記》、《漢書》、《後漢書》爲三史，
後人因爲推重陳壽的文筆和史才〔註6〕，於三史之外，復加《三國志》，故稱四史，

〔註3〕見〈魏晉南北朝史學著作的幾個問題〉中「史注、考訂與新史料的發現」周一良：
　　　《魏晉南北朝史論集續編》（北京：北京大學出版社，民國80年11月第一版），頁
　　　89。
〔註4〕見《史通・卷五・補注第十七》，同註1，頁132。
〔註5〕見《四庫全書總目提要・卷四十五・史部一・正史類一》【三國志六十五卷】永瑢等
　　　編撰：《四庫全書總目提要》（臺北：臺灣商務印書館，民國22年7月初版），頁987。
〔註6〕《晉書・卷八十二・陳壽傳》：「時人稱其善敘事，有良史之才。夏侯湛時著《魏書》，
　　　見壽所作，便壞己書而罷。張華深善之，謂壽曰：『當以《晉書》相付耳。』其爲
　　　時所重如此」房玄齡等撰：《晉書》（臺北：鼎文書局，民國69年8月三版），頁
　　　2137。

陳壽《三國志》成書在晉代平吳以後，約是武帝太康中時，早於范曄《後漢書》，係承續司馬遷《史記》、班固《漢書》所作，不過，《史記》是通史體，而《漢書》是斷代史體，陳壽鳩集了〈魏書〉三十卷、〈蜀書〉十五卷，和〈吳書〉二十卷，撰成六十五卷《三國志》，在斷代史體中又別創一格。

而裴松之替《三國志》作注，起因陳壽書「失在於略，時有所脫漏」〔註7〕，故「宋文帝嫌其略，命裴松之補注，博采群說，分入書中」〔註8〕，而裴松之首先訂立出「補闕」、「備異」、「懲妄」、「論辯」四種體例，即其〈上三國志注表〉中所論述的「其壽所不載，事宜存錄者，則罔不畢取，以補其闕」、「或同說一事，而辭有乖雜，或出事本異，疑不能判，並皆鈔內，以備異聞」、「若乃紕繆顯然，言不附理，則隨違矯正，以懲其妄」、「其時事當否，及壽之小失，頗以愚意，有所論辯」〔註9〕等四種類型。

「補闕」，其方法參之《四庫全書總目提要》所載有四，即「一曰傳所有之事詳其委曲；一曰傳所無之事補其闕佚；一曰傳所有之人詳其生平；一曰傳所無之人附以同類」〔註10〕；「備異」，則是把經過選擇的主要材料置於注釋之前，然後再依次列舉相關的材料，此即魏晉以來所流行的「合本子注」型態，所謂「合本子注」，就是集合「母本」和「子本」的注釋方式，裴松之注《三國志》一皆採取「合本子注」的形式；而「懲妄」，正指《四庫全書總目提要》所言「參諸書之說以核譌異」〔註11〕；至於「論辯」，則是《四庫全書總目提要》稱「引諸家之論以辨是非」〔註12〕的做法。

正因裴松之作注以爲完備陳壽《三國志》，所以，若將裴松之《三國志注》與陳壽《三國志》作比較，可從「篇幅字數的多寡」、「內容記載的詳略」、「史實觀點的異同」等三方面互相參照，歷來史學評論家多以爲裴松之《三國志注》的字數多過

〔註7〕見《全上古三代秦漢三國六朝文・全宋文・卷十七》嚴可均校輯：《全上古三代秦漢三國六朝文》（北京：中華書局，民國74年11月三刷），頁2525。

〔註8〕見《郡齋讀書志・卷二上》晁公武：《郡齋讀書志》（臺北：臺灣商務印書館，民國67年1月臺一版），頁101。

〔註9〕此四點同見於《全上古三代秦漢三國六朝文・全宋文・卷十七》裴松之〈上三國志注表〉，上各分點內不再贅註，同註7，頁2525。

〔註10〕《四庫全書總目提要・卷四十五・史部一・正史類一》【三國志六十五卷】：「宋元嘉中，裴松之受詔爲注，所注雜引諸書，亦時下己意。綜其大致，約有六端，一曰引諸家之論以辨是非；一曰參諸書之說以核譌異；一曰傳所有之事詳其委曲；一曰傳所無之事補其闕佚；一曰傳所有之人詳其生平；一曰傳所無之人附以同類。其中往往嗜奇愛博，頗傷蕪雜。」同註5，頁987。

〔註11〕見《四庫全書總目提要・卷四十五》【三國志六十五卷】，同前註。

〔註12〕同前註。

陳壽本書數倍，此實沿襲晁公武《郡齋讀書志》的說法〔註13〕，直到近人王庭洽根據中華書局出版的標點本《三國志》進行逐字計數，分別得出本文與注文的字數，本文方面有三十六萬六千六百五十七字，注文則爲三十二萬七百九十九字，才眞正對《三國志》本文、注文有詳細的字數統計結果；而後崔曙庭也同樣進行《三國志》的統計工作，其依據金陵書局出版的清同治年聚珍版大字本《三國志》，得出本文三十六萬七千三百二十七字，注文三十二萬八百零五字；黃大受則根據臺北藝文印書館影印本《三國志》全書白文及裴注，就紀傳分別計算數字，得出紀傳字數計爲三十五萬零八百三十三，注釋字數爲三十二萬二千六百四十八，均可確實證明裴注字數不如紀傳字數多。

今根據鼎文書局出版的新校標點本《三國志》，再重新對陳壽《三國志》本文，以及裴松之《三國志注》的注文逐字計數，進行統計後得出每卷字數與全書總計字數，得出《三國志》全書的本文共計三十六萬六千七百五十七字，而裴松之注文則有三十二萬一千三百六十一字，與王庭洽、崔曙庭、黃大受三家統計結果十分接近，因此對於陳壽《三國志》本文的內容，確實多於裴松之注文的篇幅已可說十分確定。

至於陳壽《三國志》與裴松之注文，在內容的詳略程度上，則可從「字句解釋」、「史實增補」、「記載考訂」等三個不同面向來作比較，裴松之注不僅幫助理解陳壽《三國志》中艱澀的辭句、簡略的內容，同時也彌補了關於三國史實記載的不足，與加強其敘述的模糊，甚至，裴松之還訂正陳壽和其他史家在編寫上的矛盾、謬誤，促使陳壽《三國志》及三國歷史，得以建構起完整、龐大的史學面貌，更接近眞實。

除開史書撰作形式、內容的對照，同爲史家，陳壽、裴松之亦有史學評論各自抒發，陳壽於《三國志》六十五卷每卷後必有議論，或品評人物、史事，或書寫質疑、感嘆，以「評曰」的形式呈現，卻未必於每卷陳壽史評後有所建議、補充，故「僅有陳壽史評而無裴注史評者」，若非毫無異議，便是完全站在贊同的立場，如有不同意見或質疑提出，必於陳壽史評後加以論述，不過，除「裴注史評有相左者」之外，亦復有「裴注徵引其他資料補壽評者」，藉由「補充」、「解釋」、「質疑」壽評內容，達到論辯的目的，如果沒有其他資料足以增補者，裴松之便會提出個人的觀點，就與陳壽史評相左處展開討論，而和陳壽史評有相左的部分，通常出現在「字句形容的精準」、「評議觀點的切入」，以及「證據敘述的充足」等三方面，此外，裴松之尚針對與徵引史才相左的地方進行商榷，以求審愼且仔細地考辨一切徵引過的材料。

〔註13〕晁公武《郡齋讀書志‧卷二上》：「宋文帝嫌其略，命裴松之補注，博采群說，分入書中，其多過本書數倍。」同註8，頁101。

　　裴松之不僅和陳壽《三國志》的寫作手法、史學觀點彼此密切，其於所徵引的材料，亦多有評議，裴松之《三國志注》引書甚豐，範圍遍及野史、雜史、官制、傳記、小說、家傳、譜牒等類，足見裴松之材料採集的多樣化，所徵引的書目多達二百三十二部，扣除魏晉以前古書、經傳、著作三十二種，則魏晉時期的著作也有二百部之繁，而這些豐富的材料，正是裴松之注「補闕」、「備異」、「懲妄」、「論辯」的最佳來源。

　　不過，正因為裴松之《三國志注》有保存魏晉史料之功，所以歷來學者多忽略其史評的價值，《三國志注》的史評包括「裴松之自注」與「眾史家議論」兩個部分，裴松之的自注以「臣松之以為」、「臣松之案」、「臣松之按」、「臣松之」四種方式呈現，雖僅有二百三十二條，只佔全書二千三百八十九條注文的一小部份，但卻是裴松之《三國志注》的整個精義所在；而「眾史家議論」，於《三國志注》中先後有孫盛、習鑿齒、華嶠、魚豢、袁宏、張璠、干寶、孫綽、何休、鄭玄、服虔、應劭、高堂隆等十三家，依注釋內容可分為「史學評論」、「音義訓解」兩類，故綜合「裴松之自注」與「眾史家議論」的說法，可知裴松之《三國志注》的史評，擁有「對材料的態度」、「對撰作的觀念」、「對歷史的看法」三個面向，和「提供相關的材料」、「蒐輯佚失的遺編」、「追溯原始的史料」、「考辨壽書的體例」、「擴大論證的範圍」、「崇尚懷疑的精神」、「備攷眾說的異同」、「衡量篇幅的輕重」、「彰顯細微的敘述」、「更定記載的訛誤」、「品論人物的觀點」、「針對事件的看法」等十二種意義。

　　裴松之《三國志注》本是陳壽《三國志》的輔助，但在史學價值上，實已具備和陳壽《三國志》對等的地位，非僅為附庸，其「勘補三國史實」、「創新史注形態」、「保存魏晉著作」、「首引志異材料」、「開展史學批評」等功能的發揮，使得《三國志注》不僅脫離以往經注、儒學的限制，且總結魏晉史學思想，創新史注型態，直接開拓後世史學的發展，無論從其注《三國志》的「撰注動機」、「撰注方式」，乃至於「撰注評論」，後代史學家皆直接或間接受裴松之影響。

　　裴松之《三國志注》不但彌補了陳壽撰史因所見材料有限，導致記載不夠充實的缺點，其徵引、保存不同來源的材料，以及臧否史事和歷史人物的自注，甚至撰注的體例與方式，都對魏晉史學，乃至於中國史學的轉變，產生關鍵性的影響，促使從經學獨立走出的史學，不管是史學評論，還是史學注釋，裴松之均開闢出新的蹊徑，因此，陳書、裴注二作相得益彰，同是中國史學史上，研究三國史者不可或缺的史學經典。

主要參考及引用文獻

一、三國志部分

1. 《三國志》，康熙二十五年內府刻本，晉・陳壽撰，清・常錫布、翁叔元等奉旨重校脩。

2. 《新校三國志注》，晉・陳壽撰，南朝宋・裴松之注，臺北：世界書局，民國 61 年 12 月再版。

3. 《三國志》，晉・陳壽撰，南朝宋・裴松之注，臺北：鼎文書局，民國 86 年 5 月九版。

4. 《三國雜事》，宋・唐庚撰，上海：商務印書館，民國 28 年 12 月初版。

5. 《三國紀年》，宋・陳亮撰，上海：商務印書館，民國 28 年 12 月初版。

6. 《三國志補注》，清・杭世駿撰，上海：商務印書館，民國 26 年 6 月初版。

7. 《三國志補注續》，清・侯康撰，上海：商務印書館，民國 26 年 6 月初版。

8. 《補三國藝文志》，清・侯康撰，上海：商務印書館，民國 26 年 12 月初版。

9. 《三國志注證遺》，清・周壽昌撰，上海：商務印書館，民國 28 年 12 月初版。

10. 《三國志攷證》，清・潘眉撰，上海：商務印書館，民國 28 年 12 月初版。

11. 《三國志旁證》，清・梁章鉅撰，臺北：藝文印書館，民國 44 年 10 月初版。

12. 《三國志辨疑》，清・錢大昭著，臺北：弘道文化，民國 62 年 1 月初版。

13. 《三國會要》，清・楊晨撰，臺北：世界書局，民國 64 年 3 月三版。

14. 《墨海金壺》，清・張海鵬集刊，含《三國志辨誤》，失名，臺北：進新書局，出版年月不詳。

15. 《三國志辨誤》，失名，錢熙祚校，上海：商務印書館，民國 28 年 12 月初版。

16. 《三國志補注》，易培基注，臺北：藝文印書館，民國 47 年出版。

17. 《三國志選注》，黃大受選注，臺北：正中書局，民國 61 年 12 月臺初版。

18. 《三國志索引》，大通書局編，臺北：大通書局，民國 62 年 12 月初版。

19. 《三國志附編》，楊家駱主編，含《魏略輯本》，魏・魚豢撰，清・張鵬一輯，《三國新志》，民國・劉公任撰，《三國志人名錄》，民國・王祖彝撰，《三國志裴注引用書目》，民國・王祖彝撰，臺北：鼎文書局，民國68年5月初版。

20. 《三國志集解》，盧弼撰，臺北：漢京文化，民國70年4月初版。

21. 《三國史研究》，張大可著，甘肅：人民出版社，民國77年9月第一版。

22. 《三國志辭典》，張舜徽主編，崔曙庭、王瑞明副主編，山東：教育出版社，民國81年4月第一版。

23. 《三國志校箋》，趙幼文遺稿，趙振鐸、鄢先覺、黃峰、趙開整理，成都：巴蜀書社，民國90年6月第一版。

二、經　部

1. 《尚書正義》，十三經注疏本，漢・孔安國傳，唐・孔穎達等正義，臺北：藝文印書館，民國86年8月初版。

2. 《禮記正義》，十三經注疏本，漢・鄭玄注，唐・孔穎達等正義，臺北：藝文印書館，民國86年8月初版。

3. 《論語注疏》，十三經注疏本，魏・何晏等注，宋・邢昺疏，臺北：藝文印書館，民國86年8月初版。

4. 《說文解字注》，漢・許慎撰，清・段玉裁注，民國・魯實先正補，臺北：黎明文化，民國63年9月初版。

5. 《文字學概說》，林尹編著，臺北：正中書局，民國60年12月臺初版。

6. 《訓詁學概要》，林尹編著，臺北：正中書局，民國61年3月臺初版。

7. 《音略證補》，陳新雄著，臺北：文史哲出版社，民國67年9月初版。

8. 《段氏文字學》，王仁祿撰，臺北：藝文印書館，民國84年10月修訂版。

9. 《中國聲韻學通論》，林尹著，林炯陽注釋，臺北：黎明文化，民國86年9月再版。

10. 《辭彙》，群雄國語辭典編輯委員會編，康哲茂主編，臺南：群雄文化，民國63年5月初版。

11. 《辭海》，中華書局辭海編輯委員會編，熊鈍生主編，臺北：中華書局，民國69年3月初版。

12. 《中國劇目辭典》，王森然遺稿，中國劇目辭典擴編委員會擴編，河北：教育出版社，民國86年9月第一版。

三、史　部

1. 《史記》，漢・司馬遷撰，南朝宋・裴駰集解，唐・司馬貞索隱，唐・張守節正義，臺北：鼎文書局，民國86年10月十版。

2. 《後漢書》，南朝宋・范曄撰，唐・李賢等注，臺北：鼎文書局，民國63年10月初版。

3. 《蜀檮杌》，南朝宋・張唐英撰，臺北：商務印書館，民國 68 年 5 月臺一版。

4. 《世說新語箋疏》，南朝宋・劉義慶撰，南朝梁・劉孝標注，民國・余嘉錫箋疏，臺北：華正書局，民國 82 年 10 月版。

5. 《南齊書》，南朝梁・蕭子顯撰，臺北：鼎文書局，民國 64 年 3 月初版。

6. 《宋書》，南朝梁・沈約撰，臺北：鼎文書局，民國 64 年 6 月臺一版。

7. 《魏書》，北朝齊・魏收撰，臺北：鼎文書局，民國 76 年 5 月五版。

8. 《晉書斠注》，唐・房玄齡等撰，民國・吳士鑑、劉承幹注，臺北：成文出版社，民國 60 年 10 月初版。

9. 《梁書》，唐・姚思廉撰，臺北：鼎文書局，民國 64 年 1 月臺一版。

10. 《隋書》，唐・魏徵等撰，臺北：鼎文書局，民國 64 年 3 月初版。

11. 《晉書》，唐・房玄齡等撰，臺北：鼎文書局，民國 69 年 8 月三版。

12. 《南史》，唐・李延壽撰，臺北：鼎文書局，民國 74 年 3 月四版。

13. 《舊唐書》，後晉・劉昫等撰，臺北：鼎文書局，民國 65 年 10 月初版。

14. 《資治通鑑》，宋・司馬光編著，元・胡三省音注，北京：中華書局，民國 45 年 6 月第一版。

15. 《蜀鑑》，宋・郭允蹈撰，臺北：中華書局，民國 57 年 11 月臺一版。

16. 《新唐書》，宋・歐陽修、宋祁撰，臺北：鼎文書局，民國 65 年 10 月初版。

17. 《九家舊晉書輯本》，清・湯球輯，上海：商務印書館，民國 25 年 6 月初版。

18. 《晉紀輯本》，清・湯球輯，上海：商務印書館，民國 26 年 6 月初版。

19. 《晉陽秋輯本》，清・湯球輯，上海：商務印書館，民國 26 年 6 月初版。

20. 《新舊唐書合鈔》，清・沈炳震合鈔，臺北：鼎文書局，民國 61 年 4 月初版。

21. 《繪圖列女傳》，明・仇英繪圖，明・汪氏增輯，臺北：正中書局，民國 60 年 8 月臺初版。

22. 《兩漢三國學案》，清・唐晏撰，臺北：世界書局，民國 68 年 6 月再版。

23. 《文士傳輯本》，古田敬一輯，京都：中文出版社，民國 70 年 9 月出版。

24. 《太平寰宇記》，宋・樂史撰，臺北：文海出版社，民國 52 年出版。

25. 《太平寰宇記補闕》，影宋本，宋・樂史撰，臺北：文海出版社，民國 52 年出版。

26. 《郡齋讀書志》，宋・晁公武撰，臺北：商務印書館，民國 67 年 1 月臺一版。

27. 《直齋書錄解題》，宋・陳振孫撰，臺北：商務印書館，民國 67 年 5 月臺一版。

28. 《文獻通考》，元・馬端臨撰，臺北：新興書局，民國 52 年 10 月新一版。

29. 《四庫全書總目提要》，清・永瑢等編撰，上海：商務印書館，民國 22 年 7 月初版。

30. 《四庫全書簡明目錄》，文淵閣原抄本，清・永瑢、紀昀等撰，臺北：商務印書

館，民國 72 年 10 月初版。

31. 《史通通釋》，唐・劉知幾撰，清・浦起龍釋，臺北：九思出版社，民國 67 年 10 月臺一版。

32. 《廿二史箚記》，清・趙翼著，臺北：世界書局，民國 25 年 12 月初版。

33. 《十七史商榷》，清・王鳴盛撰，臺北：廣文書局，民國 60 年 5 月再版。

34. 《廿二史攷異》，清・錢大昕著，臺北：樂天出版社，民國 60 年 10 月初版。

35. 《增補歷代紀事年表》，清・吳士炯撰，清・王之樞續成，臺北：華國出版社，民國 48 年 1 月初版。

36. 《歷代史表》，清・萬斯同撰，臺北：中華書局，民國 55 年 3 月臺一版。

37. 《三國蜀諸葛忠武侯亮年表》，清・張鵬翮輯，臺北：商務印書館，民國 67 年 5 月初版。

38. 《歷代名人年譜》，吳榮光編，臺北：商務印書館，民國 45 年 4 月臺初版。

39. 《歷代名人年里碑傳總表》，姜亮夫撰，臺北：商務印書館，民國 54 年 4 月臺一版。

40. 《中國歷代年號索引》，汪宏聲編，臺北：文海出版社，民國 61 年 9 月影印版。

41. 《中西對照中國歷史紀年表》，萬國鼎編，臺北：學海出版社，民國 63 年 2 月初版。

42. 《中國大事年表》，陳慶麒編纂，臺北：商務印書館，民國 63 年 4 月臺一版。

43. 《中國歷史年表》，柏楊著，臺北：星光出版社，民國 66 年 12 月初版。

44. 《中國歷史紀年表》，華世出版社編訂，臺北：華世出版社，民國 67 年 1 月初版。

45. 《三國兩晉人物小傳年表》，方鵬程編著，臺北：商務印書館，民國 70 年 10 月初版。

46. 《中國歷史大事年表》，沈起煒編著，上海：辭書出版社，民國 72 年 12 月第一版。

47. 《增補二十史朔閏表》，陳垣著，臺北：藝文印書館，民國 78 年 9 月四版。

48. 《中國歷史學年鑑》，中國史學會《中國歷史學年鑑》編輯部，李侃主編，北京：三聯書局，民國 80 年 12 月第一版。

49. 《通鑑論》，宋・司馬光撰，清・伍耀光輯錄，臺北：華聯出版社，民國 63 年 8 月出版。

50. 《正史論贊》（一），宋・晞編，臺北：中華文化出版事業委員會，民國 43 年 8 月初版。

四、子　部

1. 《荀子集解》，周・荀子撰，唐・楊倞注，清・王先謙集解，臺北：文光圖書，民國 63 年 5 月再版。

2. 《抱朴子內外篇》，晉·葛洪撰，臺北：商務印書館，民國 54 年 11 月臺一版。

3. 《日知錄》，清·顧炎武著，臺北：商務印書館，民國 67 年 6 月臺一版。

4. 《藝文類聚》，唐·歐陽詢等撰，臺北：文光出版社，民國 63 年 8 月初版。

5. 《太平御覽》，宋·李昉等奉敕撰，臺北：商務印書館，民國 24 年 12 月初版。

6. 《玉海》，宋·王應麟撰，臺北：華聯出版社，民國 53 年 1 月出版。

7. 《文苑英華》，宋·彭叔夏撰，臺北：華文出版社，民國 54 年 5 月出版。

8. 《崇文總目》，宋·王堯臣等編次，清·錢東垣輯釋，臺北：商務印書館，民國 56 年 3 月臺一版。

五、集　部

1. 《曹操集》，漢·曹操撰，臺北：河洛出版社，民國 64 年 10 月臺初版。

2. 《曹子建集評注》，魏·曹植撰，清·丁晏編，民國·黃節注，臺北：世界書局，民國 87 年 12 月二版。

3. 《諸葛亮集》，三國蜀·諸葛亮撰，臺北：河洛出版社，民國 63 年 12 月初版。

4. 《江文通集》，南朝宋·江淹撰，臺北：商務印書館，民國 64 年 11 月臺一版。

5. 《漢魏六朝百三名家集》，明·張溥閱，臺北：松柏出版社，民國 53 年 8 月一版。

6. 《全上古三代秦漢三國六朝文》，清·嚴可均校輯，北京：中華書局，民國 74 年 11 月三刷。

7. 《文心雕龍注》，南朝梁·劉勰著，清·黃叔琳校注，民國·鈴木虎雄校勘，臺北：民主出版社，民國 72 年 9 月初版。

8. 《文選》，南朝梁·蕭統編，臺北：藝文印書館，民國 44 年 4 月初版。

六、相關著作

1. 《史學纂要》，蔣祖怡編著，臺北：正中書局，民國 47 年 5 月二版。

2. 《通鑑學》，張須著，臺北：開明書店，民國 47 年 9 月臺一版。

3. 《中國史學概論》，徐文珊編撰，臺北：維新書局，民國 56 年 3 月臺一版。

4. 《三代秦漢魏晉史研究論集》，大陸雜誌社編輯委員會，臺北：大陸雜誌社，民國 56 年 3 月初版。

5. 《廿五史體認約言》，孫雨航著，臺北：德志出版社，民國 57 年 11 月初版。

6. 《兩晉史部遺籍考》，廖吉郎著，臺北：嘉新水泥公司文化基金會，民國 59 年 6 月初版。

7. 《三國兩晉南北朝紀要》，李秀文著，臺北：長歌出版社，民國 64 年 7 月初版。

8. 《中國史學史論文選集》（一），杜維運、黃進興編，臺北：華世出版社，民國 65 年 9 月初版。

9. 《五朝門第》，王伊同著，香港：中文大學出版社，民國 67 年 1 月出版。

10. 《中國史學史論文選集》（三），杜維運、陳錦忠編，臺北：華世出版社，民國69年3月初版。

11. 《三國歷史論文集》，李則芬著，臺北：黎明文化，民國71年10月初版。

12. 《讀史札記》，呂思勉著，臺北：木鐸出版社，民國72年9月初版。

13. 《中國史學家評傳》，陳清泉、蘇雙碧、李桂海、肖黎、葛增福編，河南：中州古籍出版社，民國74年3月第一版。

14. 《中國歷史論文集》，許倬雲等著，臺北：商務印書館，民國75年1月初版。

15. 《中國文學史》，葉慶炳著，臺北：學生書局，民國76年8月初版。

16. 《中國小說史》，郭箴一著，臺北：商務印書館，民國77年2月臺八版。

17. 《中國史學名著概說》，周佳榮著，臺北：唐山出版社，民國78年4月初版。

18. 《魏晉南北朝史論集續編》，周一良著，北京：北京大學出版社，民國80年11月第一版。

19. 《治亂嬗替·魏晉卷》，曹文柱著，臺北：書泉出版社，民國81年10月初版。

20. 《中國史學名著評介》，倉修良主編，臺北：里仁書局，民國83年4月臺一版。

21. 《中國史學史》第一冊，杜維運著，臺北：三民書局，民國82年11月初版。

22. 《中國史學史》第二冊，杜維運著，臺北：三民書局，民國87年1月初版。

23. 《魏晉史學及其他》，逯耀東著，臺北：東大圖書，民國87年1月初版。

24. 《古代史學家》，朱仲玉編著，臺北：昭文社，民國87年3月初版。

25. 《魏晉史學的思想與社會基礎》，逯耀東著，臺北：東大圖書，民國89年2月初版。

26. 《中國史學名著》，錢穆著，臺北：蘭臺網路出版商務，民國90年2月初版。

27. 《史籍舉要》，柴德賡著，北京：北京出版社，民國91年1月第一版。

七、學位論文

1. 《裴松之家學傳承及六朝史學的演變》，蔡瑄瑾著，逯耀東指導，國立臺灣大學歷史學研究所，民國84年碩士論文。

2. 《先秦兩漢文學言志思想及其文化意義—兼論與六朝文化的對照》，曾守正著，黃慶萱指導，國立臺灣師範大學國文研究所，民國87年博士論文。

3. 《北魏修史事業與《水經注》的形成》，陳識仁著，逯耀東指導，國立臺灣大學歷史學研究所，民國87年博士論文。

4. 《元雜劇中周瑜的形象研究》，羅永裕著，皮述民指導，中國文化大學中國文學研究所，民國87年碩士論文。

5. 《六朝志人小說研究》，黃東陽著，王國良指導，東吳大學中國文學系，民國88年碩士論文。

6. 《從《新五代史》看歐陽修的學術思想》，陳念先著，葉國良指導，輔仁大學中文系，民國88年碩士論文。

7. 《《史》《漢》論贊之研究》，高禎霙著，羅敬之指導，中國文化大學中國文學研究所，民國 89 年博士論文。

八、單篇論文

1. 〈釋記注〉，金毓黻撰，國史館館刊創刊號，民國 36 年 12 月。

2. 〈兩晉六朝的史學〉，呂謙舉撰，香港人生半月刊第二六三期，民國 50 年 10 月。

3. 〈裴松之與三國志注〉，楊翼驤撰，歷史教學第二期，民國 52 年。

4. 〈用科學方法讀三國志〉，費海璣撰，出版月刊第十一期，民國 55 年 4 月。

5. 〈談三國志與三國演義〉，王止峻撰，醒獅第六卷第八期，民國 57 年 8 月。

6. 〈三國志及裴注之研究〉，黃大受撰，法商學報第六期，民國 59 年 8 月。

7. 〈三國志及裴注之研究〉，黃大受撰，再生第二卷第十期，民國 61 年 10 月。

8. 〈三國志和它的作者陳壽〉，李甲孚撰，綜合月刊第五十期，民國 62 年 1 月。

9. 〈陳壽與三國志〉，姚季農撰，聯合報第十六版，民國 62 年 7 年 29。

10. 〈裴松之與三國志注研究〉，逯耀東撰，國立編譯館館刊第三卷第一期，民國 63 年 3 月。

11. 〈裴松之三國志注引雜傳集釋〉，逯耀東撰，歷史學系學報第一期，民國 63 年 5 月。

12. 〈三國志魏志劉邵傳滯義疏略〉，馮承基撰，書目季刊第九卷第二期，民國 64 年 9 月。

13. 〈三國志考略〉，黃大受撰，東方雜誌第九卷第十期，民國 65 年 4 月。

14. 〈三國志注與裴松之〉，黃大受撰，東方雜誌第十卷第一期，民國 65 年 7 月。

15. 〈三國志及裴注之研究〉，黃大受撰，中華國學第一卷第十一期，民國 66 年 11 月。

16. 〈三國志及裴注之研究〉，黃大受撰，中華國學第一卷第十二期，民國 66 年 12 月。

17. 〈近三十年來「三國志」研究概況〉，韓毓璿等撰，史苑第五十四期，民國 82 年 5 月。

18. 〈三國志與三國演義〉，林後淑撰，育達學報第七期，民國 82 年 12 月。

19. 〈司馬光通鑒考異與裴松之三國志注〉，逯耀東撰，臺大歷史學報第二十一期，民國 86 年 12。

20. 〈略論易氏「三國志補注」〉，吳金華撰，孔孟學報第七十六期，民國 87 年 9 月。

21. 〈跋涵芬樓影印南宋建本「三國志」〉，程遠芬撰，書目季刊第三十三卷第一期，民國 88 年 6 月。